管理者知识储备与技能提升系列

合伙人制度与股权激励

一本通(实战精华版)

肖剑皓　编著

全国百佳图书出版单位
化学工业出版社
·北京·

内容简介

《合伙人制度与股权激励一本通（实战精华版）》一书分三部分九章内容。第一部分企业架构与股权，包括企业架构、企业股权两章内容；第二部分合伙人管理，包括合伙人制度概述、事业合伙人、合伙人制度的推进、合伙人制度设计四章内容；第三部分股权激励，包括股权激励概述、股权激励的要素、股权激励的落地三章内容。全书对于合伙人制度的设立实施以及如何进行股权激励进行了系统的解读，并付诸案例参考。

本书去理论化，简单易懂，具有较强的可读性，全面系统地对管理者日常生活和工作中应该了解的合伙人管理、股权激励等相关知识进行了梳理，适合创业者和从事企业管理的人士阅读。

图书在版编目（CIP）数据

合伙人制度与股权激励一本通：实战精华版／肖剑皓编著．—北京：化学工业出版社，2022.6

（管理者知识储备与技能提升系列）

ISBN 978-7-122-41070-2

Ⅰ．①合…　Ⅱ．①肖…　Ⅲ．①合伙企业－企业制度－基本知识－中国②股权激励－基本知识－中国　Ⅳ．①F276.2②F272.923

中国版本图书馆CIP数据核字（2022）第049261号

责任编辑：陈　蕾　　装帧设计：数字城堡

责任校对：宋　玮

出版发行：化学工业出版社（北京市东城区青年湖南街13号　邮政编码100011）

印　　装：天津画中画印刷有限公司

710mm×1000mm　1/16　印张$17^1/_2$　字数280千字　2022年6月北京第1版第1次印刷

购书咨询：010-64518888　　售后服务：010-64518899

网　　址：http://www.cip.com.cn

凡购买本书，如有缺损质量问题，本社销售中心负责调换。

定　　价：85.00元

前言
PREFACE

管理企业是一项非常系统的工程，需要管理者具有丰富的知识储备。

作为管理者，必须增强与时俱进的学习意识，把学习摆在首位，因为学习是提高管理者知识水平、理论素养的重要途径。我们在工作中获得的是经验，而理论学习赋予我们的是进一步实践的有力武器。只有不断地学习和更新知识，不断地提高自身素质，才能满足管理工作的需要。

通常情况下，企业管理者需要掌握财税常识、法律常识，以及企业运营常识、激励措施。

第一，企业管理者应掌握财务知识。每一个企业管理者都希望自己的企业能够蓬勃发展、基业长青。作为优秀的企业管理者，需要对企业或者公司有一个全面的把控，而具备一定的财务思维和财务管理知识，会让企业管理者更全面地把握企业发展的整体趋势，从而实施开源节流，达到更理想的持续发展效果。

第二，经营管理的决策者、组织者和实施者，是将“依法治企”理念转化为企业基本管理方式的决定性因素。这种理念来自企业管理者的法律意识。要做到依法治企，必须提高管理者依法治企的能力，这就要求管理者树立现代法治观念，注重法律学习，增强法律意识，建立起依法取得权利、行使权利、保护权利和履行义务的思维模式，这样才能在处理具体经营管理业务时有一个法律评价的视角。

第三，企业经营管理主要是指对企业发展过程的全部内容进行计划、组织、协调与控制，从而提升企业的生产效益、降低企业的成本，并促进企业既定目标的实现。作为企业管理者，需要对企业经营管理的常识进行全面的了解，这样才能使企业处于正常的运作中，从而实现企业的目标。

第四，“合伙人制度”使管理者和员工之间的关系从聘用关系转变为合伙关系。

合伙人制度是知识型企业发展的必然方向，但要想实施合伙人制度，就必须以股权激励为前提。股权激励是指有条件地将企业的一定股份授予企业的核心人才，以员工为基础增加他们作为企业股东的身份，加入合伙人的团队，希望他们以企业主的心态对待自己的工作。

基于此，我们编写了本书，以供致力于自己创办企业、开办公司的大学毕业生、职场人士阅读，希望我们能为您的公司、企业中的财务、税务、法律管理，以及股权分配、合伙人管理和提升企业业绩等方面提供帮助和指导，助力您成功！

《合伙人制度与股权激励一本通（实战精华版）》一书分三部分九章内容。第一部分企业架构与股权，包括企业架构、企业股权两章内容；第二部分合伙人管理，包括合伙人制度概述、事业合伙人、合伙人制度的推进、合伙人制度设计四章内容；第三部分股权激励，包括股权激励概述、股权激励的要素、股权激励的落地三章内容。全书对于合伙人制度的设立实施以及如何进行股权激励进行了系统的解读，并付诸案例参考。

本书去理论化，简单易懂，具有较强的可读性，全面系统地对管理者日常生活和工作中应该了解的合伙人管理、股权激励等相关知识进行了梳理，适合创业者和从事企业管理的人士阅读。

由于笔者水平有限，书中难免出现疏漏，敬请读者批评指正。

目录

第一部分　企业架构与股权

▶ 第一章　企业架构

一个企业从初创到发展，必然会经历从集权到分权的过渡，如何设立一个有效的组织架构是这个环节中最重要的部分，而不同的企业组织形态，也有着不同的组织架构。

▶ 第二章　企业股权

可以说，股权是企业的根基，只有根基稳固，企业才能茁壮发展，基业长青，而股权设计，就是搭建企业发展的根基，企业要良性发展并壮大，必须做好股权设计。

第二部分　合伙人管理

▶ 第三章　合伙人制度概述

近年来合伙人制度比较热，似乎所有的企业都想搞合伙人制度，合伙人制度泛化的背后，折射出的是服务者价值在崛起，服务业成为经济增长的新引擎。

第四章　事业合伙人

事业合伙制不仅仅是一种激励手段，而是企业持续发展的一种战略动力机制，是一种企业成长与人才发展的长效机制，是一个涉及企业战略创新、公司治理结构优化、组织与人的关系重构的系统工程。

▸ 第五章 合伙人制度的推进

事业合伙制现在已经成为中国企业普遍采用的一种企业成长机制。如今，单靠一个人单打独斗、包打天下的时代已经过去，未来创业的趋势将是合伙人制。

▸ 第六章 合伙人制度设计

合伙人机制其实是一种强调共识、共担、共创、共享的管理机制，是平台化战略在组织层面的体现。合伙人与公司在合伙人机制下成为事业共同体和利益共同体， 双方共同经营、 共享收益。

20 世纪以来，绝大多数公司对核心管理人员、技术骨干等关系到企业发展大计的员工都实行了股权激励。越来越多的事例表明，股权激励已经成为现代企业提升绩效，实施人才战略不可或缺的管理工具。

股权激励的成功与否，受到很多要素的影响，每个要素对股权激励来说，都是不可或缺的。如果要真正使股权激励达到理想效果，在设计股权激励方案时必须确定目的、模式、时间、来源、对象、价格、数量、条件、机制这九大要素。

▸ 第九章　股权激励的落地

股权激励的落地不是一蹴而就的，需要经历尽职调查、方案设计、方案实施、管理优化四个步骤，这四个步骤密切联系而相互促进。在实际操作中股权激励流程都是各式各样的，但是万变不离其宗，只要掌握好这四个步骤就能轻松应对。

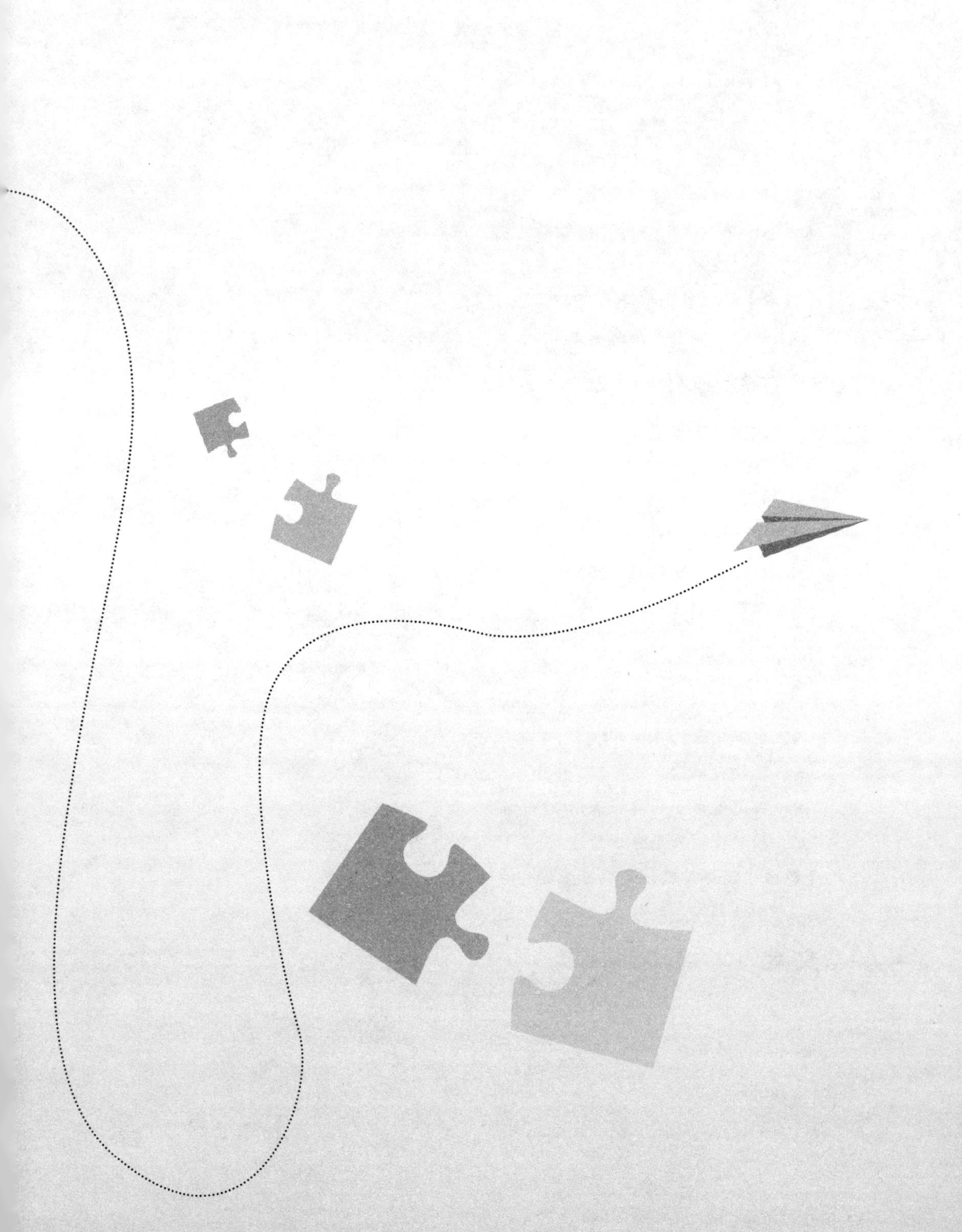

第一部分

企业架构与股权

第一章

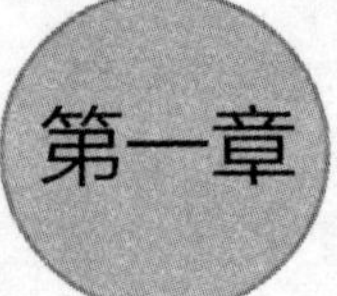

企业架构

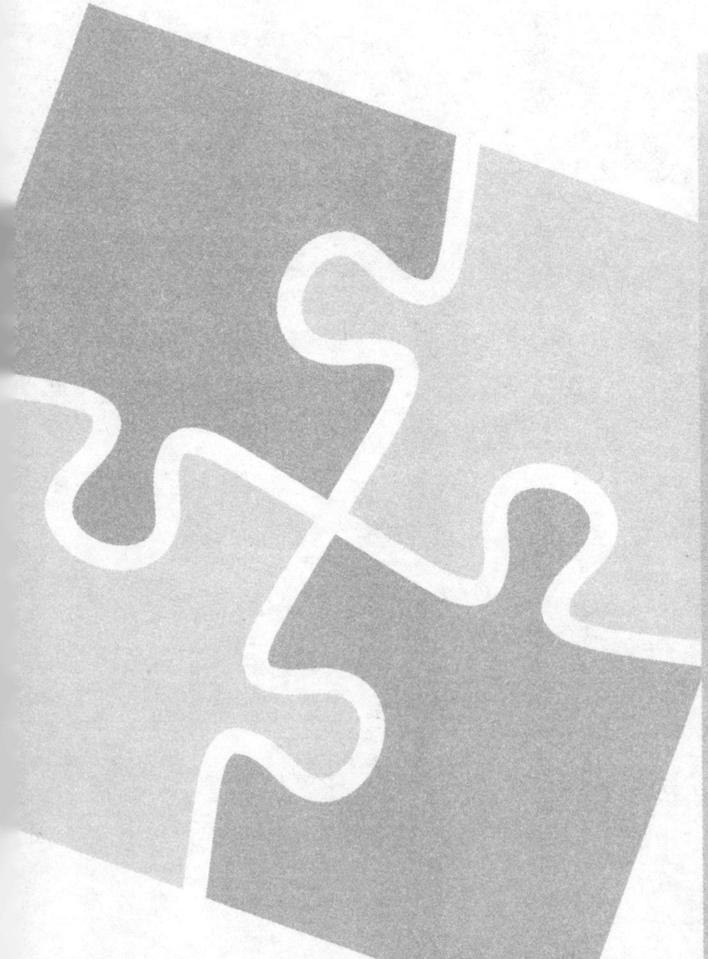

导语

一个企业从初创到发展，必然会经历从集权到分权的过渡，如何设立一个有效的组织架构是这个环节中最重要的部分，而不同的企业组织形态，也有着不同的组织架构。

第一节　企业组织形态

企业组织形式是指企业存在的形态和类型，典型的企业组织形式有三种：个人独资企业；合伙企业；公司制企业。

一、个人独资企业

1. 设立性质

根据《中华人民共和国个人独资企业法》（以下简称《个人独资企业法》）第二条的规定，个人独资企业，是指依照本法在中国境内设立，由一个自然人投资，财产为投资人个人所有，投资人以其个人财产对企业债务承担无限责任的经营实体。

2. 设立条件

根据《个人独资企业法》第十条的规定，设立个人独资企业应当具备图 1-1 所示的条件。

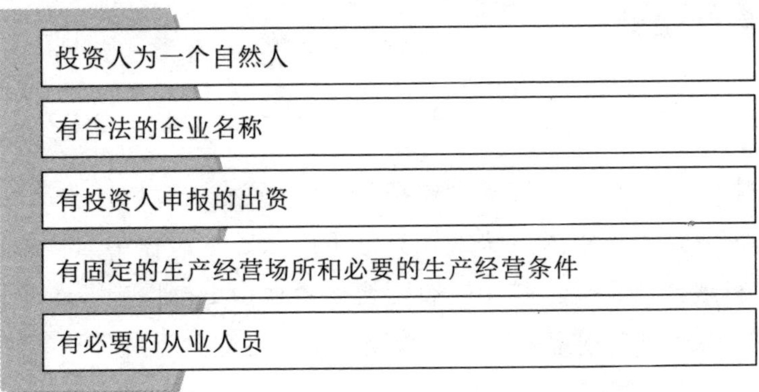

图 1-1　设立个人独资企业应当具备的条件

3. 投资人及事务管理

《个人独资企业法》第十七条规定，个人独资企业投资人对本企业的财产依法享有所有权，其有关权利可以依法进行转让或继承。

《个人独资企业法》第十八条规定，个人独资企业投资人在申请企业设立登记时明确以其家庭共有财产作为个人出资的，应当依法以家庭共有财产对企业债务承担无限责任。

《个人独资企业法》第十九条规定，个人独资企业投资人可以自行管理企业事务，也可以委托或者聘用其他具有民事行为能力的人负责企业的事务管理。投资人委托或者聘用他人管理个人独资企业事务，应当与受托人或者被聘用的人签订书面合同，明确委托的具体内容和授予的权利范围。受托人或者被聘用的人员应当履行诚信、勤勉义务，按照与投资人签订的合同负责个人独资企业的事务管理。

4. 债务承担方式

《个人独资企业法》第二十八条规定，个人独资企业解散后，原投资人对个人独资企业存续期间的债务仍应承担偿还责任，但债权人在五年内未向债务人提出偿债请求的，该责任消灭。

《个人独资企业法》第三十一条规定，个人独资企业财产不足以清偿债务的，投资人应当以其个人的其他财产予以清偿。

二、合伙企业

1. 设立性质

根据《中华人民共和国合伙企业法》（以下简称《合伙企业法》）第二条的规定，合伙企业是指自然人、法人和其他组织依照本法在中国境内设立的普通合伙企业和有限合伙企业。其中，有限合伙企业由二个以上五十个以下合伙人设立；但是，法律另有规定的除外。有限合伙企业至少应当有一个普通合伙人。

2. 设立条件

设立合伙企业，应当具备图1-2所示的条件。

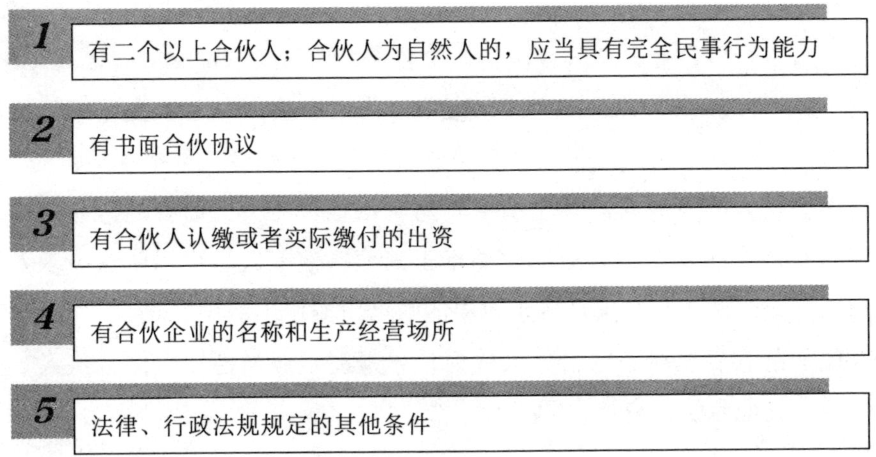

图1-2 设立合伙企业的条件

3. 出资方式

（1）普通合伙企业。合伙人可以用货币、实物、知识产权、土地使用权或者其他财产权利出资，也可以用劳务出资。合伙人以实物、知识产权、土地使用权或者其他财产权利出资，需要评估作价的，可以由全体合伙人协商确定，也可以由全体合伙人委托法定评估机构评估。合伙人以劳务出资的，其评估办法由全体合伙人协商确定，并在合伙协议中载明。

合伙人应当按照合伙协议约定的出资方式、数额和缴付期限，履行出资义务。以非货币财产出资的，依照法律、行政法规的规定，需要办理财产权转移手续的，应当依法办理。

（2）有限合伙企业。有限合伙人可以用货币、实物、知识产权、土地使用权或者其他财产权利作价出资。有限合伙人不得以劳务出资。有限合伙人应当按照合伙协议的约定按期足额缴纳出资；未按期足额缴纳的，应当承担补缴义务，并对其他合伙人承担违约责任。

4. 债务承担方式

（1）普通合伙企业。普通合伙企业由普通合伙人组成，合伙人对合伙企业债务承担无限连带责任。《合伙企业法》对普通合伙人承担责任的形式有特别规定的，从其规定。

（2）有限合伙企业。有限合伙企业由普通合伙人（General Partners，GP）和有限合伙人（Limited Partners，LP）组成，普通合伙人对合伙企业债务承担无限连带责任，有限合伙人以其认缴的出资额为限对合伙企业债务承担责任。

有限合伙人的自有财产不足清偿其与合伙企业无关的债务的，该合伙人可以以其从有限合伙企业中分取的收益用于清偿；债权人也可以依法请求人民法院强制执行该合伙人在有限合伙企业中的财产份额用于清偿。

人民法院强制执行有限合伙人的财产份额时，应当通知全体合伙人。在同等条件下，其他合伙人有优先购买权。

三、公司制企业

1. 公司的性质

《中华人民共和国公司法》（以下简称《公司法》）第三条规定，公司是企业法人，有独立的法人财产，享有法人财产权。公司以其全部财产对公司的债务承担责任。

2. 公司法定代表人

公司法定代表人依照公司章程的规定，由董事长、执行董事或者经理担任，并依法登记。公司法定代表人变更，应当办理变更登记。

3. 公司的分类

《公司法》第二条规定，公司是指依照本法在中国境内设立的有限责任公司和股份有限公司。

（1）有限责任公司。有限责任公司，简称有限公司，是指根据《公司法》及《中华人民共和国市场主体登记管理条例》（以下简称《市场主体登记管理条例》）规定登记注册，由五十个以下的股东出资设立，每个股东以其所认缴的出资额为限对公司承担责任，公司以其全部资产对公司债务承担全部责任的经济组织。

（2）股份有限公司。股份有限公司是指根据《公司法》及《市场主体登记管理条例》规定登记注册，由二人以上二百人以下的股东出资设立，每个股东以其所认购的股份为限对公司承担责任，公司以其全部资产对公司债务承担全部责任的经济组织。

4.有限责任公司的设立

（1）设立条件。根据《公司法》第二十三条的规定，设立有限责任公司，应当具备图1-3所示的条件。

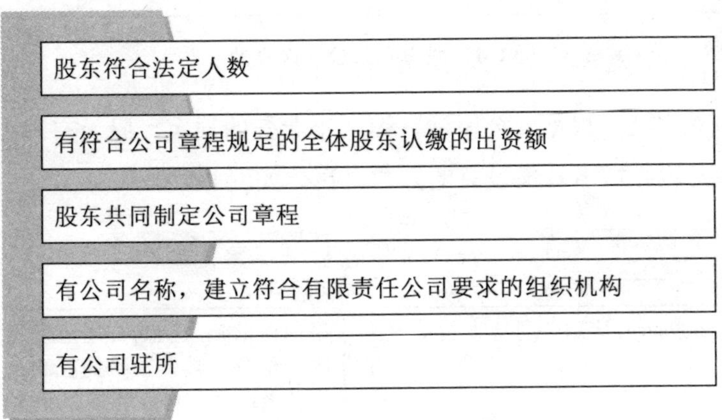

图1-3 设立有限责任公司的条件

（2）出资方式。《公司法》第二十七条规定，股东可以用货币出资，也可以用实物、知识产权、土地使用权等可以用货币估价并可以依法转让的非货币财产作价出资；但是，法律、行政法规规定不得作为出资的财产除外。对作为出资的非货币财产应当评估作价，核实财产，不得高估或者低估作价。法律、行政法规对评估作价有规定的，从其规定。

5.股份有限公司的设立

（1）设立条件。根据《公司法》第七十六条、第七十八条的规定，设立股份有限公司，应当具备图1-4所示的条件。

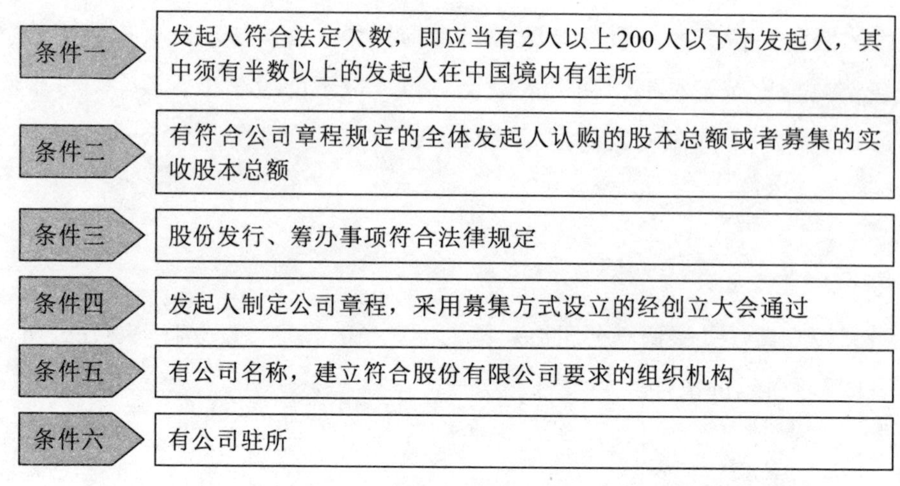

图1-4 股份有限公司设立的条件

（2）设立方式。根据《公司法》第七十七条的规定，股份有限公司的设立，可以采取发起设立或者募集设立的方式。具体如图1-5所示。

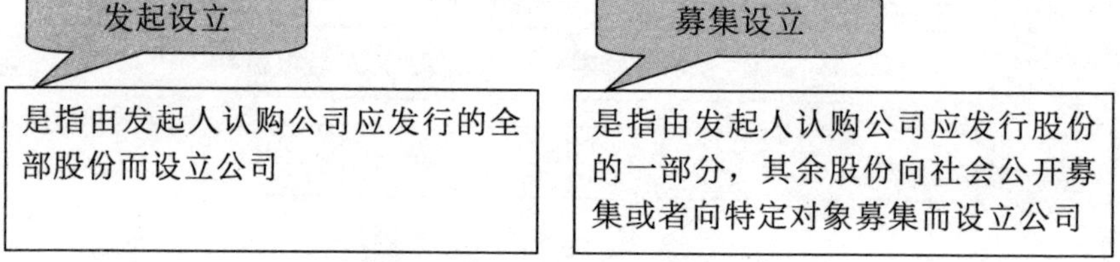

图1-5 股份有限公司设立的方式

（3）注册资本。《公司法》第八十条规定："股份有限公司采取发起设立方式设立的，注册资本为在公司登记机关登记的全体发起人认购的股本总额。在发起人认购的股份缴足前，不得向他人募集股份。股份有限公司采取募集方式设立的，注册资本为在公司登记机关登记的实收股本总额。法律、行政法规以及国务院决定对股份有限公司注册资本实缴、注册资本最低限额另有规定的，从其规定。"

（4）发起人的出资方式。发起人可以用货币出资，也可以用实物、知识产权、土地使用权等可以用货币估价并可以依法转让的非货币财产作价出资；但是，法律、行政法规规定不得作为出资的财产除外。

对作为出资的非货币财产应当评估作价，核实财产，不得高估或者低估作价。法律、行政法规对评估作价有规定的，从其规定。

相关链接

不同企业组织形态的对比

不同类型的企业，其企业性质、地位、责任承担和法律风险不同。下表所示的是不同企业组织形态的对比。

不同企业组织形态的对比

企业类型	设立人数要求	税赋缴纳要求	法律责任
个人独资企业	一个自然人	只缴纳个人所得税	原则上以个人财产对企业债务承担无限责任
普通合伙企业	1.有两个以上合伙人 2.合伙人为自然人的，应当具有完全民事行为能力	只缴纳个人所得税	以自己的财产或者家庭的财产对普通合伙企业债务承担无限连带责任
有限合伙企业	1.二个以上五十个以下合伙人 2.至少应当有一个普通合伙人	只缴纳个人所得税	1.普通合伙人对合伙企业债务承担无限连带责任 2.有限合伙人以其认缴的出资额为限对合伙企业债务承担责任
一人有限责任公司	只有一个自然人或者一个法人股东	缴纳个人所得税和企业所得税	股东不能证明公司财产独立于股东自己的财产的，应当对公司债务承担连带责任
有限责任公司	股东人数要求一人以上五十人以下	缴纳个人所得税和企业所得税	1.股东以其认缴的出资额为限对公司承担责任 2.公司以其全部财产对公司的债务承担责任
股份有限公司	有二人以上二百人以下为发起人，其中须有半数以上的发起人在中国境内有住所	缴纳个人所得税和企业所得税	1.股东以其认购的股份为限对公司承担责任 2.公司以其全部财产对公司的债务承担责任

第二节　公司治理结构

公司的治理结构，又被称为"三会一层"，具体是指股东会或股东大会、董事会、监事会及高级管理层。健全的组织机构、规范的治理结构可以促使公司正常、高效运转。

一、股东会或股东大会

1. 有限责任公司的股东会

（1）股东会的人数。有限责任公司股东会由全体股东组成。根据《公司法》的规定，有限责任公司由五十个以下股东出资设立，因此，有限责任公司的股东人数在50人以下。

（2）股东会的会议。根据《公司法》第三十九条的规定，股东会会议分为定期会议和临时会议。定期会议依照公司章程的规定按时召开，而临时会议是公司在必要时临时决定召开的。代表十分之一以上表决权的股东、三分之一以上的董事、监事会或者不设监事会的公司的监事提议召开临时会议的，应当召开临时会议。

事实上，定期会议的次数是有限的，公司在经营中遇到的必须由股东会进行决策的问题，多是通过召开临时会议来解决的。

（3）股东会的职权。股东会是公司的权力机构。根据《公司法》第三十七条的规定，股东会行使图1-6所示的职权。

职权一	决定公司的经营方针和投资计划
职权二	选举和更换非由职工代表担任的董事、监事，决定有关董事、监事的报酬事项
职权三	审议批准董事会的报告
职权四	审议批准监事会或者监事的报告

职权五	审议批准公司的年度财务预算方案、决算方案
职权六	审议批准公司的利润分配方案和弥补亏损方案
职权七	对公司增加或者减少注册资本作出决议
职权八	对发行公司债券作出决议
职权九	对公司合并、分立、解散、清算或者变更公司形式作出决议
职权十	修改公司章程
职权十一	公司章程规定的其他职权

图1-6 有限责任公司股东会的职权

提醒您

《公司法》规定的必须由股东会行使的职权，是不可以转授给董事会或其他机构的。

2. 股份有限公司的股东大会

（1）股东大会的人数。根据《公司法》第九十八条的规定，股份有限公司的股东大会由全体股东组成。

股份有限公司的设立方式分为两种，一种是发起设立，一种是募集设立。根据《公司法》规定，设立股份有限公司，应当有二人以上二百人以下为发起人，其中须有半数以上的发起人在中国境内有住所。因此，发起设立的股份有限公司，股东人数是在2人至200人之间的，而募集设立的股份有限公司，股东人数并不受此限制。

（2）股东大会的会议。股份有限公司的股东大会，分为年度股东大会和临时股东大会。根据《公司法》第一百条的规定，股东大会应当每年召开一次年会。有下列情形之一的，应当在两个月内召开临时股东大会，如图1-7所示。

（3）股东大会的职权。根据《公司法》第九十九条的规定，有限责任公司股东会职权的规定，适用于股份公司股东大会。

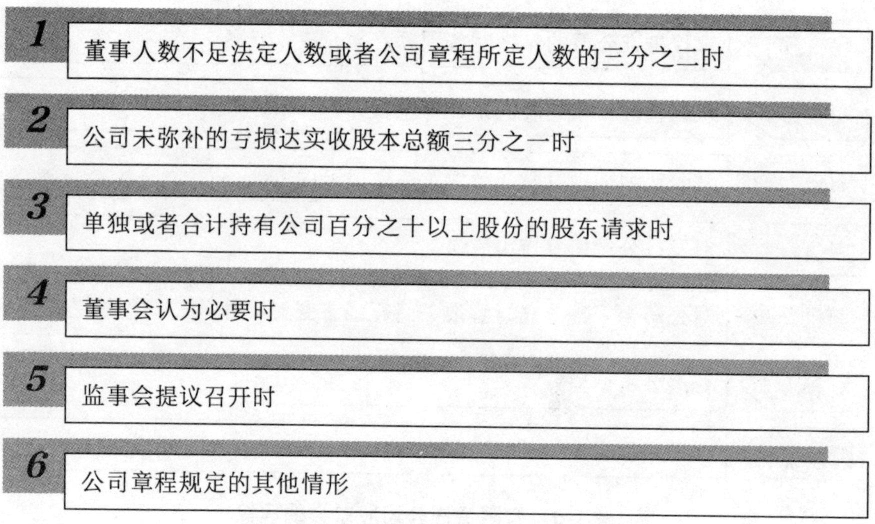

图1-7　在两个月内召开临时股东大会的情形

二、董事会

1.有限责任公司董事会

（1）董事会的人数。根据《公司法》第四十四条的规定，有限责任公司设董事会，其成员为3至13人；但是，股东人数较少或者规模较小的有限责任公司，可以设1名执行董事，不设董事会。董事会设董事长一人，可以设副董事长。董事长、副董事长的产生办法由公司章程规定。

（2）董事会会议。《公司法》并没有强制规定有限责任公司董事会每年度的召开次数，董事会可以根据本公司的《公司章程》规定，召开定期或临时会议。

（3）董事会的职权。根据《公司法》第四十六条的规定，董事会对股东会负责，行使图1-8所示的职权。

职权一　召集股东会会议，并向股东会报告工作

职权二　执行股东会的决议

职权三　决定公司的经营计划和投资方案

职权四　制定公司的年度财务预算方案、决算方案

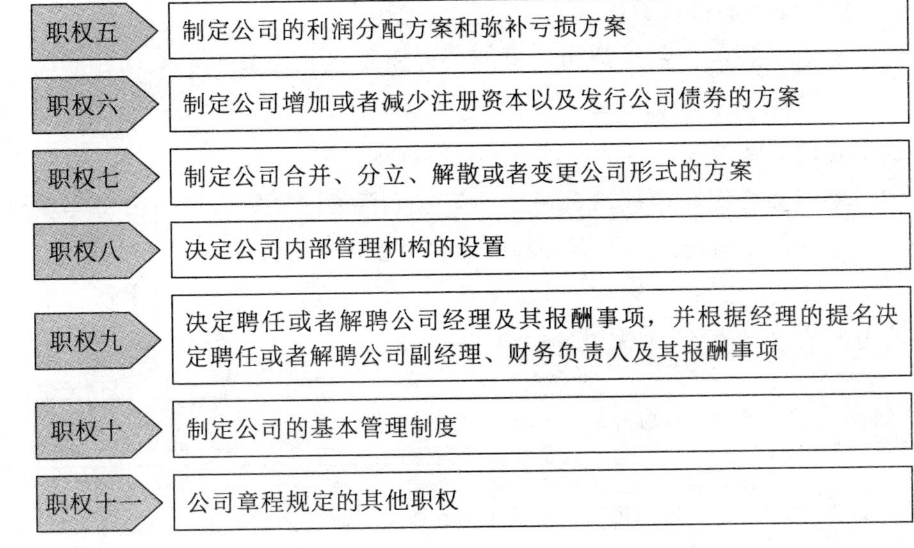

图1-8　有限责任公司董事会的职权

2.股份有限公司董事会

（1）董事会的人数。根据《公司法》第一百零八条第（一）款的规定，股份有限公司设董事会，其成员为五人至十九人。

根据《公司法》第一百零九条第（一）款的规定，董事会设董事长1名，可以设副董事长。董事长和副董事长由董事会以全体董事的过半数选举产生。

（2）董事会会议。与有限责任公司不同，《公司法》第一百一十条对股份有限公司的董事会次数作出了最低要求，即董事会每年度至少召开两次会议。此外，董事会可以召开临时会议。

（3）董事会的职权。根据《公司法》第一百零八条第（四）款的规定，有限责任公司董事会职权的规定，适用于股份有限公司董事会。

三、监事会

1.有限责任公司的监事会

（1）监事会的人数。根据《公司法》第五十一条的规定，有限责任公司的监事会，其成员不得少于3人。股东人数较少或者规模较小的有限责任公司，可以设1～2名监事，不设监事会。

此外，监事会应当包括适当比例的公司职工代表，其中职工代表的比例不得低于1/3，具体比例由公司章程规定。

监事会设主席一人，由全体监事过半数选举产生。

（2）监事会会议。根据《公司法》第五十五条的规定，监事会每年度至少召开一次会议，监事可以提议召开临时监事会会议。

（3）监事会的职权。根据《公司法》第五十三条的规定，监事会、不设监事会公司的监事行使图1-9所示的职权。

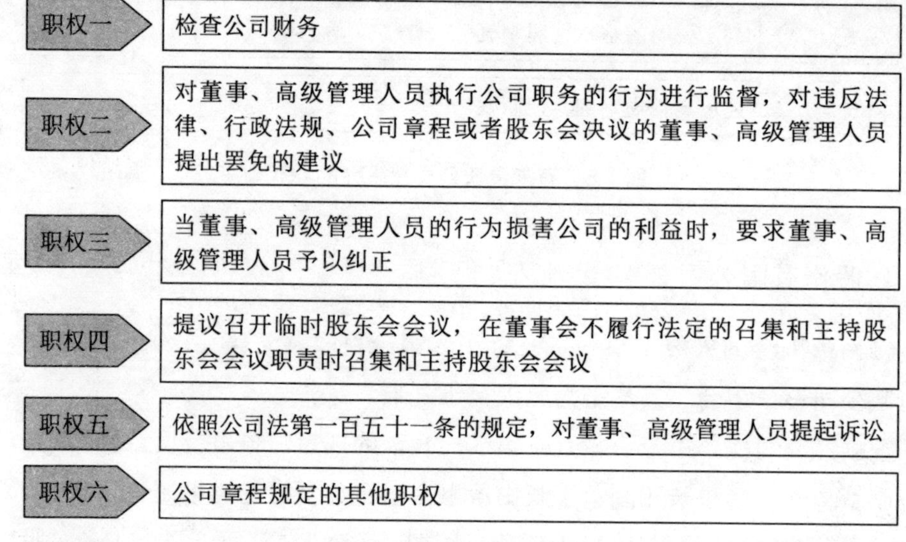

图1-9　监事会、不设监事会公司的监事职权

2.股份有限公司的监事会

（1）监事会的人数。根据《公司法》第一百一十七条的规定，股份有限公司的监事会，其成员不得少于3人。监事会应当包括适当比例的公司职工代表，其中职工代表的比例不得低于1/3，具体比例由公司章程规定。监事会设主席1名，可以设副主席。

（2）监事会会议。根据《公司法》第一百一十九条的规定，监事会每六个月至少召开一次会议。监事可以提议召开临时监事会会议。

（3）监事会的职权。根据《公司法》第一百一十八条的规定，有限责任公司监事会职权的规定，适用于股份有限公司监事会。

四、高级管理层

1.高级管理层的概念

根据《公司法》第二百一十六条第（一）项的规定，公司高级管理人员，是指公司的经理、副经理、财务负责人，及上市公司董事会秘书和公司章程规定的其他人员。

（1）经理和副经理。经理是指《公司法》第四十九条和第一百一十三条规定的经理，在实践中就是指公司的总经理。相应地，此处的副经理通常是指公司的副总经理。

（2）财务负责人。财务负责人，是指一般由总会计师或财务总监担任，全面负责公司的财务管理、会计核算与监督工作的人。根据《中华人民共和国会计法》第三十八条第（二）款规定，担任单位会计机构负责人（会计主管人员）的，应当具备会计师以上专业技术职务资格或者从事会计工作三年以上经历。

如果公司不设总会计师或财务总监，而仅设财务经理或财务主管，则也可以视为财务负责人，但是这需要在公司章程中加以明确。

（3）董事会秘书。董事会秘书是指对外负责公司信息披露事宜，对内负责筹备董事会会议和股东大会，并负责会议的记录和会议文件、记录的保管等事宜的公司高级管理人员。

根据《公司法》第一百二十三条规定，上市公司设董事会秘书，负责公司股东大会和董事会会议的筹备、文件保管以及公司股东资料的管理，办理信息披露事务等事宜。

提醒您

董事会秘书要与董事长秘书区别开来，董事长秘书通常不属于公司高管，而董事会秘书肯定属于公司高管。

（4）公司章程规定的其他人员。公司章程规定的其他人员是赋予公司自治的权利，允许公司自己选择管理方式，自己决定聘任或解聘高管，但是务必在公司章程中明确哪些职位或人员属于高级管理人员。

2.高级管理层的聘任或解聘

（1）经理、副经理和财务负责人的聘任和解聘。《公司法》第四十九条规定，有限公司可以设经理，由董事会决定聘任或解聘。

《公司法》第一百一十三条规定，股份有限公司设经理，由董事会决定聘任或者解聘。

《公司法》第一百一十四条规定，公司董事会可以决定由董事会成员兼任经理。

《公司法》第四十六条第（九）项规定，董事会决定聘任或者解聘公司经理及其报酬事项，并根据经理的提名决定聘任或者解聘公司副经理、财务负责人及其报酬事项。

综上所述，经理是由董事会决定聘任或解聘的。副经理和财务负责人则由经理提名，并由董事会决定聘任或者解聘。经理的报酬由董事会决定，副经理和财务负责人的薪酬由经理拟订后由董事会决定。

（2）董事会秘书的聘任和解聘。董事会秘书必须取得证券交易所颁发的董事会秘书培训证书。同时，公司董事会出具的聘任书、通信方式及董事会秘书的合格替任人需报中国证监会、地方证券管理部门和证券交易所备案。

董事会秘书人选的确定必须经董事长提名，董事会聘任，并向股东大会报告。董事长只有提名权，董事会才有聘任权，而股东大会则拥有否决权。公司董事可以兼任公司董事会秘书，但是如果某一决议需要董事和董事会秘书分别作出时，则该兼任董事及公司董事会秘书的人不得以双重身份作出。公司聘请的会计师事务所的注册会计师和律师事务所的律师不得兼任公司董事会秘书。已确定的董事会秘书人选必须通过公共传播媒介向社会公众披露。

董事会秘书的罢免程序也十分严格。按照有关规定，凡在执行职务时，因个人行为造成重大错误或失误，给公司和投资造成重大损失或违反法律、法规、公司章程及证券交易所的规章制度，造成严重后果和恶劣影响，或主管部门和证券交易所认为不具备继续出任董事会秘书条件的，则由董事会终止对其聘任，并以书面形式报告中国证监会、地方证监会和证券交易所，认定其不得担任其他公司董事会秘书，并通过公共传播媒介向社会公众披露。对解聘处罚不服的，可以向中国证监会、地方证管部门申诉。

（3）公司章程规定的其他人员的聘任或解聘。公司章程规定的其他高管人员，由公司章程规定，也应由董事会做出聘任或解聘决定，其薪酬也由经理拟订后由董事会决定。

3.高级管理层的职权

（1）经理的职权。《公司法》第四十九条、一百一十三条规定，经理对董事会负责，行使图1-10所示的职权。

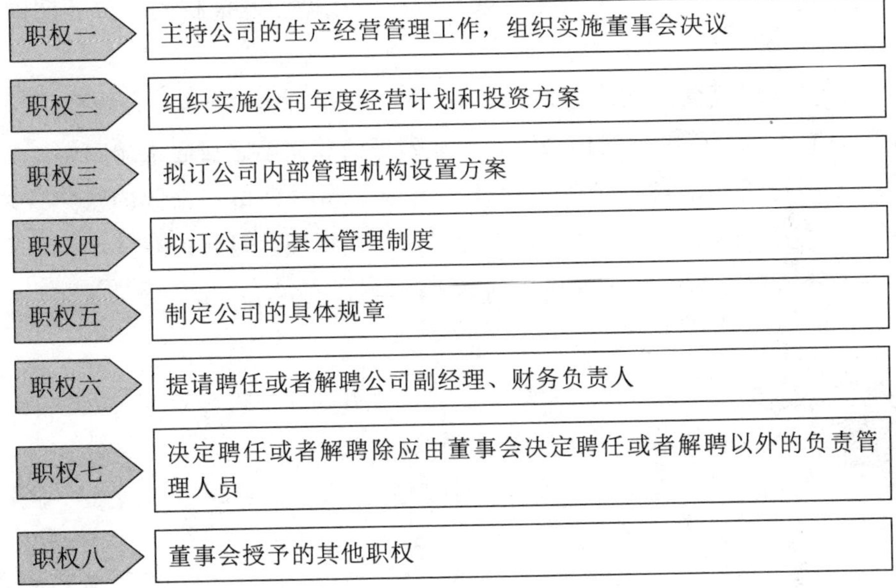

图1-10　公司经理的职权

提醒您

公司章程对经理职权另有规定的，从其规定。

（2）董事会秘书的职权。董事会秘书为履行职责有权了解公司的财务和经营情况，参加涉及信息披露的有关会议，查阅涉及信息披露的所有文件，并要求公司有关部门和人员及时提供相关资料和信息。

（3）财务负责人的职权。财务负责人的主要职责包括规划企业财务战略、健全企业财务制度、建立预算检查制度、审核分析财务报告、控制成本筹划税收、调配企业营运资金、参与投资融资决策和协调内外财务关系。

4.高级管理层的任职资格

根据《公司法》第一百四十六条规定，有下列情形之一的，不得担任公司的高级管理人员。

（1）无民事行为能力或者限制民事行为能力。

（2）因贪污、贿赂、侵占财产、挪用财产或者破坏社会主义市场经济秩序，被判处刑罚，执行期满未逾五年，或者因犯罪被剥夺政治权利，执行期满未逾五年。

（3）担任破产清算的公司、企业的董事或者厂长、经理，对该公司、企业的破产负有个人责任的，自该公司、企业破产清算完结之日起未逾三年。

（4）担任因违法被吊销营业执照、责令关闭的公司、企业的法定代表人，并负有个人责任的，自该公司、企业被吊销营业执照之日起未逾三年。

（5）个人所负数额较大的债务到期未清偿。

提醒您

公司违反以上规定聘任高级管理人员的，该聘任无效。高级管理人员在任职期间无民事行为能力或者限制民事行为能力，公司应当解除其职务。

第二章

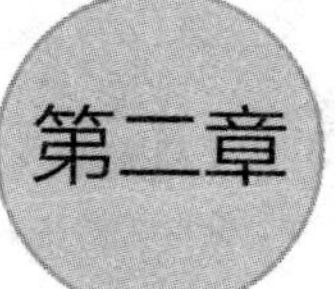

企业股权

导语

可以说，股权是企业的根基，只有根基稳固，企业才能茁壮发展，基业长青，而股权设计，就是搭建企业发展的根基，企业要良性发展并壮大，必须做好股权设计。

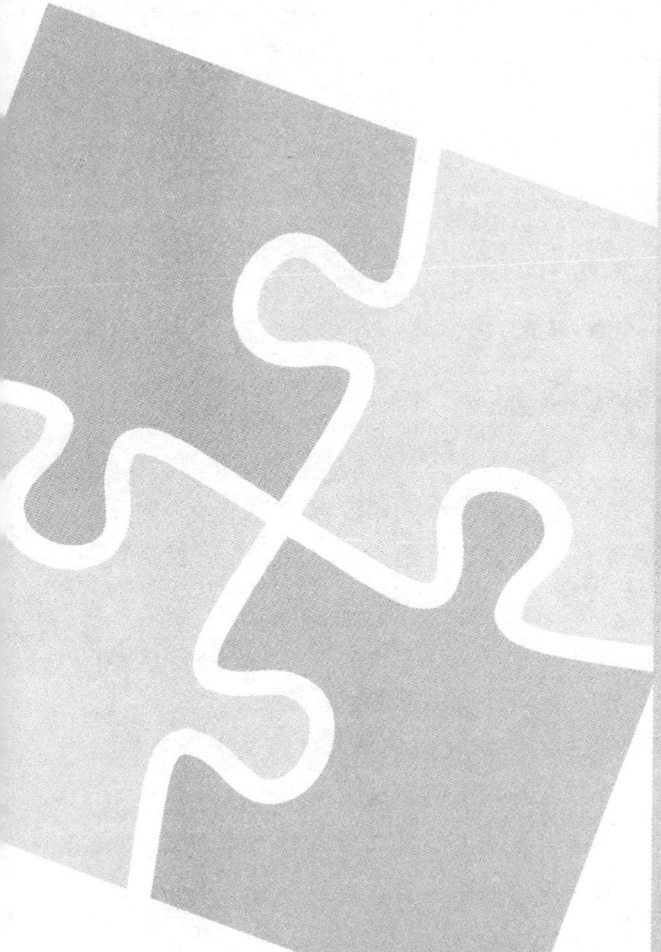

第一节 股权概述

一个公司中，股东的出资额的多少和出资比例，已经不是构成公司竞争力的主要因素。竞争，已经从资本的竞争，变为人才的竞争、模式的竞争，而股权，也就相应地变得复杂了。

一、股权的概念

股权，是有限责任公司或者股份有限公司的股东对公司享有的人身和财产权益的一种综合性权利。即股权是股东基于其股东资格而享有的，从公司获得经济利益，并参与公司经营管理的权利。

股权是股东在初创公司中的投资份额，即股权比例，股权比例的大小，直接影响股东对公司的话语权和控制权，也是股东分红比例的依据。

相关链接

与股权相关的术语

1.股东

股东是向公司出资或认购股份，从而享有资产收益等股东权利的人。《公司法》第四条规定："公司股东依法享有资产收益、参与重大决策和选择管理者等权利。"

公司股东按不同的标准，可以做出以下分类。

（1）隐名股东和显名股东。以出资的实际情况与登记记载是否一致，我们把公司股东分为隐名股东和显名股东。隐名股东是指虽然实际出资认缴、认购公司出资额或股份，但在公司章程、股东名册和工商登记等材料中却记载为他人的投资者，隐名股东又称为隐名投资人、实际出资人。显名股东是指正常状态下，出资情况与登记状态一致的股东，有时也指不实际出资，但接受隐名股东的委托，为隐名股东的利益，在工商部门登记为股东的受托人。

（2）个人股东和机构股东。以股东主体身份来分，可分机构股东和个人股东。机构股东指享有股东权的法人和其他组织。机构股东包括各类公司、各类全民和集体所有制企业、各类非营利法人和基金等机构和组织。个人股东是指一般的自然人股东。

（3）创始股东与一般股东。以获得股东资格时间和条件等来分，可分为创始股东与一般股东。创始股东是指为组织、设立公司，签署设立协议或者在公司章程上签字盖章，认缴出资，并对公司设立承担相应责任的人。创始股东也叫原始股东。一般股东指因出资、继承、接受赠予而取得公司出资或者股权，并因而享有股东权利、承担股东义务的人。

（4）控股股东与非控股股东。以股东持股的数量与影响力来分，可分为控股股东与非控股股东。控股股东又分绝对控股股东与相对控股股东。控股股东，是指其出资额占有限责任资本总额50%或依其出资额所享有的表决权已足以对股东、股东大会的决议产生重大影响的股东。

2.股份

股份是股份有限公司股东持有的，构成公司企业资本的最小计量单位，也是划分股东权利义务的基本计算单位。股份一般有以下三层含义。

（1）股份是股份有限公司资本的构成成分。

（2）股份代表了股份有限公司股东的权利与义务。

（3）股份可以通过股票价格的形式表现其价值。

3.股权证书

股权证书是股份公司向股东出具的证明其投资数量、拥有股份数量及相应权益和义务的书面凭证。

4.股票

股票是股份证书的简称，是股份公司为筹集资金而发行给股东作为持股凭证并借以取得股息和红利的一种有价证券。每股股票都代表股东对企业拥有一个基本单位的所有权。

5.原始股

原始股是公司在上市之前发行的股票。在中国股市初期，在股票一级市场上以发行价向社会公开发行的企业股票。

6.股改

股改是指即上市公司股权分置改革，是通过非流通股股东和流通股股东之间的利益平衡协商机制，消除A股市场股份转让制度性差异的过程。

7.控制权

控制权是指股东持有公司50%以上的股份或持股不足50%的，但在公司的股份比例最大，因此可以获得影响和控制权，进而可以控制公司的业务活动。

8.分红权

分红权，只是股权财产权中的一部分，即获得股息红利的权利。股权财产权即股东基于自己的出资而享受红利的权利，如获得股息红利的权利、公司解散时分配财产的权利以及不同意其他股东转让出资额时的优先受让权。这是股东为了自己的利益而行使的权利。

9.企业法人

企业法人是指具有符合国家法律规定的资金数额、企业名称、章程、组织机构、驻所等法定条件，能够独立承担民事责任，经主管机关（工商部门）核准登记取得法人资格的社会经济组织。

企业法人就像自然人一样依法独立享有民事权利和承担民事义务，具有民事权利能力和民事行为能力，比如纳税、消费、投资、发起或接受诉讼、参加社会活动等。

10.法定代表人

依照法律或者法人章程的规定，代表法人从事民事活动的负责人，为法人的法定代表人。公司法定代表人依照公司章程的规定，由董事长、执行董事或者经理担任，并依法登记。

11.法人代表

法人代表一般是指根据法人的内部规定担任某一职务或由法定代表人指派代表法人对外依法行使民事权利和义务的人，它不是一个独立的法律概念。

法人代表，也可称为法人的授权代表，这个代表可以是甲，也可以是乙，他不是固定的，而是取决于法人的授权，这个授权可以一事一授权，也可以是一揽子事项的授权。

二、股权的特点

股权是一种与物权、债权并列的新型财产权，是一种独立的权利类型，其有图2-1所示的特点。

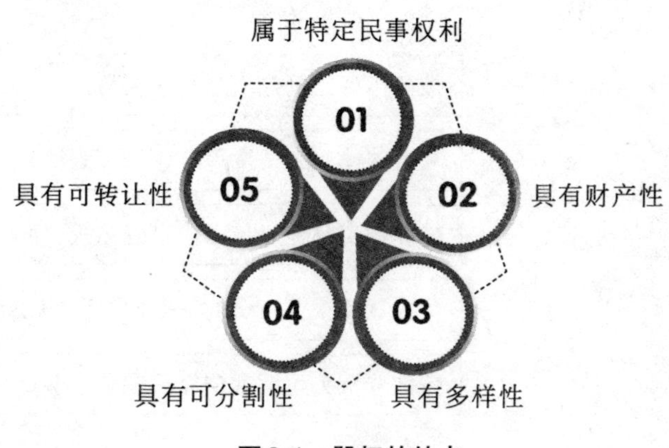

图2-1 股权的特点

1. 属于特定民事权利

股权是股东基于其出资行为而取得的特定民事权利，股东享有的与出资行为无关的民事权利不属于股权。它是股东向公司缴付出资之后享有的一种权利，而非权利与义务的复合体，股东对自己权利的不行使不会损害到他人的利益。股东享有股权，并不意味着他不负担义务。

比如，股东负有遵守公司章程的义务、对公司债务承担有限责任的义务、不得退股的义务等，但股东的这些义务可以看作是股东享有股权的对价，它们本身并不属于股权，而是由《公司法》规定的股东负有的义务或是股东之间因契约而承担的义务。

2. 具有财产性

财产性是股权的最基本属性，股东因其出资行为，以实物或金钱为载体，将其出资转化为注册资本。公司注册资本是股东财产性权利的集合体，股权在变价时又可以金钱形式量化，因此股权具有典型的财产性。

3.具有多样性

根据股权的内容和行使的目的，股权可分为自益权与共益权。

（1）自益权。自益权是指股东专为自己利益的目的而行使的权利。自益权的存在以股东的个人利益为基础，依附于股东资格。自益权主要是财产权，主要包括图2-2所示的内容。

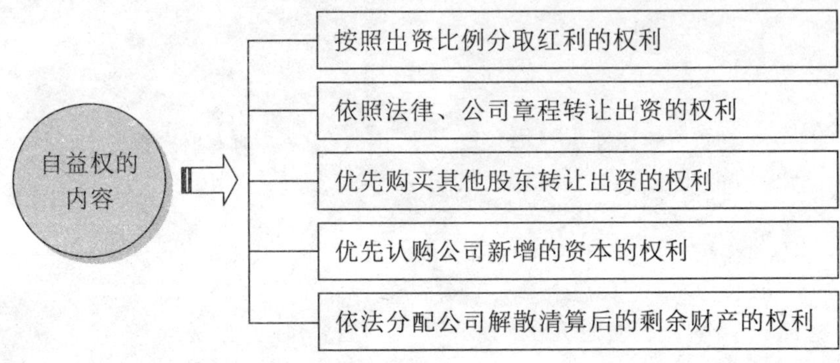

图2-2　自益权的内容

（2）共益权。共益权，是指股东以参与公司经营为目的的权利，或者说是股东以个人利益为目的兼为公司利益而行使的权利，该种权利行使所获得的利益使股东间接受益。主要包括图2-3所示的内容。

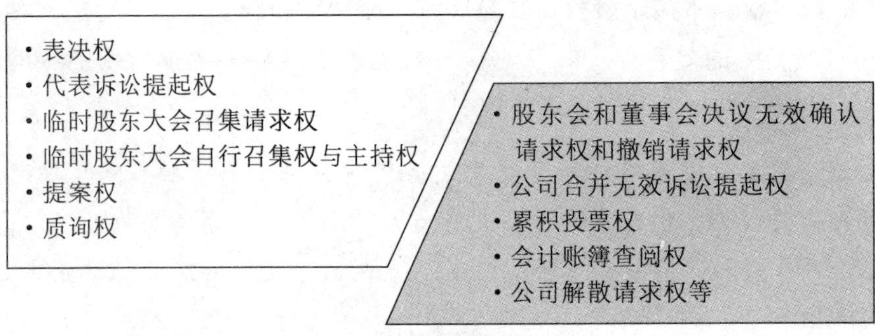

图2-3　共益权的内容

财产性权利和非财产性权利二者契合在一起构成股权完整的权利体系。其中财产性权利内容是股权的基本方面，收益是股东对公司投资的主要预期利益，是股东向公司投资的基本动机所在，也就是说收益是股东的终极目的；非财产性权利是确保股东获得财产利益的手段，是次要方面，但这不是说其不重要，它仍是围绕财产性权利这一核心而设，其目的是为了最大限度地追求财产权益，是财产性权利的体现和保障。

4. 具有可分割性

股东在转让自己所持有的股权时，可以全部转让，也可部分转让。在股东部分转让股权时，原有的股东与新加入的股东各自享有独立的股权。

5. 具有可转让性

对于有限责任公司，股东转让股权受到一定的限制，但只是在转让对象上受其他股东意思限制而已，并非不可转让；对股份有限公司，只是对有特殊身份的股东，对其持股时间有一定限制，它也是可转让的。

三、股权的取得

按照取得股权的时间是在公司设立时还是公司设立后，合法取得股权的方式可以分为图2-4所示的两种。

图2-4 股权的取得方式

1. 原始取得

原始取得是指通过向公司出资或者认购股份而取得股东资格。原始取得又可分为以下两种情形。

（1）设立时的原始取得。即基于公司的设立而向公司投资，从而取得股东资格。通过这种方式取得股东资格的人包括有限公司设立时的全部发起人，股份公司设立时的发起人和认股人。

根据《公司法》的规定，公司的股东可以用货币出资，也可以用实物、知识产权、土地使用权等可以用货币估价并可以依法转让的非货币财产作价出资；但是，法律、行政法规规定不得作为出资的财产除外。

根据《市场主体登记管理条例》第十三条第（二）款的规定，出资方式应当符合法律、行政法规的规定。公司股东、非公司企业法人出资人、农民专业合作社（联合社）成员不得以劳务、信用、自然人姓名、商誉、特许经营权或者设定担保的财产等作价出资。

（2）设立后的原始取得。即在公司成立后，增资时，通过向公司出资或者认购股份的方式而取得股东资格。

2. 继受取得

继受取得，也称为传来取得或派生取得，即通过受让、受赠、继承、公司合并等途径而取得股东资格，取得股份的受让人、受赠人、继承人、继受人就成为公司的新股东。

四、股权的转让

股权转让，是公司股东依法将自己的股东权益有偿转让给他人，使他人取得股权的民事法律行为。

1. 有限责任公司股权的转让

（1）股东之间相互转让。《公司法》第七十一条第（一）款规定，有限责任公司的股东之间可以相互转让其全部或者部分股权。

（2）股东向股东以外的人转让股权。《公司法》第七十一条有如图2-5所示的规定。

规定一	股东向股东以外的人转让股权，应当经其他股东过半数同意
规定二	股东应就其股权转让事项书面通知其他股东征求同意，其他股东自接到书面通知之日起满三十日未答复的，视为同意转让
规定三	其他股东半数以上不同意转让的，不同意的股东应当购买该转让的股权；不购买的，视为同意转让
规定四	经股东同意转让的股权，在同等条件下，其他股东有优先购买权
规定五	两个以上股东主张行使优先购买权的，协商确定各自的购买比例；协商不成的，按照转让时各自的出资比例行使优先购买权
规定六	公司章程对股权转让另有规定的，从其规定

图2-5　有限责任公司股东向股东以外的人转让股权的规定

（3）人民法院强制转让股东股权。《公司法》第七十二条规定："人民法院依照法律规定的强制执行程序转让股东的股权时，应当通知公司及全体股东，其他股东在同等条件下有优先购买权。其他股东自人民法院通知之日起满二十日不行使优先购买权的，视为放弃优先购买权。"

2.股份有限公司股份的转让

《公司法》第一百三十七条规定："股东持有的股份可以依法转让。"

（1）发起人股份转让。《公司法》第一百四十一条第（一）款规定："发起人持有的本公司股份，自公司成立之日起一年内不得转让。公司公开发行股份前已发行的股份，自公司股票在证券交易所上市交易之日起一年内不得转让。"

（2）公司高管股份转让。《公司法》第一百四十一条第（二）款规定："公司董事、监事、高级管理人员应当向公司申报所持有的本公司的股份及其变动情况，在任职期间每年转让的股份不得超过其所持有本公司股份总数的百分之二十五；所持本公司股份自公司股票上市交易之日起一年内不得转让。上述人员离职后半年内，不得转让其所持有的本公司股份。公司章程可以对公司董事、监事、高级管理人员转让其所持有的本公司股份作出其他限制性规定。"

提醒您

股东转让其股份，应当在依法设立的证券交易场所进行或者按照国务院规定的其他方式进行。

第二节 股权结构

股权结构是指股份公司总股本中，不同性质的股份所占的比例及其相互关系。股权结构是公司治理结构的基础，公司治理结构则是股权结构的具体运行形式。不同的股权结构决定了不同的企业组织结构，从而决定了不同的企业治理结构，最终决定了企业的行为和绩效。

一、股权结构的类型

对于公司而言，无论是正处于筹备阶段、初创阶段还是发展阶段，股权结构的设计都非常重要，科学合理的股权分配是公司稳定和健康良性发展的基石。

目前，根据众多企业的股权设计案例，大致可以分为图2-6所示的4种股权结构。

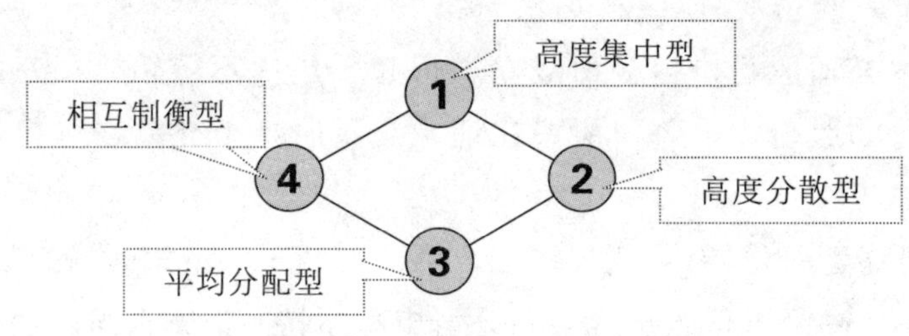

图2-6　股权结构的类型

1.高度集中型

高度集中型的股权结构容易形成“一股独大”的局面，公司最大的股东掌握了超过50%的股权，对公司的经营事务拥有绝对的话语权。这样的股权结构让控股股东对公司拥有绝对控制权，一定程度上，确实可以提高公司的决策效率。同时，股权的集中也使得大股东有足够的动机和能力增加对管理层的监督，有效解决双方存在的代理问题以及降低代理成本。

但是这样“一言堂”式的管理模式，让公司的董事会、股东大会等形同虚设，小股东手中的投票权对于公司的治理也完全没有任何约束力。这样缺乏制衡的股权结构，很容易将大股东的个人行为与企业行为混同，从而导致决策失误，资金流向不透明，增大企业的经营风险。

并且，高度集中型的股权结构非常不利于企业上市。当大股东的控制权缺乏公司其他利益相关者的监督和制约时，极有可能通过损害其他中小股东的利益来为自己牟取私利，从而产生“隧道效应”。所以，高度集中型的股权结构往往难以使公司走得更加长远。

比如，2014年，某知名自媒体，宣布正式散伙。散伙的原因就是公司内部高度集中的股权结构。公司创立初期，按照出资比例确定股权分配，此时A占股82.35%，B占股比例仅有17.65%。

但随着公司进入高速发展期，前期的投入资金对公司发展的贡献逐渐变小，而由B负责的内容逐渐开始显示其优秀的商业价值。时间一长，对公司业务拥有最大贡献价值的B却只拥有很少的股份比例，这种不合理的股权结构奠定了A和B终将分道扬镳的结局。

2. 高度分散型

高度分散型的股权结构又走向了另外一种极端，公司的经营权和所有权完全分离，股权分散在大量的股东手中，单个股东所持有的股份比例在10%以下。

直观来看，大量股东持有公司股权可以降低公司股份的流动性风险，从而带来良好的流动性收益。同时，在这种情况下，股东们持有的股权份额相近，权利相当，从而在股东间自动形成一种制衡机制，确保公司决策的民主性。

同时，一方面，高度分散的股权也降低了股东们监督公司管理的积极性，使股东们产生了“搭便车”的侥幸心理，寄希望于公司的其他股东可以关心公司发展，而自己则坐享其成。另一方面，由于股东数量众多，决策意见往往难以达成一致，降低了公司的反应速度，导致容易错失公司的发展机遇。

股权的高度分散和制衡，在欧美的国际大型商业银行里较为常见。

3. 平均分配型

平均分配型的股权结构，可谓是所有结构里最差的分配方式了。公司股东之间的股权分配比例相差不大，甚至是等比例分配。

表面上看，平均分配股权代表了创始人追求绝对公平公正的决心，但实际上却埋藏着两个巨大的隐患。首先，当面对公司的重大经营决策时，拥有相同股权的股东如果意见无法统一，容易使决策讨论陷入僵局，往往会错失业务发展的机遇。其次，随着公司后期的不断融资，平均股权的设计很容易使创始人的股权比例被不断稀释，从而丧失了对公司的控制权和话语权。

4. 相互制衡型

相互制衡型，是目前企业中最常见的股权结构类型。公司拥有一个较大的相对控股股东，同时还拥有其他的大股东，持股比例在10%到50%之间，共同形成制衡关系。

这样一来，由于股权的相对集中，提高了大股东们加强监督公司的经营管理意识，减少了经营团队和股东们之间的代理摩擦和成本。另一方面，由于大股东们自身的股权利益分配不均衡，所以无形中也会形成彼此相互制衡约束的机制，从而有效避免了大股东之间相互勾结，损害其他中小股东利益的情况发生。

相互制衡型的股权结构虽然成功解决了其他三种股权结构所带来的隐患，但同时也产生新的问题。首当其冲的就是大股东们容易发生对控制权的争夺，由于大股东们的持股比例相差不多，很容易出现拉拢小股东，掌握公司控制权的情况。一旦公司陷入内部权力的斗争，公司的业务也会受到相应的影响，严重者甚至会导致公司业务瘫痪。

二、股权结构设计的原则

股权结构设计的本质目的是为了维护股东之间的利益平衡，既能保障创始人对公司的控制权，又能够吸引优秀的人才加入。所以，合理的股权结构设计需要遵从图2-7所示的三个原则。

原则一 **股权结构清晰明了**

在创业初期，股东人数不宜过多，有助于公司前期决策更加高效，专注于业务的发展。随着公司不断壮大，股权结构也尽量避免出现过多的隐名股东、交叉持股等复杂的情况

原则二 **确保大股东的核心地位**

核心大股东不清晰，公司的话语权和控制权也会变得混乱，一旦遇到意见分歧的情况，股东之间容易产生利益纠纷。所以，在企业创立初期，就需要确立一个对公司经营决策起到决定性作用的人，保证决策高效，能及时调整业务方向

原则三 **预留一定比例的股权激励**

对企业而言，优秀的人才可遇而不可求。通常在企业需要通过股权转让的方式吸引人才的时候，原始股东们往往不愿意放弃所持的股权，所以公司在初期就要先设计合理的股权结构，在股东协议中约定预留一定比例的激励股用于之后的员工股权激励计划

图2-7 股权结构设计的原则

三、横向架构下的股权设计

横向架构，顾名思义，即以横向来划分公司股权架构。在此架构划分下，又可以分为一元、二元，以及多元股权架构。

1.一元股权架构

一元股权架构，即同股同权，股东按照所持有的股权比例行使表决权和分红权，股东股权比例、表决权（投票权）、分红权是一一对应的。这种股权架构是最普遍的类型，很多企业都是采用一元股权架构，在这种股权架构下，股权结构的安排应当牢记公司股权的九条生命线，如表2-1所示。

表 2-1　股权的九条生命线

序号	持股比例	生命线	具体说明
1	67%以上	绝对控制权	可决策公司生死存亡的事宜，如修改公司章程、增加或者减少注册资本的决议，以及公司合并、分立、解散或者变更公司形式等公司重大决策
2	51%	相对控股权	公司大部分事项有权决策，如聘请独立董事，选举董事、董事长，聘请审议机构，聘请会计师事务所，聘请、解聘总经理等
3	34%	一票否决权	该持股量是股东持股三分之一的，拥有一票否决权，持股三分之二的股东无法享有绝对控制权。一票否决只是相对于生死存亡的事宜，对其他仅需过半数以上通过的事宜，无法否决
4	30%	上市公司要约收购线	根据《中华人民共和国证券法》（以下简称《证券法》）规定，通过证券交易所的证券交易，投资者持有一个上市公司已发行的股份的30%时，继续进行收购的，应当依法向该上市公司所有股东发出收购要约
5	20%	重大同业竞争警示线	投资方直接或是通过子公司间接持有被投资单位20%以上但低于50%表决权股份时，一般认为对被投资单位具有重大影响，即联营企业投资
6	10%	临时会议权	可提出质询、调查、起诉、清算、解散公司。《公司法》规定，股东大会应当每年召开一次会议，但有下列情形之一的，应当在两个月内召开临时股东大会，其中就有一条“单独或者合计持有公司10%以上股份的股东请求时”

续表

序号	持股比例	生命线	具体说明
7	5%	重大股权变动警示线	这是对于上市公司来说的，《证券法》规定达到5%及以上，需披露权益变动书
8	3%	临时提案权	单独或者合计持有公司3%以上股份的股东，可以在股东大会召开10日前提出临时提案并书面提交召集人
9	1%	代为诉讼权	称派生诉讼权，是可以间接调查和起诉权（提起监事会或董事会调查）。本条线适用于股份有限公司的股东，同时还必须满足持股180日这一条件

2. 二元股权架构

二元股权架构，即同股不同权，股东股权比例、表决权、分红权不是一一对应的关系，股东权利分离。《公司法》第三十四条规定，股东按照实缴的出资比例分取红利；公司新增资本时，股东有权优先按照实缴的出资比例认缴出资。但是，全体股东约定不按照出资比例分取红利或者不按照出资比例优先认缴出资的除外。

表决权与股权分离的架构，可以考虑采用表2-2所示的方式。

表2-2　表决权与股权分离的架构方式

序号	方式	具体说明
1	投票权委托	创始人要求小股东签署授权委托书，将小股东所持有的公司股票表决权授予给创始人，约定委托的表决权不可撤销或约定一个比较长的授权期限
2	一致行动人协议	创始人与创始团队的其他小股东可签署一致行动协议，就公司的事项进行表决时依照创始人的意志去表决，从而提高了创始人的表决权，牢牢掌控公司的控制权
3	构建持股法律实体	创始人团队设立一家有限责任公司或有限合伙企业作为目标公司的持股实体，而创始人同时成为该公司的法定代表人、唯一的董事，或该有限合伙唯一的普通合伙人或执行事务合伙人，间接达到掌握目标公司的效果
4	境外架构中“AB股计划”	该种方式主要适用于允许“同股不同权”的境外市场。企业可以发行具有不同程度表决权的两类股票，一类为一股一权，一类为一股多权，由此创始人和管理层可以获得比“同股同权”结构下更多的表决权，从而使其他机构投资和投资者难以掌管公司决策权

3. 多元股权架构

多元股权架构，将公司股东分为四个类型，即创始人、合伙人、员工、投资人，针对这四类主体进行科学合理的安排，并满足各自的诉求。如图2-8所示。

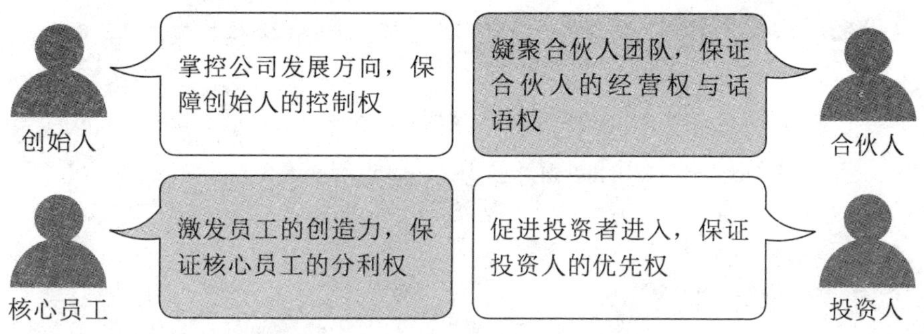

图2-8 股权的顶层设计

（1）创始人。从创始人维度来看，本质上的诉求是控制权，创始人的诉求是掌握公司的发展方向，所以在早期做股权架构设计的时候必须考虑到创始人控制权，有一个相对较大的股权（一般建议是合伙人平均持股比例的2～4倍）。

（2）合伙人。从合伙人维度来看，合伙人或联合创始人作为创始人的追随者，基于合伙理念价值观必须高度一致。合伙人作为公司的所有者之一，希望在公司有一定的参与权和话语权，所以早期必须拿出一部分股权来均分（这部分股权基本上占到8%～15%）。

（3）核心员工。从核心员工维度来看，他们的诉求是分红权，核心员工在公司高速发展阶段起到至关重要的作用，在早期做股权架构设计的时候需要把这部分股权预留出来，等公司处于快速发展阶段的期权就能真正意义派上用场（通常建议初次分配完之后同比例稀释预留10%～25%）。

（4）投资人。从投资人维度来看，投资人追求高净值回报，对于优质项目他们的诉求是快速进入和快速退出，所以在一定程度上说，投资人要求的优先清算权和优先认购权是非常合理的诉求，创始团队在面临这些诉求的时候，一定程度上还是需要理解。

提醒您

在保证创始人的控制权的基础上，让合伙人、员工、投资人都能分享到利益，该种模式更有利于公司的长期稳定发展。

对于该种模式，应注意以下要点。

——公司设立初期，创始人团队不要过早地稀释了股权，应预留10%～20%的股权作为股权激励池，激励给将来公司的核心员工和将来引进的投资人。

——公司初创期，应设定有效可行的股权退出方式，提前约定好退出条件和退出价格，设立有限合伙企业作为持股平台，能有效避免股东退出时产生的法律风险。

——发起公司的创始人能作为一个相对的大股东，在前期创业的时候要绝对控股，后面发展到一定的时期再不断稀释，要保持相对控股权。

相关链接

不合理的股权结构设计

通常不合理的股权结构设计有以下3种。

1.一人持股或夫妻共同持股

一人有限公司或夫妻公司，这类股权设计从生产经营上来说，不但实现不了生产资料社会化，不利于企业的成长，容易形成企业的天花板，从法律层面来说，还存在严重的法律风险，很容易将股东个人财产与公司财产混同，股东对公司的债务承担连带责任。

《公司法》第63条规定，一人有限责任公司的股东不能证明公司财产独立于股东自己的财产的，应当对公司债务承担连带责任。也就是一人有限责任公司股东要自证个人财产没有与公司财产混同，当公司对外出现债务时，债权人有权要求股东个人提供证据证明公司财产独立于股东个人财产，如果股东个人无法提供证据证明公司财产独立于个人财产的，那么股东个人需要对公司的债务承担连带清偿责任。夫妻公司也类似。通常债权人在起诉该一人有限公司或夫妻公司时，会将一人公司的股东或夫妻列为共同被告，并向法院申请财产保全，查封、扣押、冻结公司财产和股东个人或夫妻共同财产。最终股东若无法证明股东财产与公司财产独立，股东滥用公司法人独立地位和股东有限责任、逃避债务、严重损害公司债权人利益，则法院可能判决股东个人财产或夫妻共同财产对公司债务承担连带清偿责任。

2.被称为最糟糕的股权架构——五五平分

公司两名股东，各持50%的股权，收益权和决策权都是平等的，看似很公平，但是该类企业走到最后会越来越艰难。毕竟每位股东的资源、能力、对企业的贡献都有不同，公司初创之时，采用这种股权结构是可以的，可是一旦公司发展壮大，一方付出较多、贡献较大的难免不心生怨言。每个人的思维方式、性格、知识水平和经验等存在差异，对公司的发展和经营方面的决策持有不同意见，此时平分的股权结构使得公司无法作出有效的决策，导致公司陷入僵局，公司股东内部长期内耗，最终公司无法继续经营。

3.股权过于分散

公司股权由众多股东持股，各自持股比例较少，分散于各个股东，公司股权结构过于分散，最大的缺陷是公司治理效率低下，公司实际控制人缺位，公司经营发展方向不明确，股东会召开困难或难以形成有效的决议。公司想引进新的投资人或管理人才，必须考虑给予配置股权，方可留住人才，所以设计股权时，一定要考虑不能将所有的股权份额，一开始全部分散分配给股东，应设计股权池作为股权调整的余地。最后，若股权结构过于分散，也易引起投资人对公司控制权及公司稳定性的忧虑，不利于公司融资。

四、纵向架构下的股权设计

纵向架构，顾名思义，即以纵向划分公司股权架构。在纵向架构下，分别有图2-9所示的3种形式。

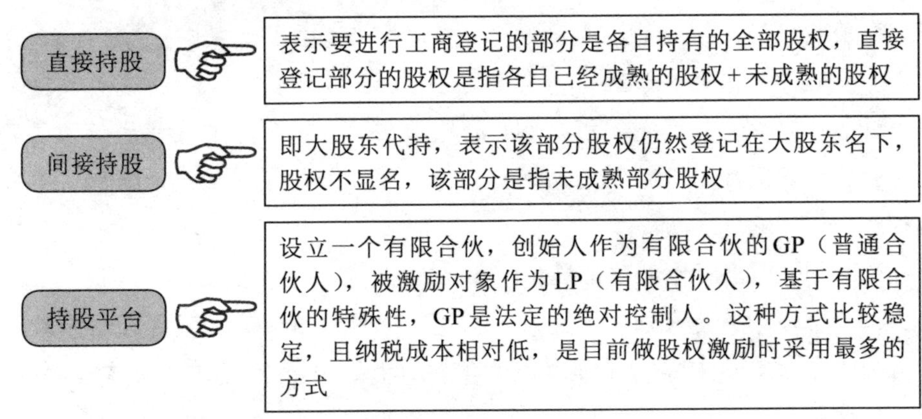

图2-9　纵向股权架构形式

相关链接

股权设计的五大坑

1.缺少合伙人精神

过去，一人打天下；现在，合伙创业才能打天下。

很多创始人不愿意把股权分配出来，生怕别人分了他的蛋糕，却不知道，真正能赚到大钱的，永远是懂得分钱的老板。

在创业之前，如何找到有资源、有技术、有资金、懂管理、懂销售、懂运营的合伙人很重要。在公司发展过程中，对于关键性的岗位，如销售、技术、运营，遇到优秀的人才，要学会整合、吸纳，这不是光靠钱就能办到的事情，可以通过股权激励，但关键是老板要具备舍得精神与分享成就他人的格局。

现在是合伙人创业的新时代，只有合伙人并肩作战共进退才能在市场上脱颖而出。创始人要想成功，就需要寻找在产品、技术、运营或其他重要领域能够独当一面的伙伴，或者同盟军。

合伙人不仅要有软交情，而且还要有硬利益，才能走得更长远。只讲交情不讲利益，或只讲利益不讲交情，都只能哗众取宠，成为一场笑谈。

2.没有签订股权协议

大多数创业公司在创业初期，创始成员只顾着一起埋头苦干，从不考虑自己的占股，更不会考虑自己的股份比例，等到了公司日益壮大，前景日益清晰时，早期的创始成员才开始关注自己的股份比例，这个时候再去讨论如何分配股权，团队很容易出现问题，公司的发展也会受到影响。

朋友间、兄弟间、亲戚间、夫妻间合伙创业，很多人认为都是熟人、亲人，口头约定就可以了，不需要签订什么股权协议。但事实告诉我们，很多知名企业都曾因股权分配不均的问题，引发了内部的股东矛盾，遭受了重大的打击。

3.完全按照出资比例分配股权

太多有理想有抱负的创业青年，因为初期资金匮乏，让资金型股东占了绝对的大股，辛苦打拼企业发展壮大之后，让出钱不出力的股东拿了大头，还处处受到牵制，苦不堪言！

股权比例要分资金股和人力股，创业公司，不仅要把资金股和人力股分开，而且资金股仅仅占小头，人力股要占大头。

4.合伙人股权没有签订退出机制

股权是一种交易，是一种买卖，因此必然伴随着伤害。没有股权退出机制，这就是最大的伤害，最容易让创业合伙人产生股权纠纷。

假设，某合伙人早期出资10万，占有公司20%的股权，由于某种被动或者主动原因而辞职，请问是否给退股?

合伙人利用公司资源与财产谋取私利，这样的情况如何强制收回他的股权?

如果合伙人中途出了意外，他的股权应该如何处理？怎么处理？通过什么方式?

因此，创业初期，合伙人的股权分为资金股和人力股，资金股占小头（10%～20%），人力股占大头（80%～90%），人力股至少要与3～4年服务期限挂钩，甚至与核心业绩指标挂钩。途中退出者按照既得部分处理，后续与之毫无关系。

5.不给未来优秀人才预留股权

公司的发展需要人才，而股权是吸引人才加入的关键手段。

创始团队最初分配股权的时候，应该预留一部分股份放入期权池，用于持续吸引人才与进行员工激励。

第三节 股东权责界定

股东权利和义务是对等的，在享受权利的同时，也要按照法定或约定来履行自己的义务。实践中，不同身份的人，当然权利和义务也是不同的。

一、股东享有的权利

《公司法》第四条规定：“公司股东依法享有资产收益、参与重大决策和选择管理者等权利。”也就是说，作为一名投资人的股东依法享有的权利，大都是公司法及相关法律法规赋予股东的，我们将这种权利称为法定权利。根据《公司法》的规定，股东可享受表2-3所示的法定权利。

表2-3　股东享有的权利

序号	权利	解释
1	股东身份权	可以要求以法律的形式确定自己是公司的股东
2	知情权	有了解公司必要信息的权利
3	质询权	质询相关问题；质询公司、董高监等
4	表决权	股东大会中按出资比例执行表决权
5	自行召集和主持股东大会会议权	有召开、主持股东大会的权利
6	投资收益权	每个股东享有分红和资本增值的权利
7	提案权	提出议案的权利
8	违法决议撤销权	内容、形式、程序违法而提出撤销的权利
9	异议股东股权收购权	请求公司收购个人手中股份的权利
10	请求解散权	有向人民法院提出解散公司的权利
11	诉讼权	有向人民法院提起诉讼的权利

1.股东身份权

股东身份权就是证明自己是公司的股东。出资者将自己的资产投入公司后，资产脱离自己，变成了公司资产，股东换取的首先是股东资格。

股东资格体现在如下两方面。

（1）公司向股东签发的文件，如向股东签发出资证明书、股东名册、股票等。

（2）公司向国家备案的文件，如公司章程等。

2.知情权

股东知情权是股东权利中一项基本的权利，是行使其他权利的前提和基础。

对于有限责任公司的股东，《公司法》第三十三条规定："股东有权查阅、复制公司章程、股东会会议记录、董事会会议决议、监事会会议决议和财务会计报告。股东可以要求查阅公司会计账簿。股东要求查阅公司会计账簿的，应当向公司提出书面请求，说明目的。公司有合理根据认为股东查阅会计账簿有不正当目的，可能损害公司合法利益的，可以拒绝提供查阅，并应当自股东提出书面请求之日起十五日内书面答复股东并说明理由。公司拒绝提供查阅的，股东可以请求人民法院要求公司提供查阅。”

对于股份有限公司的股东，《公司法》第九十七条规定：“股东有权查阅公司章程、股东名册、公司债券存根、股东大会会议记录、董事会会议决议、监事会会议决议、财务会计报告，对公司的经营提出建议或者质询。”

3. 质询权

质询权是和知情权相辅相成的制度，是保障小股东知情权得到确实保障的一条关键制度。《公司法》第一百五十条第（一）款规定：“股东会或者股东大会要求董事、监事、高级管理人员列席会议的，董事、监事、高级管理人员应当列席并接受股东的质询。”

质询权的确认有利于平常不参与企业经营管理的股东了解股东会及股东大会决议事项的背景及详细的说明情况，提高表决权投票的针对性和科学性，同时也是对董事、监事和经理人行为的一种威慑。

4. 表决权

表决权是股东身份治理权的核心，涉及参与重大决策权和选择管理者权是否能够得到落实，是保护股东财产权的重要手段。对公司的控制权往往就是通过表决权来实现的。

（1）股东能够参加股东会和股东大会。《公司法》第三十九条规定，股东会会议分为定期会议和临时会议。定期会议应当依照公司章程的规定按时召开。

《公司法》第一百条规定，股东大会应当每年召开一次年会。

（2）股东能行使表决权。《公司法》第一百零四条规定：“本法和公司章程规定，公司转让、受让重大资产或者对外提供担保等事项必须经股东大会作出决议的，董事会应当及时召集股东大会会议，由股东大会就上述事项进行表决。”

《公司法》第一百零五条规定，股东大会选举董事、监事，可以依照公司章程的规定或者股东大会的决议，实行累积投票制。

《公司法》第一百零六条规定，股东可以委托代理人出席股东大会会议，代理人应当向公司提交股东授权委托书，并在授权范围内行使表决权。

5. 自行召集和主持股东大会会议权

针对部分非上市公司执行董事和上市公司董事会不依法或不依公司章程召

开股东会和股东大会的问题，《公司法》第三十九条规定，代表十分之一以上表决权或者股份的股东可以自行召集和主持股东会议。

这个规定实际上是扩大了小股东对公司的控制权，当代表大股东的董事或者经理人不愿意召开股东会或股东大会时，小股东可以运用这一项权利在特定条件下自行召集股东会（股东大会）来保护自己的利益。

但是若重要决议事项是1/2以上或2/3以上才可通过的，其他股东对提案明显有异议的，那么召开该股东会的效果不大。但在股份有限公司中，多方股东博弈时，将会发挥其应有的效果。

6.投资收益权

投资收益权是指每个股东投资享有分红和资本增值的权利，这个权利应该是每个股东最主要的目标权利。

《公司法》第三十四条规定：“股东按照实缴的出资比例分取红利；公司新增资本时，股东有权优先按照实缴的出资比例认缴出资。但是，全体股东约定不按照出资比例分取红利或者不按照出资比例优先认缴出资的除外。”

《公司法》第一百八十六条第（二）款规定：“公司财产在分别支付清算费用、职工的工资、社会保险费用和法定补偿金，缴纳所欠税款，清偿公司债务后的剩余财产，有限责任公司按照股东的出资比例分配，股份有限公司按照股东持有的股份比例分配。”

这些规定从法律层面保护了股东的投资收益权。

7.提案权

提案权就是股东在股东（大）会上提出议案的权利。

《公司法》第一百零二条第（二）款规定：“单独或者合计持有公司百分之三以上股份的股东，可以在股东大会召开十日前提出临时提案并书面提交董事会；董事会应当在收到提案后二日内通知其他股东，并将该临时提案提交股东大会审议。临时提案的内容应当属于股东大会职权范围，并有明确议题和具体决议事项。”

这个规定是非常重要的，它赋予了小股东提案权，对保护小股东利益有重大的现实意义。小股东可以将自己关心的、与自己利益密切相关的议案提交股东大会讨论，这就避免了小股东在股东大会上只能被动对大股东的提案说“是”和“否”。这条规定使得小股东的表决权可以更完整、更充分地行使。

8. 违法决议撤销权

在非上市公司和上市公司中经常会出现这样的问题：控股大股东或经理人把持着股东会、股东大会和董事会，将股东会、股东大会和董事会变成他们操纵公司的工具。在这些股东会、股东大会和董事会中，只按照大股东或经理人的意思办，而从不考虑是否违法或违反公司章程，因此就出现会议的决议内容或程序违法或违反公司章程的问题。

对此，《公司法》第二十二条规定："公司股东会或者股东大会、董事会的决议内容违反法律、行政法规的无效。股东会或者股东大会、董事会的会议召集程序、表决方式违反法律、行政法规或者公司章程，或者决议内容违反公司章程的，股东可以自决议作出之日起六十日内，请求人民法院撤销。股东依照前款规定提起诉讼的，人民法院可以应公司的请求，要求股东提供相应担保。公司根据股东会或者股东大会、董事会决议已办理变更登记的，人民法院宣告该决议无效或者撤销该决议后，公司应当向公司登记机关申请撤销变更登记。"

这条规定赋予了小股东选择权。小股东可根据实际情况，决定是否请求宣告决议无效或撤销决议，这在一定程度上遏制了大股东或经理人把控股东会、股东大会和董事会的现象。

9. 异议股东股权收购请求权

《公司法》第七十四条规定，有下列情形之一的，对股东会该项决议投反对票的股东可以请求公司按照合理的价格收购其股权。

（1）公司连续五年不向股东分配利润，而公司该五年连续盈利，并且符合本法规定的分配利润条件的。

（2）公司合并、分立、转让主要财产的。

（3）公司章程规定的营业期限届满或者章程规定的其他解散事由出现，股东会会议通过决议修改章程使公司存续的。

自股东会会议决议通过之日起六十日内，股东与公司不能达成股权收购协议的，股东可以自股东会会议决议通过之日起九十日内向人民法院提起诉讼。

10.请求解散权

在现实的经济生活中，有些公司长期亏损，转盈无望。在这种情况下，小股东和大股东以及经理人的利益诉求是不一样的。对于小股东来说，一般只能通过分红享受公司收益，这时候公司继续经营只能损害小股东的利益，因此小股东会要求解散公司，将投资损失降到最低。但是公司的大股东和经理人一般不会同意小股东的要求，因为公司的控制权和经营权都在大股东和经理人手里，公司继续做下去，虽然依然会亏损，但是大股东和经理人却可以从中获取控制权私利。

针对这种情况，《公司法》第一百八十二条规定："公司经营管理发生严重困难，继续存续会使股东利益受到重大损失，通过其他途径不能解决的，持有公司全部股东表决权百分之十以上的股东，可以请求人民法院解散公司。"

11.诉讼权

以上的10项权利是股东最主要的权利，但是当股东的上述权利被其他股东、董事、监事或经理人侵害时，而通过协商又解决不了的时候，权利受侵害的股东就有权利到法院对侵害其权利的其他股东、董事、监事和经理人进行法律诉讼，要求停止侵权行为，这就是股东的诉讼权。

股东的诉讼权是股东权利保护的底线，也是股东法定权利中最重要的一项权利。

（1）间接提起诉讼的事项。《公司法》第一百四十九条规定："董事、监事、高级管理人员执行公司职务时违反法律、行政法规或者公司章程的规定，给公司造成损失的，应当承担赔偿责任。"

《公司法》第一百五十一条规定："董事、高级管理人员有本法第一百四十九条规定的情形的，有限责任公司的股东、股份有限公司连续一百八十日以上单独或者合计持有公司百分之一以上股份的股东，可以书面请求监事会或者不设监事会的有限责任公司的监事向人民法院提起诉讼；监事有本法第一百四十九条规定的情形的，前述股东可以书面请求董事会或者不设董事会的有限责任公司的执行董事向人民法院提起诉讼。监事会、不设监事会的有限责任公司的监事，或者董事会、执行董事收到前款规定的股东书面请求后拒绝提起诉讼，或者自收到请求之日起三十日内未提起诉讼，或者情况紧急，不立即提起诉讼将会使公司利益受到难以弥补的损害的，前款规定的股东有权为了公司的利益以自己的名义直接向人民法院提起诉讼。他人侵犯公司合法权益，给公司造成损失的，本条第一款规定的股东可以依照前两款的规定向人民法院提起诉讼。”

（2）可直接提起诉讼的事项。《公司法》第一百五十二条规定：“董事、高级管理人员违反法律、行政法规或者公司章程的规定，损害股东利益的，股东可以向人民法院提起诉讼。”

相关链接

有限责任公司与股份有限公司股东权利的区别

不管是有限责任公司还是股份有限公司，股东作为公司的出资人或投资者，均享有资产收益、参与重大决策和选择管理者等权利，这是我国《公司法》关于股东权利的基本规定。不过，基于有限责任公司与股份有限公司具有人合性与资合性、封闭性与开放性、任意性与法定性、规模小与规模大等方面的不同特征，两类公司股东权利的具体内容也不尽相同。

1.股份有限公司股东同股同权、同股同利，而有限责任公司却可以不相同

股份有限公司的资本划分为若干均等的份额，每一份额就代表着每一股份。同一股份所代表的股东权利是相同的，同一股份所享受的利润分配比例一般也是一样的。股东在股份有限公司拥有多少权利，是由其拥有的股份数额的多少来决定的。用简单的话来概括就是八个字“同股同权、同股同利”，每一股权平等。这种股权平等的思想体现在《公司法》里，就是第103条、第126条的规定。“股东出席股东大会会议，所持每一股份有一表决权”（第103条）。“股份的发行，实行公平、公正的原则，同种类的每一股份应当具有同等权利。同次发行的同种类股票，每股的发行条件和价格应当相同；任何单位或者个人所认购的股份，每股应当支付相同价额”（第126条）。在这里，股东的个人身份、名誉、地位不再具有意义，任何人持有公司的股票，他就是公司的股东，享有相应的权利和义务。

有限责任公司的资本不分为等额股份，股东拥有多少权利主要看其在公司的出资数额或出资比例的高低。这种"资本多数决"的方式本质上与股份公司是相同的。所不同的是，出资多少不是决定股东地位高低的唯一因素。公司法允许股东通过制定或修改公司章程的方式自由约定股东如何行使权利，《公司法》第42条规定："股东会会议由股东按照出资比例行使表决权；但是，公司章程另有规定的除外。"第34条规定："股东按照实缴的出资比例分取红利；公司新增资本时，股东有权优先按照实缴的出资比例认缴出资。但是，全体股东约定不按照出资比例分取红利或者不按照出资比例优先认缴出资的除外。"这样，有限责任公司的股东权利就可能出现两个不相等：股东的出资比例与表决权的行使比例可以不相等；股东的出资比例与分红比例也可以不相等。

由此可见，在股东的基本权利方面，股份公司主要体现为《公司法》的强制性、法定性规定，而有限公司的股东则被赋予更多的任意性、自治性权利。

2.证明股东身份的法律凭证不同

在股份有限公司中，公司的资本总额平均划分为相等的股份，股份的表现形式为股票，股票是股份公司股东身份的凭证，也是股东在公司拥有多少表决权的象征。而有限责任公司的资本总额不作等额划分，股东的股权通过投资占总资本比例大小由公司开具出资证明来表示，出资证明书是有限公司股东享有股东权的重要凭证。

3.股权转让的差别

有限公司以限制转让为原则，自由转让为例外，股权不能自由流通。由于有限公司具有人合性和封闭性的特征，股东转让出资在法律上受到比较严格的限制，股东自由转让股权仅限于内部股东之间。股东向他人转让出资时，必须经其他过半数股东同意，其他股东在同等情况下具有优先购买权。这里的他人是指股东以外的人，如果股东向公司本身转让股权，受到的限制更严格，因为这实际就是让公司回购股东的股权，会导致公司的注册资本减少，有违资本法定原则，所以《公司法》规定只有在三种情形下，对股东会决议投反对票的股东可以向公司主张出资回购请求权（见《公司法》第74条规定）。

股份有限公司以自由转让为原则，限制转让为例外，股份可以自由流通。股份有限公司的股东购买公司股票后一般也不得要求公司退回，但可自由转让，具有充分的流通性，这是与股份有限公司的资合性和开放性特征相对应的。除了法律规定的特殊情形以外，股份有限公司股东可以转让股份，任何投资者都可以通过购买股票成为股份有限公司的股东。结合《公司法》第五章第二节“股份有限公司的股份转让”，股份转让的限制主要如下。

（1）对发起人和公司董事、监事和高级管理人员的限制。在特定时期内，这类人员不得转让其股份，以便将他们的个人利益与公司利益、股民利益紧密相连，督促他们履行职责。

（2）转让方式的限制。记名股票采取背书方式，无记名股票采取交付方式转让。

（3）转让场所的限制。股东转让其股份，应当在依法设立的证券交易场所进行或者按照国务院规定的其他方式进行。股票交易原则上应当在证交所进行场内交易，但新公司法也允许在条件成熟时，可以进行场外交易。

4.股东知情权的差异

根据《公司法》第九十七条的规定，股份有限公司的股东有权查阅公司章程、股东名册、公司债券存根、股东大会会议记录、董事会会议决议、监事会会议决议、财务会计报告，对公司的经营提出建议或者质询，并未规定有公司会计账簿的查阅权，这是有限责任公司的股东和股份有限公司的股东在知情权上存在的最大差异。

5.股份有限公司股东无权制定章程，只能参与修改章程

章程是公司内部的自治法。公司成立之前必须向工商登记机关提交公司章程。公司成立以后，章程对公司、股东、董事、监事、高级管理人员均具有约束力。有限责任公司有权制定公司章程的主体是全体股东。公司成立以后，股东可以通过形成股东会表决修改章程。因此，全体股东均拥有公司章程的制定和修改权。而股份公司由于投资人数量众多，让分散在五湖四海的全部认股人聚集一起参与制定章程既不具有可操作性，也很难达成一致，因而《公司法》规定股份有限公司由发起人制定章程，公司成立之前由认股人通过参加创立大会以表决方式决定是否认可章程。公司成立以后，股东还可以参加股东大会修改公司章程。

二、股东应尽的义务

公司股东的义务一般包括以下4项。

1.按约出资

按约出资是公司股东最为重要的义务，即股东应当在约定的时间内足额缴纳公司章程中所认定的出资额。股东既可以货币出资，也可以其他非货币财产出资。

《公司法》第二十八条规定："股东应当按期足额缴纳公司章程中规定的各自所认缴的出资额。股东以货币出资的，应当将货币出资足额存入有限责任公司在银行开设的账户；以非货币财产出资的，应当依法办理其财产权的转移手续。股东不按照前款规定缴纳出资的，除应当向公司足额缴纳外，还应当向已按期足额缴纳出资的股东承担违约责任。"

2.不得滥用股东权利

《公司法》第二十条第（一）款规定："公司股东应当遵守法律、行政法规和公司章程，依法行使股东权利，不得滥用股东权利损害公司或者其他股东的利益；不得滥用公司法人独立地位和股东有限责任损害公司债权人的利益。"

3.表决权禁行义务

在特定情况下，股东负有表决权禁行义务，即该股东不得参与表决。通常，当公司为其股东提供担保时，需经过股东会议表决，被提供担保的股东此时不应参加表决。

《公司法》第十六条规定："公司向其他企业投资或者为他人提供担保，依照公司章程的规定，由董事会或者股东会、股东大会决议；公司章程对投资或者担保的总额及单项投资或者担保的数额有限额规定的，不得超过规定的限额。公司为公司股东或者实际控制人提供担保的，必须经股东会或者股东大会决议。前款规定的股东或者受前款规定的实际控制人支配的股东，不得参加前款规定事项的表决。该项表决由出席会议的其他股东所持表决权的过半数通过。"

4. 不得损害公司利益

控股股东有义务不滥用自己的优势地位及关联关系，损害公司利益。

《公司法》第二十一条规定："公司的控股股东、实际控制人、董事、监事、高级管理人员不得利用其关联关系损害公司利益。违反前款规定，给公司造成损失的，应当承担赔偿责任。"

三、股东的法律责任

1. 公司财产与个人财产区分不清的法律责任

根据《公司法》第六十三条的规定，一人有限责任公司的股东不能证明公司财产独立于股东自己的财产的，应当对公司债务承担连带责任。因此，只要没有证据证明公司财产独立于股东个人财产，股东就应当对公司债务承担连带责任。

2. 违反出资义务的法律责任

（1）《公司法》第三十条规定："有限责任公司成立后，发现作为设立公司出资的非货币财产的实际价额显著低于公司章程所定价额的，应当由交付该出资的股东补足其差额；公司设立时的其他股东承担连带责任。"

（2）《公司法》第一百九十九条规定："公司的发起人、股东虚假出资，未交付或者未按期交付作为出资的货币或者非货币财产的，由公司登记机关责令改正，处以虚假出资金额百分之五以上百分之十五以下的罚款。"

（3）根据《中华人民共和国公司法解释三》（以下简称《公司法解释三》）第十三条第（二）款的规定，公司债权人有权请求未履行或者未全面履行出资义务的股东在未出资本息范围内对公司债务不能清偿的部分承担补充赔偿责任。

（4）《公司法》第二百条规定："公司的发起人、股东在公司成立后，抽逃其出资的，由公司登记机关责令改正，处以所抽逃出资金额百分之五以上百分之十五以下的罚款。"

（5）根据《公司法解释三》第十四条第（二）款的规定，公司债权人有权请求抽逃出资的股东在抽逃出资本息范围内对公司债务不能清偿的部分承担补充赔偿责任，协助抽逃出资的其他股东、董事、高级管理人员或者实际控制人对此承担连带责任。

（6）根据《公司法解释三》第十九条的规定，有限责任公司的股东未履行或者未全面履行出资义务即转让股权，受让人对此知道或者应当知道的，公司债权人有权要求受让人对公司债务承担连带责任，受让人承担责任后，有权向未履行或者未全面履行出资义务的前股东进行追偿，当然当事人另有约定的除外。

3. 违反不得滥用权利的法律责任

《公司法》第二十条第（二）、（三）款规定："公司股东滥用股东权利给公司或者其他股东造成损失的，应当依法承担赔偿责任。公司股东滥用公司法人独立地位和股东有限责任，逃避债务，严重损害公司债权人利益的，应当对公司债务承担连带责任。"

4. 股东怠于履行义务导致公司财产流失或无法进行清算的法律责任

根据《公司法解释二》第十八条的规定，有限责任公司的股东、股份有限公司的董事和控股股东未在法定期限内成立清算组开始清算，导致公司财产贬值、流失、毁损或者灭失，债权人有权主张其在造成损失范围内对公司债务承担赔偿责任的，和因怠于履行义务，导致公司主要财产、账册、重要文件等灭失，无法进行清算，债权人有权主张其对公司债务承担连带清偿责任。

5. 公司解散后恶意处置公司财产或恶意骗取注销登记的法律责任

根据《公司法解释二》第十九条的规定，有限责任公司的股东、股份有限公司的董事和控股股东，以及公司的实际控制人在公司解散后，恶意处置公司财产给债权人造成损失，或者未经依法清算，以虚假的清算报告骗取公司登记机关办理法人注销登记的，债权人有权主张其对公司债务承担相应赔偿责任。

第四节　控制权的把控

作为创始人，诉求最多的就是公司的控制权，创始人需要掌握公司的发展方向，确保自己在公司的核心位置，因此在做早期的股权架构设计时必须充分考虑到创始人控制权，让创始人有一个相对大的股权。

一、股权与控制权的区别

股权并不等于控制权，二者区别如下。

股权是有限责任公司或者股份有限公司的股东对公司享有的人身和财产权益的一种综合性权利。即股权是股东基于其股东资格而享有的，从公司获得经济利益，并参与公司经营管理的权利。

而控制权指股东依据所持公司股权，根据公司章程以及实际运营管理情况，拥有的对公司权益的控制力，是介于所有权与经营权中间地带的一种权力。大多数情况下，股权比例大于50%的一方获得公司的控制权。

比如，A出20万，B出80万成立一家有限或者股份公司，那么A将拥有20%股权，A可以凭借这20%的股权享有股东权利并获得公司年利润的20%分红。在无其他特殊情况下，这家公司的控制权由B获得，由他经营管理。

再如，A出资41万，B出资30万，C出资29万，那么单纯从股权比例上看是看不出来谁控制公司的实际经营。这时可以看董事会情况，如果董事会5席，A占3席，其余各1席，那么公司实际控制权由A获得。

上述案例仅仅是取得公司控制权的两种形式，而实践中的情形却千差万别，即使股权比例大于51%也不一定会有控制权，股权比例只有百分之十几也有可能获得控制权。

二、非上市公司管理层的控制权

非上市公司管理层掌握控制权的方法有以下3种。

1.掌握控股权是王道

谁拥有的股权越多，谁掌握的控制权就越牢固，这是每一位商界人士都深谙于心的常识。那么，管理层的股权要把握到什么程度才能带来“安全感”呢？通常，把持有67%以上的股权称为“绝对控制权”，因为这代表着管理层拥有了三分之二的表决权。

根据《公司法》的规定：“股东大会作出决议，必须经出席会议的股东所持表决权过半数通过。但是，股东大会作出修改公司章程、增加或者减少注册资本的决议，以及公司合并、分立、解散或者变更公司形式的决议，必须经出席会议的股东所持表决权的三分之二以上通过。”

由此可见，“三分之二”的表决权，是一个极具诱惑力的比例，它代表着管理层难以撼动的决策地位。

2. 表决权带来控制权

归集表决权的方式有许多种，比如表决权委托、签署一致行动人协议、构建持股实体等。其中通过构建持股实体，以间接加强管理层的控制力，是三种方式中最为复杂但也更为稳定可靠的方式。

常见的操作方式是：管理层设立一家有限责任公司或有限合伙企业作为目标公司的持股实体，同时成为该公司的法定代表人、唯一的董事、唯一的普通合伙人或执行事务合伙人，最后达成掌握目标公司表决权的效果。

提醒您

若持股实体是有限合伙企业，那么管理层的地位必须是普通合伙人而非有限合伙人，因为根据《合伙企业法》的规定，有限合伙企业是由普通合伙人来控制的，有限合伙人并不能参与企业的经营管理和决策。

3. 设定限制性条款

设定限制性条款并不能对管理层的控制权起到“强化”效果，但可以起到防御性作用。

限制性条款大多体现在公司章程之中。

一方面，限制性条款可以赋予管理层“一票否决权”，比如针对公司的一些重大事项——合并、分立、解散、公司融资、公司上市、公司的年度预算结算、重大人士任免、董事会变更等。管理层，尤其是企业的创始人可以要求没有他的同意表决不通过。如此一来，即便管理层的股权被稀释得较为严重，也不会导致被“扫地出门”。

另一方面，为了掌握董事会的“战略高地”，在公司章程中，还可以直接规定董事会一定数量的董事（一般过半数）由核心管理层委派。

提醒您

《公司法》对章程的法定、意定事项的范围有所限制，在设立限制性条款时，必须时刻避免触犯法律制度的框架。

三、上市公司管理层的控制权

上市公司管理层掌握控制权的方法有以下5种。

1.扩股

扩股系指企业向社会募集股份、发行股票、新股东投资入股或原股东增加投资扩大股权，从而可以增加企业的资本金，管理层有机会扩大持股比例。扩股的具体方式有多种，包括图2-10所示的3种。

1 在二级市场增持股份

2 通过定向增发进行扩股

3 与其他股东达成股份转让协议，受让其他股东的股权

图2-10 扩股的方式

就定向增发而言，根据《证券法》的规定，上市公司向符合条件的少数特定投资者非公开发行股份时，要求发行对象不得超过10人，发行价不得低于公告前20个交易日市价均价的90%，发行股份12个月内（认购后变成控股股东或拥有实际控制权的36个月内）不得转让。

对管理层而言，最常通过MBO程序取得公司的控制权。

MBO程序（Management Buy-Outs，管理层收购）是指目标公司的管理层利用借贷所融资本或股权交易收购本公司，从而引起公司所有权、控制权等变化，以改变公司所有制结构的一种行为。通过管理层收购，企业的经营者变成了企业的所有者。

关于这种所有权变化能否有助于企业的发展，目前并无定论。但在实践中，有些时候，管理层作为股东，个人利益和公司利益趋同，能够有助于降低成本、

加速公司的发展，不过也存在由于缺乏外部的监督和管控，管理层作为股东反而不利于公司进步的情形。

2. 一致行动人协议

一致行动人协议常指在公司没有控股股东或实际控制人的情况下，由多个投资者或股东共同签署一致行动人协议，从而扩大共同的表决权数量，形成一定的控制力。

作为陕西宝光真空电器股份有限公司的第一大股东陕西宝光集团有限公司与陕西省技术进步投资有限责任公司就于2016年11月17日签署了《一致行动人协议》，自此陕西宝光集团有限公司与一致行动人共持有公司5321.2470万股，占公司总股本的22.56%。

双方采取一致行动的范围主要包括提案的一致行动与投票的一致行动，而各方依据其作为宝光股份股东所享有的其他权利（包括但不限于股票处置权、分红权、查询权等）则不受影响。

不难发现，一致行动人协议相当于在公司股东会之外又建立了一个契约型的“小股东会”，但此种人合性极强的举措几乎完全依赖于“小伙伴之间”的信任感和忠诚度，一旦小团体土崩瓦解，对企业的控制力也将不复存在。

3. 资产重组

资产重组是指企业改组为上市公司时将原企业的资产和负债进行合理划分和结构调整，经过合并、分立等方式，将企业资产和组织重新组合和设置。通过资产重组来加强对公司的控制权更像是一条“曲线救国”的道路。

比如，当管理层在A公司所掌握的股权较低时，可以与另一家自己控制的B公司进行资产重组——对B公司发行股份，由B公司持有A公司的股份，由于管理层本身持有一定的A公司股份，同时也是B公司的实际控制人，那么管理层便增强了对A公司的控制权。

4. 超级投票权——A/B双层股权结构

该种方式主要适用于允许“同股不同权”的一些境外市场。企业可以发行具有不同程度表决权的两类股票，一类为一股一权，一类为一股多权，由此创始人和管理层可以获得比“同股同权”结构下更多的表决权，从而使其他机构投资和投资者更难掌管公司决策权。

谷歌在上市时就是采用AB股模式，佩吉、布林、施密特等公司创始人和高管持有B类股票，每股表决权等于A类股票10股的表决权。2012年，谷歌又增加了不含投票权的C类股用于增发新股。这样，即使总股本继续扩大，创始人减持了股票，他们也不会丧失对公司的控制力。到2015年，佩吉、布林、施密特持有谷歌股票低于总股本的20%，但仍拥有近60%的投票权。

目前看来，采用双重股权结构的多为互联网企业、科技企业、传媒企业，这与该类企业获得外部投资较多或有关联。中概股中，百度、唯品会就是采取了这种股权结构防止被外资控制。

5.修改公司章程

公司章程被称为“公司宪法”，是股东间合作的最高行为准则，在公司内部具有最高法律地位。《公司法》赋予了公司股东对公司治理更多的自治性，股东间以公司章程对彼此权利义务进行自由约定的空间更大。

关于公司章程可以约定的常识主要有以下方面。

（1）章程可以约定“分红比例与出资比例不一致”。

（2）章程可以约定“不按出资比例优先认缴出资”。

（3）章程可以约定“股东持股比例可与出资比例不一致”。

（4）章程可以约定“表决权可与出资比例不一致”。

（5）章程可以约定“剥夺股权转让时其他股东的同意权”。

（6）章程可以约定“限制股权转让时其他股东的优先认购权”。

（7）章程可以约定“排除股东资格的继承”。

（8）章程可以约定“书面形式行使股东会职权”。

（9）章程可以约定“召开股东会定期会议的期限”。

（10）章程可以约定“召开股东会会议的通知期限”。

（11）章程可以约定“股东会的议事方式和表决程序”。

（12）章程可以约定“董事长和副董事长的产生办法”。

（13）章程可以约定“董事会的议事方式和表决程序”。

（14）章程可以约定“执行董事的职权”。

因此，在符合《公司法》规定的前提下通过合理修改章程的方式来保护管理层的控制力确为可行的方式，但章程到底怎么改，还需要企业和律师共同研究探讨。

相关链接

创始人股权被稀释如何掌握控制权

股权稀释是指当企业由于分段投资的策略再追加投资时，后期投资者的股票价格低于前期投资者，或产生配股、转增红股而没有相应的资产注入时，前期投资者的股票所包含的资产值被稀释了，即股权稀释。

随着公司的融资壮大，创始人的股权将被不断稀释，就很难一直保持公司的绝对控股权。

比如，有两个朋友合作创业，他们的股份比例分别是80%和20%，如果现在要进来一个新的股东，要10%的股权，按照普通公司的标准，将会从大股东手里拿出10%的股份给新的股东，他们三人的股权比例就会变成70%、20%、10%。这种方法叫大股东的股权转让，但如果后期再进股东再这样做，时间久了大股东就有可能失去公司的控制权。

那么，股权被稀释该如何掌握控制权呢？方法如下。

1.投票权委托

其他小股东签署授权委托书将其所持股权的表决权排他性地授予核心创始人股东行使，以增大核心创始人股东在股东会上实际控制的股权表决权的数量。

需要注意的是，签署委托书时要注明所委托的表决权不可撤销，并约定一个比较长的授权期限。

2.一致行动协议

核心创始人股东跟创始团队的其他小股东、高管、员工一起签署一个协议，就公司的事项进行表决的时候依照统一的意志去表决，其他股东与核心创始股东意见不一致的时候，按照核心创始人股东的意志进行表决。

3.有限合伙

设立有限合伙企业，核心创始人股东成为该有限合伙企业的唯一的GP，其他小股东、员工、高管等成为有限合伙企业的LP，由GP实际控制并行使有限合伙企业所持有的公司股权的表决权。

4.双重股权结构

即同股同利不同权，将公司股权分为A股、B股，普通股东持有A股，只允许核心创始人股东持有大量的B股，在公司章程中约定核心创始人股东的每一B股拥有多个表决权（譬如10个），普通股东的每一A股仅有一个表决权，以增加核心创始股东在股东会的表决权。

采用这种方式应约定A股任何时候不得转为B股。

5.一票否决权

《公司法》规定，股东会会议作出修改公司章程、增加或者减少注册资本的决议，以及公司合并、分立、解散或者变更公司形式的决议，必须经代表三分之二以上表决权的股东通过。

因此，通过前述方式，如果核心创始人股东获得不低于34%的表决权，即拥有了一票否决权，这样，股东会想要通过什么方案就必须经过核心创始人股东的同意。

6.董事会成员提名权

《公司法》规定，董事会决议的表决，实行一人一票。因此在董事会里“自己人”数量越多，话语权就越重，所以控制了董事的提名和罢免，就掌握了董事会的控制权。

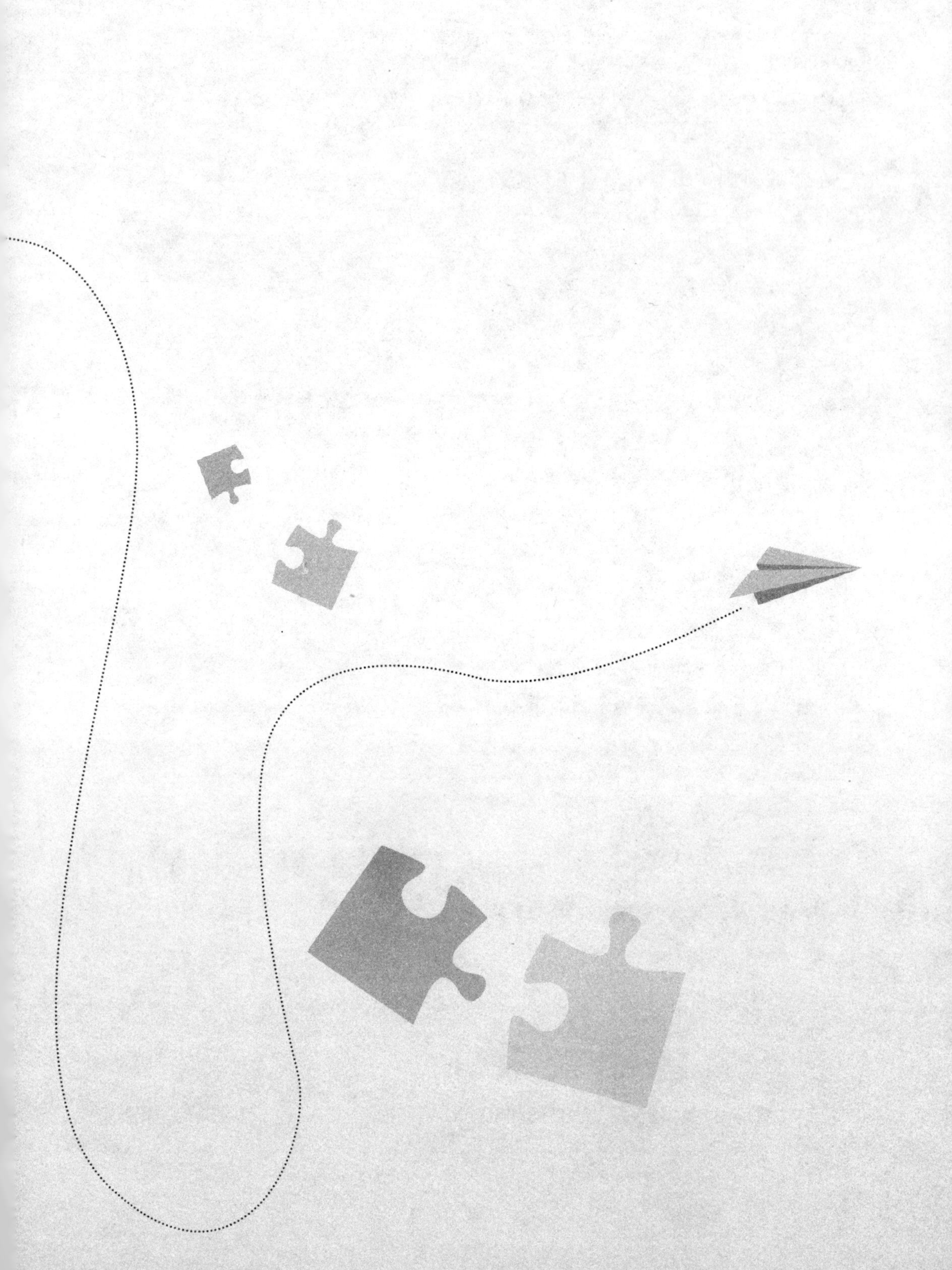

第二部分

合伙人管理

第三章

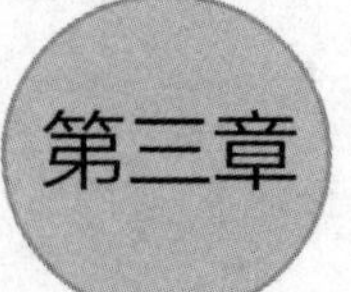

合伙人制度概述

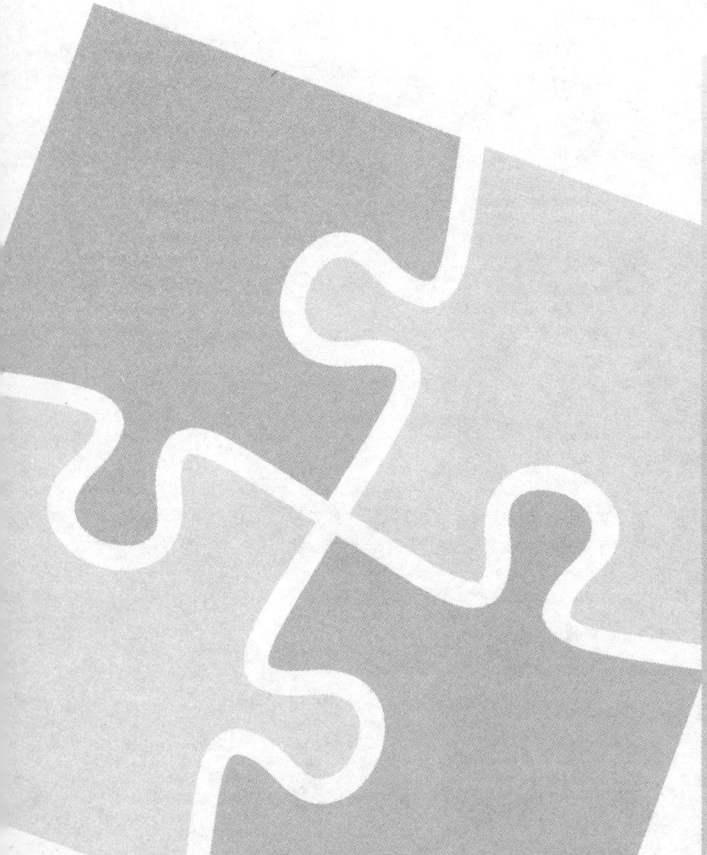

导语

近年来合伙人制度比较热，似乎所有的企业都想搞合伙人制度，合伙人制度泛化的背后，折射出的是服务者价值在崛起，服务业成为经济增长的新引擎。

第一节　合伙人制度的认知

合伙人制度借助风险共担、利益共享这一更接近人性的机制，通过物质和文化的激励，赋予合伙人决策权和事业的拥有感，激发个体潜力与能力，成就事业的共同体。

一、什么是合伙人制度

从管理意义上来说，合伙人制度是一种企业组织机制和管理机制，指组织具有相同经营理念的人，建立起事业共同体，将人才与资本结合，共同推动企业的创新与发展。

管理概念的合伙人制度实质上是一种企业的治理机制，是企业管理层的一种权利结构，通过“给予权利、承担责任、描绘前景”，使经营者变“给老板打工”为“给自己打工”的心态投入工作，这是企业从“资合”走向“人合”，可以尝试的一种开放的机制。如图3-1所示。

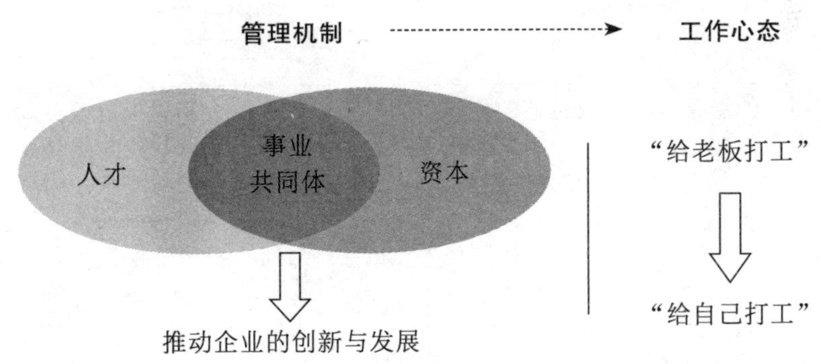

图3-1　合伙制的实质

根据企业的行业、阶段及行业资源、经营特点，企业选择通过合伙模式来建立企业顶层设计、战略目标、治理结构、商业模式、组织形态、激励政策等制度，由此而形成的企业制度供给模式，是企业治理的优化。

所以，合伙人制度是企业的实际控制人的一种企业组织制度选择，认为合伙的模式，更有利于企业组建与发展。

二、什么是合伙制企业

合伙制企业是指由两人或两人以上按照协议投资，共同经营、共负盈亏的企业。合伙制企业财产由全体合伙人共有，共同经营，合伙人对企业债务承担连带无限清偿责任。合伙制企业主要分为以下两类。

1. 普通合伙企业

普通合伙企业是由普通合伙人组成的，合伙人对合伙企业债务承担无限连带责任的一种合伙企业。

（1）由普通合伙人组成。所谓普通合伙人，是指在合伙企业中对合伙企业的债务依法承担无限连带责任的自然人、法人和其他组织。《合伙企业法》规定，国有独资公司、国有企业、上市公司以及公益性和事业单位、社会团体不得成为普通合伙人。

（2）合伙人对合伙企业债务依法承担无限连带责任，法律另有规定的除外。所谓无限连带责任，包括图3-2所示的两个方面。

连带责任	无限责任
即所有的合伙人对合伙企业的债务都有责任向债权人偿还，不管自己在合伙协议中所承担的比例如何。一个合伙人不能清偿对外债务的，其他合伙人都有清偿的责任。但是，当某一合伙人偿还合伙企业的债务超过自己所应承担的数额时，有权向其他合伙人追偿	即所有的合伙人不仅以自己投入合伙企业的资金和合伙企业的其他资金对债权人承担清偿责任，而且在不够清偿时还要以合伙人自己所有的财产对债权人承担清偿责任

图3-2　无限连带责任的含义

2. 有限合伙企业

有限合伙企业由普通合伙人和有限合伙人组成，普通合伙人对合伙企业债务承担无限连带责任，有限合伙人以其认缴的出资额为限对合伙企业债务承担责任。

另外，企业的管理由普通合伙人负责，有限合伙人不参与企业经营活动。

3.特殊普通合伙企业

特殊普通合伙企业是指以专门知识和技能为客户提供有偿服务的专业服务机构，这些服务机构可以设立为特殊的普通合伙企业。

比如，律师事务所、会计师事务所、医师事务所、设计师事务所等。

特殊的普通合伙企业必须在其企业名称中标明“特殊普通合伙”字样，以区别于普通合伙企业。

特殊的普通合伙仅适用于以专门知识和技能（如法律知识与技能、医学和医疗知识与技能、会计知识与技能等）为客户提供有偿服务的机构，是因为这些专门知识和技能通常只为少数的、受过专门知识教育与培训的人才所掌握，而在向客户提供专业服务时，个人的知识、技能、职业道德、经验等往往起着决定性的作用，与合伙企业本身的财产状况、声誉、经营管理方式等都没有直接的和必然的联系，合伙人个人的独立性极强。

在特殊的普通合伙企业的合伙人中，一个合伙人或者数个合伙人在执业活动中因故意或者重大过失造成合伙企业债务的，应当承担无限责任或者无限连带责任，而其他合伙人以其在合伙企业中的财产份额为有限承担责任。合伙人在执业活动中非因故意或者重大过失造成的合伙企业债务以及合伙企业的其他债务，由全体合伙人承担无限连带责任。为了保护债权人利益，合伙企业法规定，特殊的普通合伙企业应当建立执业风险基金、办理职业保险。执业风险基金用于偿付合伙人执业活动造成的债务。

相关链接

普通合伙人与有限合伙人的区别

目前，合伙人模式有下表所示的三种。

合伙人模式

	普通合伙人	有限合伙人	内部合伙人
简称	GP	LP	OP
定位	对企业经营责任、债务承担无限责任的人	根据出资比例承担有限责任、不能代表公司、无重大决策权、投资人	既出钱又出力，不承担企业风险，但要担当经营责任、达到经营目标的人
模式运用	合伙制企业或有限合伙企业	有限合伙企业	个体企业、有限责任公司

其中，有限合伙人和普通合伙人有什么区别体现在以下6个方面。

1.对企业债务的责任承担方面

根据《合伙企业法》的规定，有限合伙企业由普通合伙人和有限合伙人组成，普通合伙人对合伙企业债务承担无限连带责任，有限合伙人以其认缴的出资额为限对合伙企业债务承担责任。可以看出，普通合伙人对企业债务的承担范围要大于有限合伙人。

2.与本企业交易方面

根据《合伙企业法》规定，除合伙协议另有约定或者经全体合伙人一致同意外，普通合伙人不得同本合伙企业进行交易，而有限合伙人可以同本有限合伙企业进行交易。因此，在关联交易方面，法律允许有限合伙人与本企业进行交易。

3.在竞业禁止方面

根据规定，除合伙协议另有约定或者经全体合伙人一致同意外，普通合伙人不得同本合伙企业进行交易，而有限合伙人可以自营或者同他人合作经营与本有限合伙企业相竞争的业务，但是合伙协议另有约定的除外。可以看出，法律允许有限合伙人从事与本企业相竞争的业务。

4.在财产份额出质方面

根据《合伙企业法》规定，普通合伙人以其在合伙企业中的财产份额出质的，须经其他合伙人一致同意，未经其他合伙人一致同意，其行为无效，由此给善意第三人造成损失的，由行为人依法承担赔偿责任。而有限合伙人可以将其在有限合伙企业中的财产份额出质。

5.在财产份额转让方面

根据规定，除合伙协议另有约定外，普通合伙人向合伙人以外的人转让其在合伙企业中的全部或者部分财产份额时，须经其他合伙人一致同意，而有限合伙人可以按照合伙协议的约定向合伙人以外的人转让其在有限合伙企业中的财产份额，但应当提前30日通知其他合伙人。可以看出，除合伙协议另有约定外，普通合伙人向合伙人以外的人转让财产份额时，须经其他合伙人"一致同意"，而有限合伙人转让时，仅需要按照规定进行"通知"。

6.在出资方面

根据《合伙企业法》规定，普通合伙人可以用货币、实物、知识产权、土地使用权或者其他财产权利出资，也可以用劳务出资，而有限合伙人不得以劳务出资。

三、合伙人制度与合伙企业的异同

"合伙人制度"和"合伙制企业"，这两个概念是高度重合但又存在区别的。

合伙人制度指的是企业的一种治理机制，是企业管理层的一种权力结构，包括但不限于股权合伙、事业合伙、生态链合伙；合伙制企业指的是企业的一种组织形式，是相对于公司制企业而言的，有普通合伙企业、有限合伙企业、特殊普通合伙企业三种。如图3-3所示。

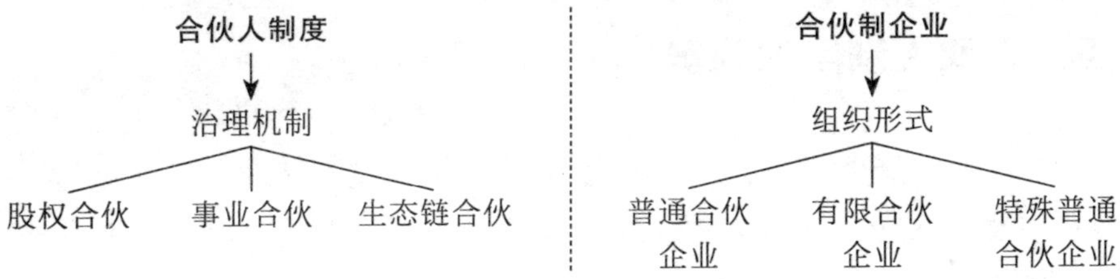

图3-3 合伙人制度与合伙企业的异同

之所以大家常常将这两个概念放在一起是因为采用合伙人制度的绝大部分都是合伙制企业，其多存在于咨询公司、会计师事务所、律师事务所等行业，这些行业的特征是企业的股东就是合伙人，同时又是公司的管理层，股东跟合伙人是相等的关系，企业属于全体合伙人。

但是仍然存在公司采用的是公司制的组织形式，但是却采用合伙人制度的，其多见于股权投资行业。绝大部分VC（风险投资）/PE的基金管理公司都是采用有限责任公司制的，但是他们最高级的管理层对外的时候都是宣传自己是公司的合伙人，比如九鼎投资、达晨创投等。在这里，合伙人制度其实是公司的一种权力结构；在VC/PE行业，都会存在一个类似“投资决策委员会”的机构，他们是公司投资决策的最终裁决者，都是由公司的最高层管理者构成，一般而言，能够入选这个机构的公司管理层，在对外的时候都是企业的合伙人。

比如，阿里巴巴采用的是公司制组织形式，但是他却通过合伙人制度让只拥有很少股份的公司高级管理层成功控制了公司董事会的提名权，从而掌握了公司的经营控制权，这里的合伙人制度也是一种权力结构。

在公司制企业中，同样存在只负责投钱，但不参与公司日常经营的股东，比如大名鼎鼎的红杉资本、占腾讯大股的南非MIH公司等。

为了保证公司的日常经营不被资本影响，实现股权和决策权分离，这就需要在公司制企业的股权结构之外，另设章程，实现合伙人对公司的有效控制。

提醒您

合伙制度是企业合伙人之间的权益规则，是一种企业管理的制度安排，包括合伙人的标准、进入、退出、权利、义务、议事规则等，一般是企业的核心管理和决策层，高于高管层。

四、合伙人制度的优势

当今社会经济蓬勃发展，国家更是制定了很多政策鼓励自主创业，不少人由于缺少资金、人脉、信息来源、技术等资源而选择与他人合作，以合伙的方式创业。具体来说，合伙人制度具有图3-4所示的优势。

图3-4　合伙人制度的优势

1. 人资关系更加紧密

合伙制下，经营者（人力所有者）获得了剩余价值分享，与股东（资本所有者）利益更加一致，大大弥合了纯雇佣制下“所有权与经营权不一致”的缺陷。在这样的治理机制下，经营者就可以真正承担风险，积极做出好的决策。

2. 人才开发更加充分

人才的价值，不在于企业拥有多少人才，而在于企业能整合多少人才。合伙制不仅能够给内部人才充分发挥空间，使其有更强的动力去创造远超社会平均水平的卓越收益，还能够吸引外部人才加入“生态圈”建设，拓宽企业“护城河”。

3. 内部管理更有效率

在合伙制下，组织更加扁平，人际关系更加平等、简单，减少了管理成本，提高了管理效率。

五、合伙人制度的局限性

当然，任何事情有利也有弊，合伙人制度有其优势，不可避免地也有其局限性。

1. 法律上的限制性

现有公司法均以股东本位为基础，将股东利益最大化作为公司的目标，将公司的控制权归属于股东。

以阿里巴巴为例，其“合伙人”构架实际上是将公司的控制权从股东手中转移至公司的“合伙人”（也即公司现有的管理团队）手中，与传统公司法所奉行的股东本位的理念是有冲突的。因此，该项制度备受争议，为一些国家（地区）的证券市场所不容。

2. 制度形式的复杂性

合伙制是根据合伙人间的契约建立的，每当一位原有的合伙人离开或者接纳一位新的合伙人，都必须确立一种新的合伙关系，从而造成制度上的复杂性。

3. 决策的时滞性

每个合伙人都参与企业的经营管理工作，若重大决策都需得到所有合伙人同意，很容易造成决策上的延误。

相关链接

企业合伙制的好处

1. 成功应对人才的流失

在高速发展的知识经济和互联网时代，传统型的人才制度和公司治理机制，在吸引并保留人才、选择经营者、激励经营者等方面显得力不从心。

（1）知识在决策方面的话语权越来越大。随着经济发展水平提升，知识的重要性越来越凸显，相应地在企业剩余价值分配和决策方面，话语权也应越来越高，原有的薪酬制度吸引力在不断地减弱。从微观角度来看，不管是互联网企业，还是传统企业，如何吸引并留住人才都成为其事业成败的关键要素之一，许多企业因此推出合伙制来应对人才流失。在互联网等新兴行业中，人才资源要素是最活跃、最具价值创造潜能的要素，处于优先的位置，成为价值创造的主导要素。大型的成熟公司将高潜力员工发展成为合伙人以应对人才的流失，而创业公司更是需要寻找到卓越的合伙人以实现公司的生存和突破。

从宏观角度来看，随着经济的发展，人才的重要性日益凸显，需要合伙制等新的制度来提高其话语权。戴尔·乔根森（Dale Jorgenson）是测量经济增长原因的全球权威，其研究成果促使美国、经合组织和联合国改变了经济生产率和经济增长的正式计算方法。他在《经济增长动力：基于亚洲比较分析视角的政策见解》等研究中证实：当一个国家朝着发达经济体的方向发展时，劳动素质在其增长过程中所起的作用显著增加，如下图所示。

下图显示，在经济发展水平提升过程中（非洲发展中经济体＜亚洲发展中经济体＜发达经济体），劳动素质（人才）的贡献率与资本的贡献率的比值在显著增加（6%＜9%＜23%）。需要注意的是，在从发展中经济体成为发达经济体后，劳动素质（人才）的贡献率与资本的贡献率的比值出现了大幅跳升。

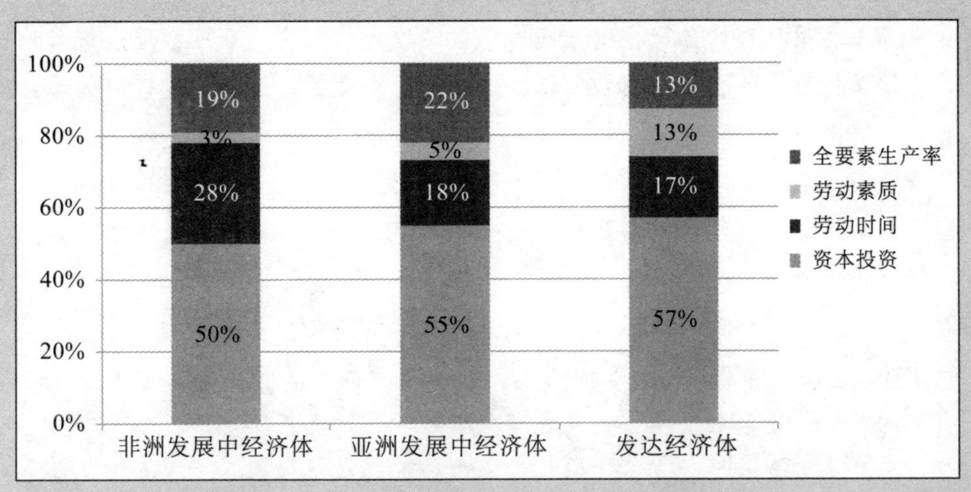

生产要素 GDP 增长的贡献率

（2）寻找合适的人，保障企业核心价值观的传承。企业避免倒闭的一个关键因素是"始终让正确的人坐在正确的位置上"，而合伙制可以让真正具有企业家精神的人管理企业，从而保障企业的基业长青。

一个好的企业治理机制必须首先解决经营者的选择问题，企业的发展就如一辆向外开出的车，"首先要把合适的人请上车，让大家各就各位，再让不合适的人下车，然后才决定把车开向哪里"。

成功的公司若失去创始人文化，就会沦为平庸，合伙制则可以保障企业核心价值观的传承。通常认为，"大部分公司在失去创始人文化以后，会迅速衰落蜕变成一家平庸的商业公司。"很多巨头衰落的原因都被归结于原有核心价值观的丧失。阿里巴巴、美的等企业推出合伙制的主要目的之一，就是保证企业控制者一直认可其企业文化，特别是核心价值观。

对于家族企业来说，传承问题更是最大的痛点，合伙人接班相对家族成员接班制度和职业经理人接班制度都有着比较优势。麦肯锡研究报告显示，全球家族企业的平均寿命24 年，其中约30%的家族企业传到第二代，能够传至第三代的家族企业则不足13%，只有5%的家族企业在三代以后还能继续为股东创造价值。相对家族成员，合伙人的数量非常多，可以对之加以精心培养、优中选优，而且接班时可以交给合伙人团队而非其中一个人，从而增加成功的可能性。

（3）运用合理的分配机制来确保职业经理人的担当。职业经理人被普遍认为缺乏担当，而企业运用合伙制，通过更为合理的分配机制可以有效地弥补这一缺陷。

很多知名企业家都对职业经理人制度提出质疑，认为职业经理人缺乏担当，基本上是包赢不包亏，赢了大家一起分享，但是亏了跟我没关系，最多我辞职不干了。

职业经理人缺乏担当的原因在于分配机制的缺陷。在传统的企业分配机制中（下图左），工资是企业的成本，扣除各项成本（含工资）后的收益是企业的盈余，盈余只是作为企业利润分配给股东，真正决定这个公司有没有盈余、盈余多少的经营者，仅能从盈余中分配到较小的部分，存在创造盈余和分配盈余两者的脱节。

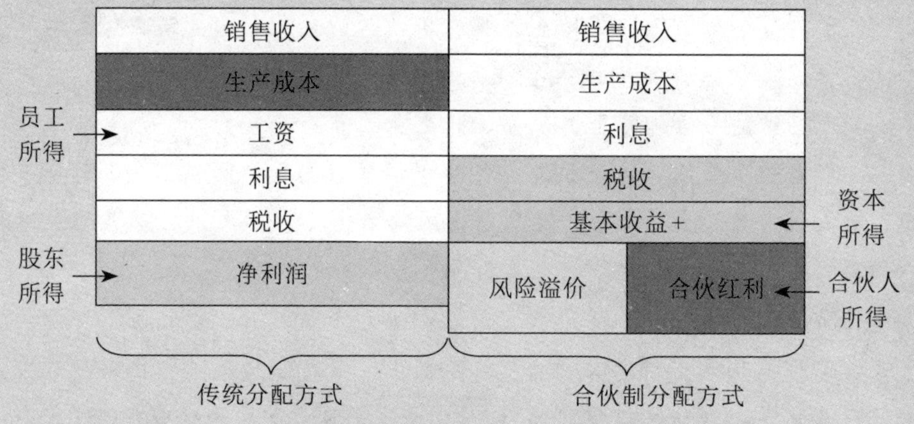

传统分配方式与合伙人制分配方式的比较

合伙人制可以很好地弥补传统分配机制的缺陷。在合伙人机制中（上图右），经营者取代股东成为企业的利润受益人。由于企业的经营者站到了利润受益的位置，自然就有更强的动力去创造远超于社会平均水平的卓越收益。这就真正解决了创造盈余和分配盈余两者之间的脱节，进而彻底解决了所有权和经营权分离的问题。

2.适应市场变化和主动创新的需要

在知识经济和互联网时代，过去封闭的经济模式面临着挑战，已经难以适应市场变化和主动创新的需要。

（1）“平台型”经济和“生态系统”模式被普遍认可。平台经济已经在全世界迅猛发展，作为未来世界经济发展的一种非常重要的趋势性商业模式，“平台化”战略正在席卷全球，一批互联网公司壮大崛起。在一份《中国十大成功商业模式》的调查报告中，位居前列的分别是腾讯、阿里巴巴、百度、携程……这些成功的商业模式特点各异，却又有惊人的相似：这些公司无一例外都是平台型互联网企业，它们都在建立一个有助于企业发展的生态系统。

（2）“平台型”经济和“生态系统”模式与合伙制的理念高度匹配。传统时代的企业战略导向是规模经济和范围经济，规模经济指的是企业做得越来越大，范围经济则是多元化发展。但是在互联网时代，一切都发生了变化，互联给世界带来的最大影响就是“零距离”，企业从封闭竞争的状态走向开放合作，从一体化走向平台。与封闭的经济模式不同的是，平台经济的核心就是开放，平台的逻辑是一个自我演化的生态系统。所谓平台的框架，就是可以快速配置资源的生态圈。创新的边界已经超出了企业的既有边界。技术和市场的快速变化，要求企业走出内部创新的藩篱，主动进行开放式创新。

（3）大量传统企业期望合伙制能破解原有系统的制约。大量传统企业希望往互联网方向转型，但受到其传统组织架构和管理体系的制约，很多企业的转型陷入“战略方向与执行策略变形”“市场转型与管理转型不协调”等一系列困境之中，背后的根本原因是受到企业组织变革的制约：大量传统企业的转型只是外部市场经营业务和品牌宣传推广等层面，而涉及经营管理团队在企业内部的运营模式、管理手段和主动创造性等方面，都没有实现根本性的转变。

这些企业期望通过合伙制解决传统企业体制和机制在互联网时代的一系列矛盾与冲突。从表面上看，合伙制的推出和实施，主要是解决企业所有者与经营者之间的关系和定位，但在实际操作中，事业合伙人制度不只是解决了经营者在企业的地位和权限等问题，更重要的是通过牢牢抓住企业经营过程中人的问题，改变过去由“企业所有者一个人驱动”为“企业经营团队一个团队驱动”的新驱动体系，同时还激活经营管理层的活力、激情与斗志，解决过去一直以来传统企业发展活力和动力的问题，然后通过层层突破，从而彻底解决传统企业体制和机制在互联网时代的一系列矛盾与冲突。

第二节　合伙人制度的模式

对于不管是法律意义上的合伙企业还是管理概念中的合伙人制度，可以看到的就是合伙人间需要有一致的经营理念，只有对企业有持续贡献的人才可以成为合伙人。在五花八门的合伙人机制中，根据行业特点，主要有以下三种形式的合伙人模式。

一、有限合伙人制度形式

采用这种合伙模式的企业多为人力资本型企业，如投行、咨询公司、律所或者行业协会。

这类企业通常是人力资本密集型，从诞生开始，就采取了典型的合伙制，其典型特征是高度的专业化、高度的人力资本和知识资本密集型。由于其高人力资本密集型的特点，导致了轻资产、易复制、高裂变的特点，所以它的裂变性也会变得非常强。一位高级咨询顾问，或者是一位知名的律师，他自己出来创业，开自己的咨询公司或者律师事务所都是非常常见的，留住核心人才是这类企业特性自身决定的。

因此，这类企业多采用有限合伙企业组织模式。有限合伙企业一般合伙人多为行业内高素质的专业人才，只少量出资，负责企业的经营。有限合伙人作为主要出资人，但不参与企业经营，一般拥有较多的社会资源，可以为企业协调社会资源，助力企业发展。

如果采用公司制，企业的投票权往往由资本决定，股权决定发言权。在人力资本型企业中，企业实际经营者，如果想控制公司，就只能增加自己的出资份额来提高发言权和收益，这样就无法发挥资金杠杆的作用。这样的合伙人制度主要特点如图3-5所示。

激励与责任对等，一方面经营者与出资人按照合伙协议约定分配收益，另一方面经营者对企业承担无限连带责任

做成开放平台，激励真正需要激励的人，其成熟的进入和退出机制，能吸引和留住真正对企业有持续贡献的人

3

对经营者的精神激励。普通合伙人作为经营者，他是公司的所有者，并且获得了相应的责权利

图3-5 有限合伙人制度形式的特点

二、公司制+特殊构架组织形式

采用这种合伙人模式的企业多为在创业阶段需要大量引进资本的互联网企业、科技创新企业。

这些企业的发展往往需要大量资本的支持，需要进行多轮的融资，而每一次的融资必然导致其创始人团队股权的稀释，使得公司创始人或管理团队股份被大比例且高频稀释，甚至过早丧失公司控制决策权。对此，他们需要设计一种企业的治理机制以保证对公司的控制权，使得公司的经营理念和文化得以传承，于是，“公司制+特殊构架”组织形式应运而生。

采用公司制+特殊构架的合伙人模式，核心管理层可以通过少量资本持续强有力地掌舵整个公司，能够保证创始人在公司上市后股份比例减少的情况下依然能通过保留足够的表决权而实现控制，保持公司理念的传承，不会因为资本追逐短期利益而改变公司发展方向。这种模式的特点如图3-6所示。

这是一种公司治理机制，主旨是通过制度安排，以掌握公司控制权为手段保证核心创始人和管理层的权益并传承他们所代表的企业文化

这是一个半开放的机制，合伙人可以进入和退出，保证了整个合伙人团队的开放性及相对稳定性

拥有奖金分配权。阿里巴巴合伙人的奖金分配是在税前以管理费用形式处理，而不同于股东的分红从税后利润予以分配

图3-6 公司制+特殊构架组织形式的特点

三、公司制+合伙人制度管理形式

采用这种合伙人模式的企业多数属于转型期的传统企业，他们需要大量引进人才或需要留住人才，比如海尔、万科等传统企业。

对于这些传统行业的企业来说，合伙人制度是一个组织结合自身实际情况，追求机制进一步优化、活力进一步激发、责任与收益进一步向执行团队倾斜的一种动态实践。对于同样采用“合伙人”称谓的不同企业，所具体采取的组织结构、授权程度、激励力度等可能会有较大差异。这种合伙人制度具有图3-7所示的特点。

员工参与度高，强调员工的参与感和管理层对企业的控制权，激励大家共同把企业做好

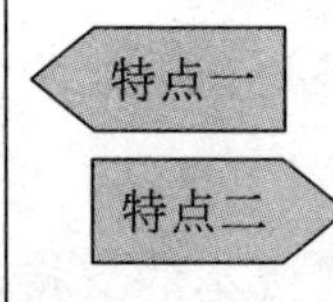

开放的机制，风险共担，激励骨干员工，只要企业获得超额收益，合伙人也能得到较高的回报

图3-7　公司制+合伙人制度管理形式的特点

第四章 事业合伙人

导语

事业合伙制不仅仅是一种激励手段，而是企业持续发展的一种战略动力机制，是一种企业成长与人才发展的长效机制，是一个涉及企业战略创新、公司治理结构优化、组织与人的关系重构的系统工程。

第一节 事业合伙人的认知

事业合伙人机制是企业的一种治理机制的创新，同时也是企业人才激励，尤其是核心人才激励的一种重要手段。

一、事业合伙人的概念

事业合伙人就是“合在一起成为一伙”，成为平等共担共享的伙伴。在公司的具体表现就是获得股份或分红权，成为股东，成为自己的主人。在员工持股的形式上，根据长期利益捆绑和短期激励的不同目的，分为持有公司股份和持有项目股份两个方面，即持股计划和项目跟投。如图4-1所示。

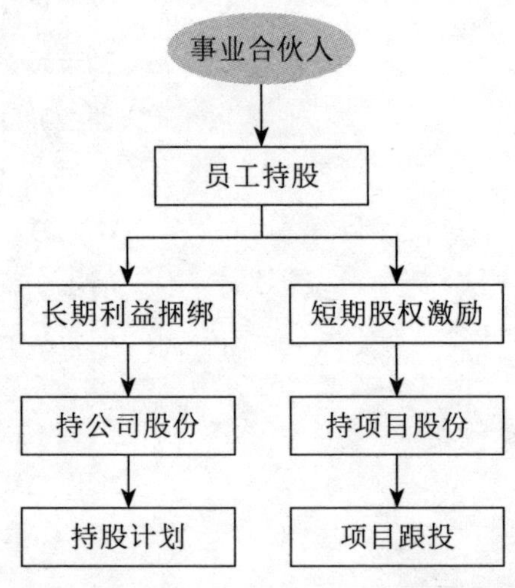

图4-1 事业合伙人在公司的具体表现

1. 传统管理方式中股东、管理层、员工之间的关系

在企业传统的生产关系中，股东、管理层、员工之间的关系是一种自上而下的指令关系和分配关系。如图4-2所示。

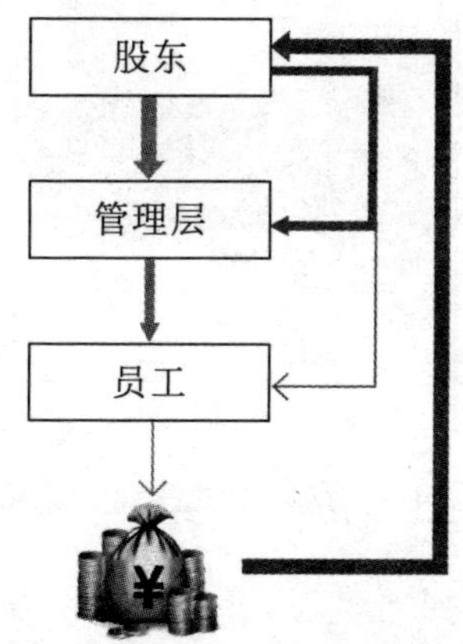

图4-2 传统管理方式中股东、管理层、员工之间的关系

企业管理决策从上向下级级传达，但被动接受指令的下级因理解能力、个人利益和主观动力等原因会导致执行力度层层递减，最终导致经营效率的损失。企业经营成果的分配完全由上级决定，并通过固定薪酬、绩效考核等一系列手段进行绩效评价和发放，下级同样处于被动消极的状态。

2.事业合伙人制中股东、管理层、员工之间的关系

在合伙人思想指导下，员工不再是单纯的劳动者，而是自己的主人。新的生产关系极大提升了人才的内生动力，从根本上改变了人力资源利用效率。

由于角色的转变，上下级之间单向命令式的被动管理所带来的消极作用被基本消除，各方开始主动提高工作配合、速度和质量，管理成本开始下降。

在这种情况下，员工自己的付出，决定自己的收入，付出与回报关系更紧密，具有更高的激励性，也同样为员工开辟了一条收入通道。如图4-3所示。

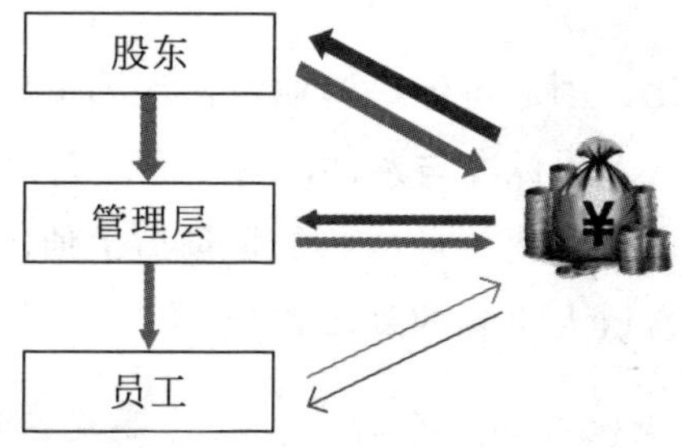

图4-3 事业合伙人制中股东、管理层、员工之间的关系

两者的比较总结如图4-4所示。

在合伙人的架构下，只要你能够提供足够的价值，给企业带来足够多的利益，你就可以成为合伙人，变成企业的股东、所有者，从而参与企业利润分享

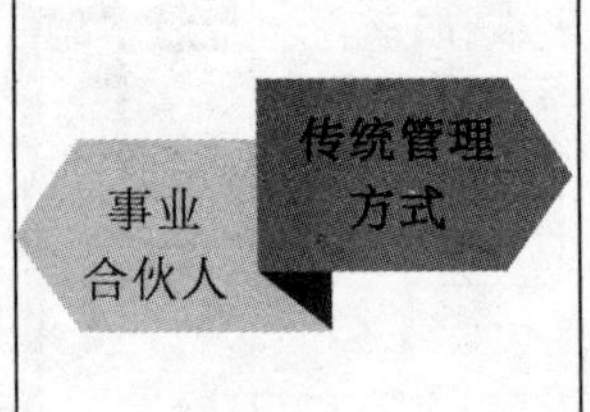

在传统管理方式下，无论你干得多么好，位置坐得有多高，你永远都只能是一个职业经理人，无法成为企业的所有人（即使奖励给你股份，也是非常少的）

图4-4　两种方式的比较总结

二、事业合伙人的特征

事业合伙人的特征主要表现在“共创、共享、共担”，具体如图4-5所示。

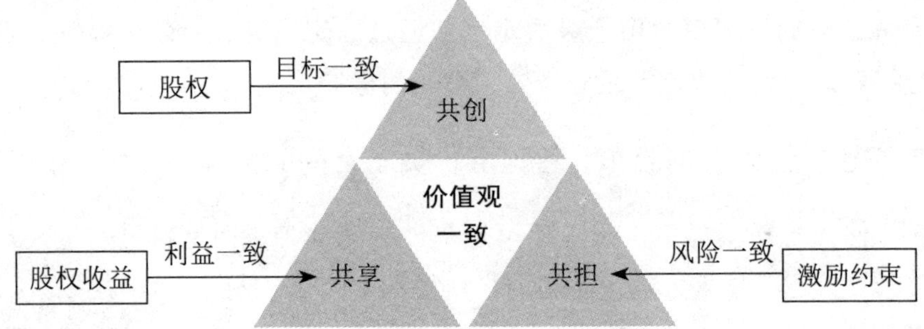

图4-5　事业合伙人的特征

三、事业合伙人的责任

传承使命、引领文化、创造价值是事业合伙人的责任。

从各家公司事业合伙人的标准与条件，可以看出有两条共同点，第一是基于使命、愿景和价值观的企业文化传承，第二是创造价值，不断为公司贡献力量。

这两条是构建事业合伙人机制的基本方向。

比如阿里，对事业合伙人的一个标准，就是高度认同公司文化，品质、行为与公司的使命、愿景和价值观保持一致，愿意为之竭尽全力。

因此，这两条成为评价事业合伙人的一个共性化的要求。很多企业家会说，

我不要股权激励，我要实现事业合伙人体系，其实他要的就是这两条，是希望建立起来一支传承使命、引领文化、创造价值的团队，是把股权激励作为打造这个团队的环节和有效保障来实行。

四、事业合伙人的核心

从建立事业合伙人机制的各家公司来看，都希望谋求达到一个目的——建立一支共担责任、共享价值的团队。不论是阿里、万科，还是华为，所有的制度安排都在围绕这一点进行。

比如，阿里要求候选人在任命前，要拥有一定的公司股份。从某人成为合伙人之日起3年内，其必须至少保留成为合伙人时所持股权（包括可行权股票和不可行权股票）的60%。3年之后，如果其仍是合伙人身份，其必须至少保留成为合伙人时所持股权（包括可行权股票和不可行权股票）的40%。

又如，万科强调事业合伙人要与股东捆绑在一起，共同持有万科股票，共冷暖，风险共担。在合伙人机制设计上，公司高管被要求出资不得低于一定数额购买公司股票，以确保高管阶层和公司发展利益的绑定。在项目跟投制度中，则要求项目所在一线公司管理层和该项目管理人员必须跟投，其他员工自愿参与。

再如，华为员工的收入结构包括工资、奖金和股票三部分，大体各占1/3。职级越高，股票部分的占比就越大。华为股票需要员工出资（年终奖金和贷款）购买，从而形成利益绑定。

为了形成“共担”，事业合伙人评价机制里，态度、价值、责任心的评价置于最前，不管是叫价值观的评价，还是叫责任心的评价，或者是态度评价，评价内核是相同的，是要看你这个人，是不是符合我们这个团体宗旨、目标、追求。

五、事业合伙人机制的影响

事业合伙人机制不是对公司正常治理机制和管理机制的取代，合伙人身份本身并不具有公司直接运营的管理权。在有些企业的合伙人制度安排下，合伙人享有关键人事决策的提名权，但正常的人事任免程序仍须按照公司的治理机制和管理机制进行。

事业合伙人与管理团队成员不一定重合，合伙人通常属于管理团队范畴，但不是所有管理团队成员都属于合伙人，只有达到一定要求（如服务年限、持股数量）的才能成为合伙人。

比如，阿里合伙人的职责是体现和推广阿里的使命、愿景和价值观，合伙人虽拥有提名董事的权利，但履职的责任主要是精神和身份层面的，不直接通过合伙人管理公司。升级后的万科项目跟投制度规定，项目操盘团队通过竞聘产生，这个环节则是由项目跟投人通过投票表决来确定。

在多数情况下，事业合伙人一般是享有利益分享权，并不实际参与企业的管理决策。因此，事业合伙人机制与公司正常治理机制、管理机制之间，不是取代关系，而是丰富和完善的关系。越来越多的公司对合伙人会议的内容做了严格的限定，更多的是涉及这一支组织和公司发展的重大问题的决策，而对日常经营和治理是不涉及的。

从这个方面来看，合伙人的会议使事业合伙人这一支特定的团体人员，为了共同的理想、共同的目标、共同的价值观，商定出来一些决策和一些成果，以贯彻体现这些基本理念，在这个范畴之外的事件，治理机制、董事会会议、经营会议应该是各负其责各尽其职。所以，事业合伙人机制更多的是通过对人的决定来影响治理机制和经营管理机制。

六、事业合伙人制与股权激励的关系

事业合伙人制与股权激励的关系如图4-6所示。

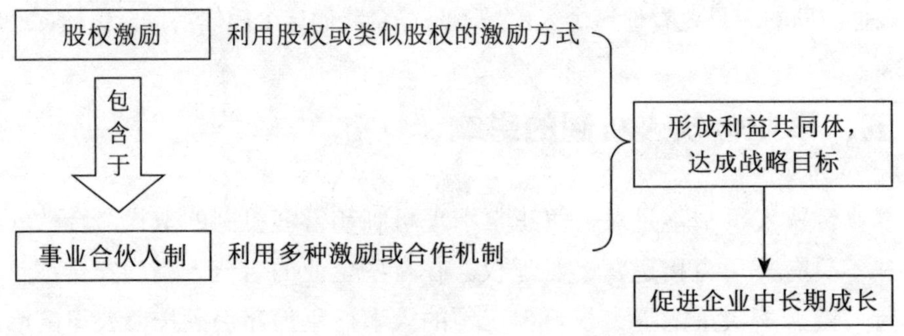

图4-6　事业合伙人制与股权激励的关系

第二节　事业合伙人的模式

从人员范围的角度来看，我们把事业合伙人的模式分成创始人模式、企业精英模式、管理团队模式、全员合伙人模式。

一、创始人模式

创始人模式是狭义合伙人，特指企业的创始人股东，如小米、腾讯等。在小米，只有几位创始人拥有合伙人头衔，并且，在公司内部不提或有意弱化合伙人概念。这种模式很多公司比较常见，公司在初始期的时候，创始人就是合伙人，之后再逐步滚雪球似地壮大，这其中坚持的是宁缺毋滥原则。

相关链接

小米的合伙人模式

2020年8月16日，小米重启创业模式，增补了四位新的合伙人，现在小米合伙人委员会由五位在任的联合创始人和四位新增的合伙人构成。

据悉，小米公司成立之初共有八位创始人，小米八位联合创始人还被称作小米“八大金刚”。

随后，其中三位辞去小米公司职务，小米公司的联合创始人剩下五位。

此后，随着四位新增合伙人的加入，小米公司合伙人团队扩大至九人。

小米的合伙人制度是集团核心事项的集体决策机制，更是小米文化价值观和互联网方法论的传承机制。除了合伙人制度，小米新十年创业者计划也同时启动。

二、企业精英模式

合伙人主要是由对企业未来发展有至关重要影响的核心人员构成，比如阿里巴巴、复星。复星的首批18位全球合伙人中，包括复星国际执行董事、复星集团各业务板块和职能板块的核心高管等，把核心的高管层面几乎全都覆盖了。阿里定义的是入职要达到一定年限、价值观认同等条件满足的情况下，才能进入合伙人队伍，可是它“最潮”的几个业务板块的人员，入职不到一年也进入了合伙人队伍，可见其已逐步从创始人模式走向企业精英模式。

阿里巴巴的湖畔合伙人模式

1.阿里巴巴的湖畔合伙人制度

1999年，阿里巴巴设立，但阿里巴巴合伙人制度却是在2010年正式确定。这期间，阿里巴巴经历过五轮融资，对于互联网公司来说，这是发展必要的手段，然而，大量资本的涌入，又势必会削弱创始管理团队的股权控制力。为了保证创始团队对公司的控制权，公司推出了阿里的合伙人制度，将公司的控制权在形式上归于30人左右的核心高管团队——合伙人会议，实现了一定程度上的集体领导，有利于公司内部的激励和主动性激发，相对于把公司投票权集中在某几个创始股东手中的双层股权结构，有一定的积极意义。

这种合伙人协议正式确立下来，取名“湖畔合伙人”，取自创始人创立阿里巴巴的地方——湖畔花园。

2.湖畔合伙人如何掌握控制权

阿里的合伙人身份不等同于股东，虽然阿里要求合伙人必须持有公司一定的股份，但是合伙人要在60岁时退休或在离开阿里巴巴时同时退出合伙人（永久合伙人除外），这与只要持有公司股份就能保持股东身份不同。阿里合伙人最特别的地方在于，合伙人享有的权利包括董事提名权和奖金分配权，其中，最关键的部分就是董事提名权。阿里招股说明书中写道："合伙人对董事会半数以上席位拥有排他提名权。如果阿里合伙人提名的候选人没有获得股东大会批准，或现任董事离职，阿里合伙人有权指定其他人选担任临时董事直至来年股东大会。"也就是说，无论合伙人提名的董事，股东会是否同意，合伙人总能让自己人行使董事的权利。实质上，阿里巴巴的合伙人已经通过上述程序实际控制了公司半数以上的董事。董事会作为负责公司具体经营管理的组织，如果能够控制董事会，就相当于掌握住公司经营权。

3.成为阿里合伙人的条件

阿里合伙人掌握着公司的核心控制权，自然不能轻易就让人进入合伙人团队，并且为了维护合伙人团队的稳定性与长久发展性，阿里对合伙人候选人的资格设定了如下条件。

（1）据有高标准的个人德行及诚信。

（2）服务阿里巴巴集团及其关联单位、分支机构不少于5年。

（3）对阿里巴巴事业的发展做出过贡献。

（4）承诺成为阿里巴巴"企业文化的传承者"，践行和传承阿里巴巴公司的使命、愿景及核心价值。

符合上述条件的候选人，要进行为期一年的考察期。只有在考察期过后，才可以进行合伙人投票，需要75%以上的合伙人通过，候选人才能被选为新合伙人。但是，阿里巴巴又要求每位合伙人必须拥有一定的阿里股份，由此可见，能够成为阿里合伙人基本都是通过公司的股权激励制度获得了阿里股权的高管。

4.合伙人的退出机制

根据阿里公布的资料，阿里的合伙人符合以下某一情形的，就丧失了合伙人的资格。

（1）60岁时自动退休。

（2）自己随时选择退休。

（3）离开阿里巴巴工作。

（4）死亡或者丧失行为能力。

除以上条件外，如果现任的湖畔合伙人出现严重的不当行为或工作过失，没有践行阿里的文化，不持有阿里股票等，会被从湖畔合伙人中除名，但这个除名也需要投票，投票超过半数，就被正式除名了。

三、管理团队模式

这种模式的合伙人范围广泛，包括企业的中高层管理人员，最突出的代表就是万科。当然落到哪一层取决于目的——建立一支共担责任、共创价值的团队，还是赢得公司的控制。目的决定前后次序、优先等级，影响到人员的范围。

万科的事业合伙人制

2010～2012年间，万科高管大量出走，三年间大约有一半执行副总裁以及很多的中层管理人员离开，甚至还引发了关于万科“中年危机”的大讨论。

在这个背景下，万科拟通过合伙人制度，来重新界定公司与员工的关系，防止优秀人才的过度流失，应对已经到来的新形式。

2014年，中国房地产业龙头万科集团召开了合伙人创始大会，共有1320位中高级管理人成为首批万科事业合伙人。万科总裁郁亮喊出了响亮的口号：“职业经理人已死，事业合伙人时代诞生”。万科的事业合伙人制主要有两种具体的做法：一是项目层面的跟投合伙制；二是集团层面的合伙人持股计划。

一、万科项目跟投合伙机制

所谓跟投制，指的是除万科董事、监事、高级管理人员以外，其他员工可自愿参与公司项目投资，投资总额不超过该项目资金峰值的5%，遵循市场化运作。

项目所在的一线跟投人员可以在支付市场基准贷款利率后，选择受让份额。

通过跟投，员工成为项目合伙人，这有助于激发内部创业热情和创造性，为股东创造更大的价值。其设置要点如下图所示。

责任共担、利益共享	建立机制进退有序	加强管控设置上限
让参与项目投资、负责、管理的一线人员增加对项目的关注度和用心度，以投资者+管理者的身份执行到位	员工跟投计划满18个月后，若退出计划可按照同贷款基准利率付总兑现收益	员工初始跟投不超过项目资金峰值5%，同时额外跟投不超过项目资金峰值5%

万科项目跟投合伙机制的设置要点

万科一线公司的核心经营管理团队和项目操盘团队是必须参与跟投的，其中地区公司经营管理团队涵盖了人事、财务负责人，起投资金一般不少于20万元。

项目层面所有参与者必须跟投，起投资金不少于5万～10万元。这是其中一个项目的起始投入资金，各个项目之间会有差异。

二、集团合伙人持股计划

采用了传统的股东治理路线，即通过增持公司股份加强经营层控制力，推出事业合伙人制。2014年5月万科A（000002.SZ）推出事业合伙人计划。具体如下：盈安——员工EP（超额净利润）基金回购公司股份，截至2014年9月公司公告集合计划共持有本公司A股股份359036339股，占公司总股本的3.26%。如下图所示。

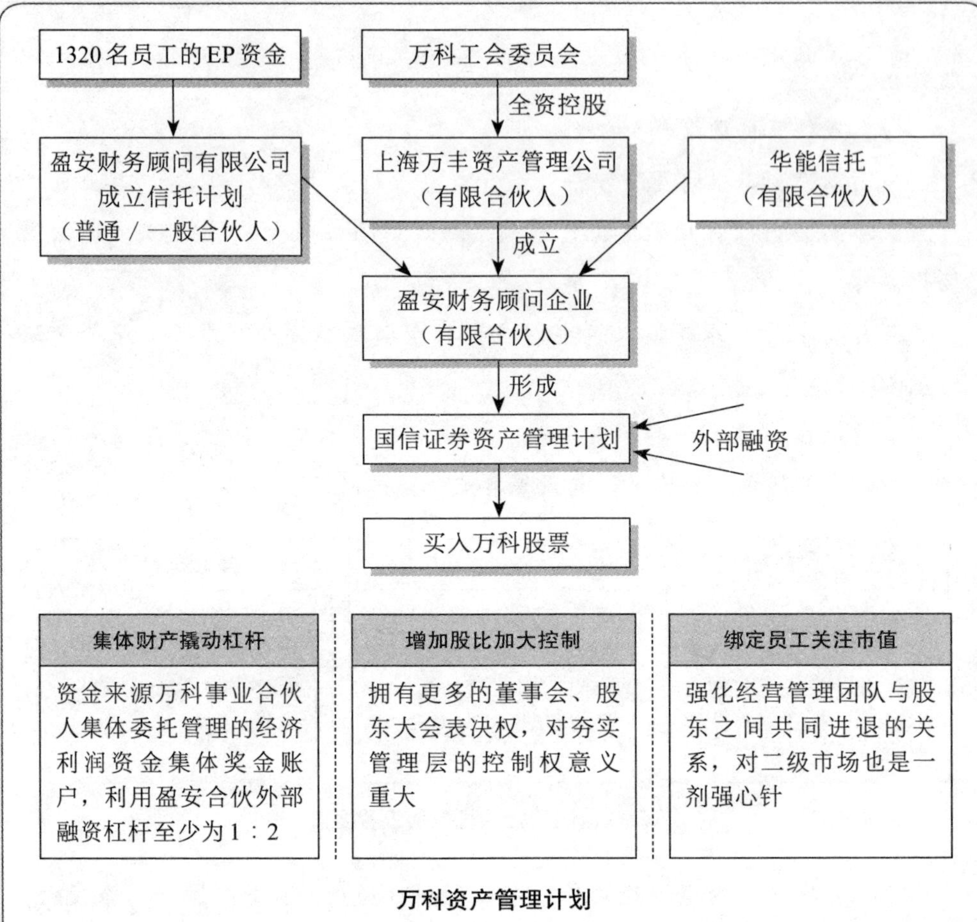

万科资产管理计划

万科的合伙人制改革，将公司的业绩、股市的表现、投资的风险与员工切合联系在一起，项目开发的过程中，项目所在区域公司相关人员要求必须跟投项目，共享利益、共担风险，而管理者须将年终收入购买公司的股票，使得所有人员的收入不再仅仅靠个人绩效考核来定，而是与公司的收益、项目的收益紧紧捆绑在一起。

“风险共担”这一要求对于内部人员的筛选有着直观性的作用，对于公司内部“搭便车”、只想收益不想付出、害怕承担风险责任的员工或许会离开平台；但同样的，有能力、有担当、对公司真正认可的人才，在改革的过程中一定能够与公司同呼吸、共命运。

随着事业合伙人制度的推行，万科的团队被激活，协调更顺畅，营销更生猛，这就是事业合伙人与职业经理人的区别。未来万科合伙人制还将逐渐沿着产业链向上下游合作伙伴延伸，让万科产业链上下游的参与者能够参与到利益分配和风险共担上来，从承包工程到建设自己投资的工程，质量、效率必然大幅提升，而参与者同时亦能享受更多的增量收益。

对于传统企业转型过程来说，需要资本金投入的项目，万科的项目跟投制度值得深思与借鉴，采取类万科的合资、跟投制度等，将收益拿出来与人才共享，人才也与企业共担风险，从雇佣关系转变为合伙关系，由雇佣体转变为利益共同体、事业共同体、命运共同体，共同做大公司、分享公司必然成为公司人力资源管理的新趋势。

四、全员合伙人模式

有些企业期望所有员工都要具有合伙人精神，打造全员合伙人文化，如在华为和小米，都在实行全员持股计划。这些公司希望每一位员工都是股东，都是共同的创业者，给予员工最具“合伙人”精神的激励计划、最慷慨的激励额度。

海尔核心员工持股7.98亿元

海尔曾经花巨资形成的精益化管控体系被众多企业争相模仿的时候，海尔却一个华丽的转身，进行平台化改造，推行合伙制，变传统的封闭科层体系为网络化节点组织，员工从雇佣者、执行者转变为创业者、动态合伙人。

2021年6月25日，海尔智家2020年度股东大会通过了A股、H股核心员工共7.98亿元的持股计划（2021～2025年），希望完善公司治理机制，通过员工与公司利益的捆绑，促进海尔智家利润水平的进一步提升。

员工持股计划股票来源包括但不限于海尔智家回购的A股、H股股票，认购非公开发行的A股、H股股票。2021年员工持股计划股票来源为上市公司回购专用账户回购的股票。

参与2021年A股员工持股计划的资金总额为7.08亿元。已设立并存续的各期员工持股计划（包括H股员工持股计划等）所持有股票总数累计不得超过公司总股本的10%，单个员工所持员工持股计划份额所对应的股票总数累计不得超过公司总股本的1%。

2021年A股员工持股计划确定的参与员工共1599人。其中，董事、监事及高级管理人员12名，包括董事长梁海山、总裁李华刚等，共持有5091万元，占持股计划的7.19%；公司及子公司核心技术（业务）人员1587名，共持有约6.57亿元，占持股计划的92.81%。

员工持股计划的存续期不超过五年，员工持股计划所获股票锁定期12个月。股票权益按照40%、60%分两期归属至持有人。2021年A股员工持股计划下持有人是公司董事长、总裁、监事及公司平台人员的，考核指标是2021年归母净利润比2020年备考归母净利润（剔除出售卡奥斯54.4%股权的一次收益）增长超过26%，则股票权益40%全部归属持有人；如果增长幅度在20.8%～26%，由管委会决定归属比例；增幅低于20.8%，则不归属。

剔除出售卡奥斯股权影响后，海尔智家2020年备考净利润为95.2亿元。按此推算，海尔智家2021年归母净利润要达到119.95亿元及以上，高管层才能拿到持股计划的权益。

2021年H股员工持股计划的资金总额为9000万元，参与员工35人。其中，董事长梁海山、总裁李华刚等董事和高级管理人员11名，共持有5073万元，占持股计划的56.37%；其他核心管理人员24名，共持有3927万元，占持股计划的43.63%。考核指标与前述相同。

海尔智家2020年年底完成对海尔电器在港交所的私有化，并首次实现A股、H股、D股同时上市。在上海、中国香港、法兰克福三地同时上市之后，海尔智家的管理架构更精简，有助于促进这家年营收超2000亿元的白电巨头进一步提升净利润水平。

第五章

合伙人制度的推进

导语

事业合伙制现在已经成为中国企业普遍采用的一种企业成长机制。如今，单靠一个人单打独斗、包打天下的时代已经过去，未来创业的趋势将是合伙人制。

第一节　合伙人制度推进的理念

合伙制是大势所趋，因为知识员工已成为企业价值创造的主体。一个企业要推进合伙制，就得回归到最基本的价值理念上，即共识、共担、共创、共享。

一、共识

合伙的第一要素就是要达成共识，那么什么是共识？所谓共识就是指道要相同，也就是企业文化中的价值观要一致，才能一起合伙做事。

要推进合伙人制的企业，一定是一个使命与价值驱动型的组织。合伙人一定要有战略共识，有共同的使命和价值观。俗话说道不同不相为谋，几个人要合伙，首先要解决“道同”的问题，只有“道同”才能减少企业内部的交易成本，才能真正建立起信任机制。所以，合伙人制的前提，就是大家要有共同的使命和价值观。

同时，企业的老板一定要改变观念，要真正从个人能力到组织能力实行合伙制。合伙制要有企业家精神，在共同使命追求下，重视人才信用与组织信任价值，要使人才信用价值与组织信任价值成为组织最重要的核心资产。所以，合伙制需要有更强的文化纽带和长期承诺，而不仅仅是短期承诺。

二、共担

共担也是合伙制最重要的理念。

合伙人的共担体现在图5-1所示的两个层面上。

因此，企业内部要建立新的规则。

首先，既要出钱又要出力，还要共担责任。合伙制企业需要组织建立平台体系。

其次，组织内部的核算单位要划小，实行平台化管理，区分平台的责任与核算单位的小微责任，形成“数据上移、责任下沉、权力下放、利益共享、独

共担经营风险

当企业出现经营风险时，真正的合伙人是要凡事以公司利益为第一优先，比如当企业需要救急时，合伙人可以几个月不拿工资，甚至借款支持公司度过危机；当企业遇到好机会需要加班加点的时候，合伙人会自发主动加班

共担发展责任

当企业跌价时，合伙人的身价和财富也随之跌落。合伙人要出钱出力出资源，没有投名状就是投机行为，也不是真正意义上的合伙制

图5-1 合伙人的共担体现

立核算”机制。其中，核算一定要到位，建立核算体系，把每个人为组织创造的价值核算出来。数据上移是为了信息对称，责任下沉就是大家承担风险，承担共同治理责任、绩效责任，才能做到权利往下放、独立核算，最后才能做到利益共享。

三、共创

什么是共创？就是共同创造价值。合伙人是基于一份事业去创造价值，不是为了分钱，所以合伙人需要持续创造价值的动力和拼搏精神。

企业内部，每个合伙人各有能力，把每个人的优势真正发挥出来，企业要建立价值驱动要素联动，尤其是在互联网时代，要提高各个业务单元合作协同创造价值，以客户价值为核心，真正形成“价值创造——价值评价——价值分配”的循环。如图5-2所示。

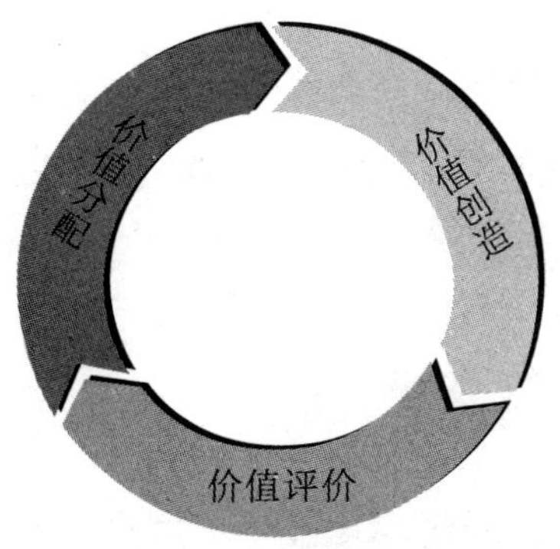

图5-2 价值驱动循环

四、共享

共享即共享事业成果，共享分为图5-3所示的两个层面。

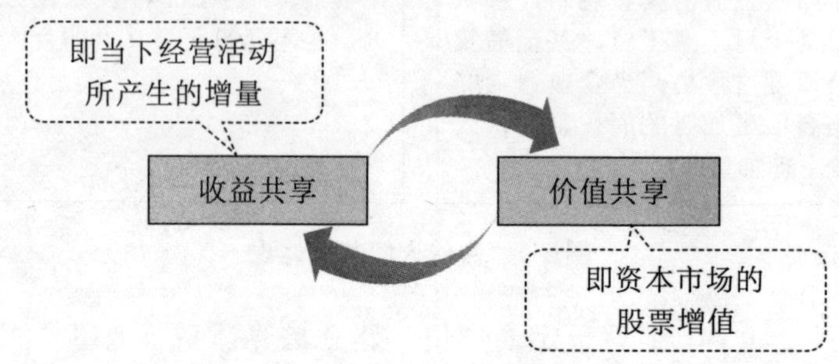

图5-3　共享的两个层面

组织内部不光是利益分享，更重要的是信息与知识共享、资源与智慧共享，真正形成良性的生态环境共享体系。

企业一定是“平台化+ 各个自主经营体+ 各个独立核算单元”，一定是建立共享平台后加上一个一个的价值创造体和自主经营体。在腾讯叫项目制，在华为叫铁三角，实际上就是“平台+ 价值创造体”。

共享不是单纯的利益共享，是基于平台的信息与知识共享、资源与智慧共享，所以“共享平台+ 价值创造体”是推行合伙制最核心的内容。

第二节　合伙人制度推进的思维

企业合伙制不是简单的激励手段，是企业要在转变思维的基础上构建新的商业文明，涉及企业战略转型、企业治理体系的优化，也涉及业务模式创新、组织和人的关系重构以及组织变革。

一、企业家观念的改变

真正推行合伙制，不是简单地设计一个制度，然后做一个方案出来。一个企业真正要推行合伙制，首当其冲的是企业家本人的观念要进行转型。

企业家要实现如图5-4所示的八大转型。

角度	过去		现在
所有权的角度	“我的”	⇨	“我们的”
组织文化的角度	老板文化	➡	组织文化
价值评价体系的角度	老板个人主观评价	⇨	构建客观评价体系
对组织规则敬畏的角度	个人敬畏	➡	组织规则敬畏
企业决策与智慧源泉	个人能力与智慧	⇨	群体能力与智慧
企业家的关注重心	盯着人	➡	关注人背后的机制、制度建设
责任体系角度	对老板负责	⇨	对组织负责
人生价值目标追求	做生意	➡	做事业

图5-4　企业家观念的转型

（1）从所有权的角度，过去企业就是“我的”，合伙制后就是“我们的”。

（2）从组织文化的角度，过去是老板文化，现在真正要打造共享的组织文化。

（3）从价值评价体系的角度，过去是老板评价个人，现在一定要建立客观公正的评价体系。

（4）从组织规则敬畏感的角度，过去敬畏老板，现在要敬畏组织规则，敬畏法则体系。

（5）从企业决策与智慧源泉的角度，过去的决策靠老板个人，现在要运用群体智慧。

（6）从企业家的关注重心的角度，过去企业家关注的是人，现在关注的是人背后的机制、制度建设。

（7）从责任体系的角度，过去是对老板负责，现在是对组织负责。

（8）从人生价值目标追求的角度，过去的人生价值目标追求是做生意，现在是做事业。

企业家要先实现转型，否则推行合伙制这套体系和原有方式会产生很大冲突，这是第一个必须要改变的。

二、战略思维的改变

战略思维要改变，要逐步从单一的竞争战略观走向生态战略观。企业一方面要打造核心能力优势，一方面要建立生态优势。

另外，企业内部价值链上的每一环都要合作共生，打通产业价值链，实现价值链有效运作，企业内部的模式采用平台化。

同时，企业的内在战略驱动能力必须从过去的低劳动成本驱动、粗放资源驱动，真正走向创新与人力资本驱动，驱动因素必须要变。

三、治理机制的改变

公司要建立新的公司治理文化。过去企业治理主要谁说了算？股东价值优先，股东价值最大化。现在，资本和人力资本是对等共决的治理关系。过去是一种委托代理契约，现在是合伙契约、泛契约。过去人力资本是承担信托责任，现在不仅分享剩余价值，还要参与企业经营决策，有话语权，而且人力资本是劣后分享。

四、业务体系的改变

必须要独立核算，必须价值驱动。整个业务体系，尤其是营销模式，要真正做到以客户为中心，开放合作，跟合作伙伴之间不再是简单的竞争关系和交易关系，可能是竞合关系，也可能是联盟契约关系。

五、组织结构的改变

组织结构必须平台化。在企业内部，指挥系统要求各个合伙人承担责任，这个时候就不是“自上而下”而是“自下而上”的协同；企业内部规范从过去的刚性规范真正走向柔性协同；从有序规划走向鼓励创新，鼓励每个合伙人去发挥内在的潜能和创造性，走向混序创新；从规模优势走向敏捷优势；从组织统筹走向个体技术。

六、人资关系的改变

合伙制一定要打破过去把人固化在某一个岗位上的局面，要尊重个体力量。个体通过连接和交互，可能会产生加倍的能量、累积的能量。所以，企业要去中心化、去威权化，从雇佣关系走向合作关系，从管理控制走向授权赋权，从过去简单的工作契约走向承诺契约，从过去的薪酬分配走向权益分享，从过去的绩效优先到工作生活的相对平衡，这些都对战略、公司治理、业务模式创新、人力资源机制、组织模式提出了全新的挑战。

第三节　合伙人制度落地的模型

企业建立合伙人机制，不仅仅是做一些股权激励，而是要重构“三大关系”和确保“一个原则”。如表5-1所示。

表 5-1　合伙制落地模型

目标	使经营层和股东的利益保持一致	改善资源配置效率，使得每个人都成为价值创造者	充分激发团队的创造力，提高工作效率
战略措施	重构人才与资本的关系	重构人才与组织的关系	重构人才与上司的关系
常规措施	共享共创共担机制：使职业经理人变为具有创业态度和创业精神的合伙人	搭建生态系统：组织平台化，使组织越来越开放，人才与组织结成共生关系	管理去中心化：上下级伙伴化，创始人真正以平等的态度对待合伙人
	合伙人选拔、退出机制：使合伙人队伍保持流动性		
原则	确保“谁创造谁分享”的原则		
结果	使正确的人在正确的位置上		

一、重构人才与资本的关系

要让经营层和股东的利益保持一致，必须确立图5-5所示的三个评价标准。

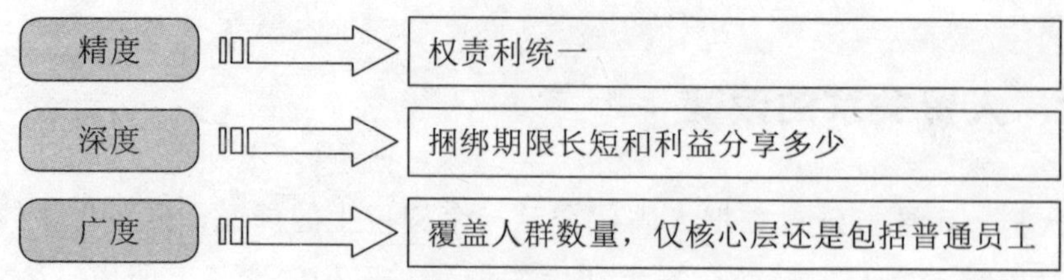

图 5-5 让经营层和股东利益保持一致的评价标准

现有的一些激励方法和工具，单独使用无法满足以上全部标准，所以应组合起来使用。

比如，地产行业普遍应用的“限制性股票+项目跟投”模式，既覆盖了核心层和普通员工，又综合了长期捆绑与短期激励。

该机制最大的瓶颈在于深度，要实现利益捆绑，管理层必须付出成本，利益分享多少受制于股东的让步意愿和经营层的支付能力。可以利用的捆绑工具如表 5-2 所示。

表 5-2 可以利用的捆绑工具

序号	方法和工具	优缺点	应用企业
1	超额利润奖	简单易行，为短期激励	万科（曾经）、永辉、华润万家
2	股票期权	中期激励，可能刺激短期做高股价	万科（曾经）、复星
3	限制性股票	可达到长期捆绑，但受限于支付能力	万科、美的
4	虚拟股票	可达到长期捆绑，但受限于支付能力	华为
5	员工持股计划	覆盖人群较广，但易致搭便车效应	联想、绿地
6	项目跟投	带有行业特色，为中短期捆绑	万科、碧桂园、爱尔眼科

二、重构人才与组织的关系

通过“平台化”和“生态系统”模式，重构人才与组织的关系。在划小经营单位，激发一线活力方面，京瓷的阿米巴经营和海尔的人单合一模式已成为行业学习标杆。连锁加盟、价值链合伙人模式则倾向于扩大企业边界，拉近与上游供应商和下游经销商的距离与紧密度。相对而言，海尔走得最远，海尔的“企业平台化、员工创客化、用户个性化”变革，直接把组织打碎，力图建立符合互联网时代的组织。海尔把中间层去掉之后，变成一个一个小的经营体、小的公司。可以达到组织平台化的工具如表5-3所示。

表5-3 可以达到组织平台化的工具

序号	方法和工具	优缺点	应用企业
1	阿米巴经营	人人成为经营者，但更多依赖内部核算和文化	永辉、华润万家
2	连锁加盟	快速扩张，可能导致服务质量下降	顺丰、德邦
3	价值链合伙人	低成本掌控价值链，但可致重资产化	温氏、万科、海尔
4	内部创业合伙人	有利内部创新业务并孵化，但可致战略模糊	万科、芬尼克兹
5	完全平台化	完全实现开放与创新，操作风险大	海尔

海尔的人单合一模式

“人单合一”双赢管理模式是由海尔集团的CEO张瑞敏先生提出的，意在解决信息化时代由于国际市场规模不断增大引发的竞争所带来的日益严重的库存问题、生产成本问题和应收账款问题，并将“人单合一”模式作为海尔在全球市场上取得竞争优势的根本保证。

人单合一双赢模式也可以表示为：“人”就是员工，“单”就是用户，“人单合一”就是把员工和用户连到一起，而“双赢”则体现为员工在为用户创造价值的过程中实现自身价值。

“人单合一”模式是精益生产的新发展，“人单合一”实质就是目标管理，“人单合一”模式就是将企业目标分解到各个订单上，将各个订单所承载的责任以分订单的形式下发给相关员工，由员工对各自的订单负责。管理部门通过评价各个订单的完成情况对员工进行绩效考评。

一、“人单合一”双赢模式的先决条件

“人单合一”是人码、物码、订单码三码合一的全程信息化闭环模式，是解决大规模经营出现的库存和应收问题的有效办法。其内容可以简单概括为“人单合一、直销直发、正现金流”，就是使每一个人都有一个市场，有一个市场就要有一个订单，而每一张订单都有人对它负责。人和市场之间，应该直接联系在一起，每个人从市场直接获取订单，工厂是根据他的订单进行制造，根据订单发货；如果生产线的产品都有用户的订单，资金就可以快速地回流。

（1）“人单合一”模式是一种创新的管理模式，企业员工必须做到全员观念创新，树立“一切满足市场实际需求的经营，才是真正经营”的观念。

（2）坚持以市场为目标的流程再造，将设计订单、直发产品和回收货款组成一个闭环。由于“人单合一”，所以对市场需求反应迅速；由于“直销直发”，产品个性十足，成本较低；由于“正现金流”，企业充满活力。

（3）重视差别化管理。差别化管理就是企业创新力的管理能力，注重差别化管理就是强调每个职位的创新。

（4）提倡软竞争力，即重视推进直销团队式企业文化建设，而这种企业文化可以最大限度地调动员工的工作积极性。

二、海尔人单合一管理模式的核心内容与基本内涵

“人单合一”体现的是订单与员工之间的一一对应关系。人码、订单码和物码三码合一的模式是一种信息化全程闭环模式。

“直销直发”要求直接营销到位，即直接营销和直接发运。张瑞敏说：“如果没有‘直销直发’，‘人单合一’就实现不了。”所谓“直销直发”，就是要求直接营销到位，直接发运到位。但直销并不是直接去问客户要什么，而是直接面对用户的需求创造出产品，所以直接营销的概念不单单是销售人员的事，而是一个系统：开发人员必须对自己开发的产品进行创新，这个产品必须能够在市场上赢得更多的用户。

“正现金流”即现金的流入大于流出，也就是尽量避免过多的应收账款存在。

三、人单合一管理模式的具体表现形式

人单合一管理的基本特点：闭环和优化。

人单合一管理模式推进的基础条件：观念、流程、文化。

人单合一管理模式推进的措施体系：基于业务流程下的T模式的分解；全员价值管理TVM，每个SBU挑战自我，从做“精”到做“快”和“优”。

人单合一管理模式推进的保障体系——三大支柱：目标竞争力系统、T模式系统、人单合一系统。

人单合一管理模式的检验和考核标准：两纬网格、三个零、三个A。

四、人单合一双赢模式下的组织创新

海尔人单合一组织形式如下图所示。

传统组织是一个正三角的组织，最下面是员工，上面是领导。上级对下级下达命令，下级服从上级。海尔在推进人单合一双赢模式过程中，把组织扁平化了，变成动态的网状组织。

海尔8万多名员工变成了2000多个自主经营体（简称自经体）。所谓自主经营体，指承接企业战略目标，有着明确客户价值主张，可以端到端全流程满足用户需求，并可以独立核算共赢共享的经营团队。自主经营体是人单合一双赢模式下企业的基本创新单元。自主经营体与合作方、交互用户共同组成价值共创、风险共担、按单聚散的虚拟组织，海尔称之为利益共同体。

海尔正在探索平台型组织生态圈。平台型组织体现为资源的按单聚散。按单聚散以后，员工分为在册员工和在线员工。过去员工听上级领导的指令，是接受指令者，现在变成资源接口人。以海尔的家电研发为例，原来的研发者现在是接口人，接外部的资源。海尔现有研发接口人1150多名，接进全球5万多研发资源。也就是说，有很多人不是公司的在册员工，而是在线可以整合的员工。资源接口人将来的发展方向是创建小微公司，可以独立创业。

人单合一双赢的本质是：我的用户我创造，我的增值我分享。也就是说，员工有权根据市场的变化自主决策，员工有权根据为用户创造的价值自己决定收入。

博弈关系
合
作
方
员工
层级关系
用户
企业主导关系
传统组织
平台资源
交互用户
合作方
利共体
自经体
合作方
交互用户
平台
平台资源

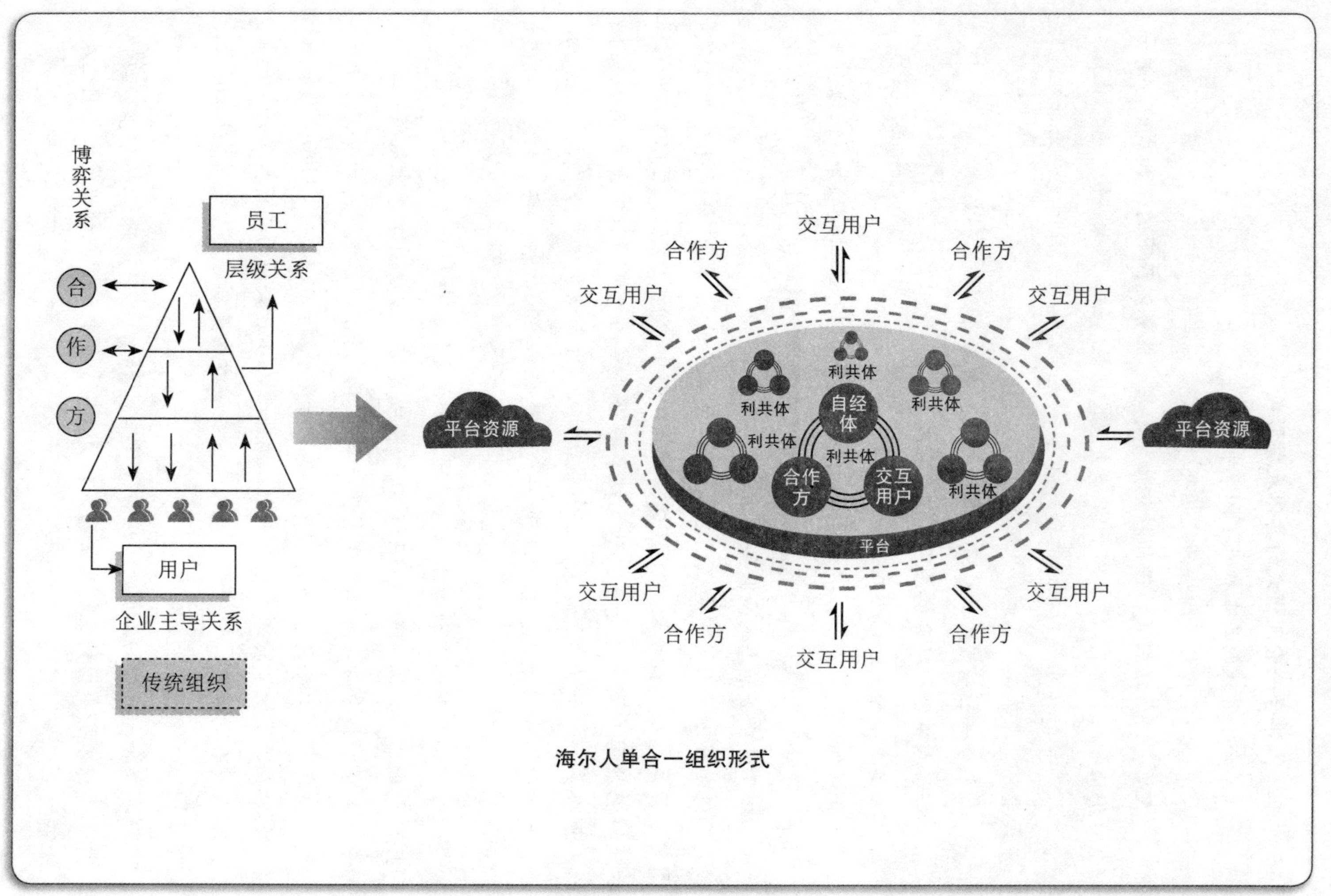

海尔人单合一组织形式

三、重构人才与上司的关系

随着移动互联时代的到来，随着企业工作方式的转变，随着组织内“小团队”“自组织”的不断涌现，去中心化的声音越来越大。创立时就实施合伙人制的企业，往往是合伙人文化，管理也相对开放；早先有老板而后实施合伙人制的企业，老板的概念会淡化乃至消失。可以达到组织“去中心化”的工具见表5-4。

表5-4 可以达到组织“去中心化”的工具

序号	方法和工具	优缺点	应用企业
1	扁平化管理	放弃中央集权式管理，导致失控风险	万科、华为
2	合伙文化	信任、协同、平等可去除大企业病	万科

四、确保“谁创造谁分享”的原则

企业要运作合伙人制度，必须制定选拔机制，筛选合格合伙人。各企业标准不一，但几乎均来自核心骨干层，有一致的经营理念，一起对经营、对公司发展负责。合伙人的履职的责任主要是精神和身份层面的，没有具体财产赔偿责任。

企业制定退出机制，可以保证合伙人的流动性。当合伙人不再能够为组织贡献的时候，就不应该再享有相应的权利。合伙人离开企业时，企业一般会要求以市场价格回购其股份。合伙人的退出并不是为了赶走分享利益的人，而是一个有加入、退出的合伙人机制，才能保证组织有源源不断的人才资本，并体现“谁创造谁分享”的原则。当然，现在对于合伙人的退出也开始出现一些温情的处理，如阿里的荣誉合伙人、万科的外部合伙人，都是在合伙人退出组织后仍然保持与组织的情感纽带。

第六章

合伙人制度设计

导语

合伙人机制其实是一种强调共识、共担、共创、共享的管理机制，是平台化战略在组织层面的体现。合伙人与公司在合伙人机制下成为事业共同体和利益共同体，双方共同经营、共享收益。

第一节 选择合伙人制度

企业的发展一般要经历三个大的阶段，即创业期、扩张期、成熟期。不同发展时期的企业，可选择的合伙人制度也不相同。

一、创业期企业的合伙人制

现在，几乎所有的创业企业都在实行合伙人制，特别是一二线城市里的新技术、互联网、新媒体、咨询服务等领域的新公司，实行合伙人制几乎已经成为它们诞生和发展的重要驱动因素。

1.创业公司热衷于合伙人制的原因

创业公司之所以热衷于合伙人制，主要有图6-1所示两个方面的原因。

创业者的某些能力不足：通过寻找创业搭档来与自己形成能力互补，可以解决自身能力不足的问题

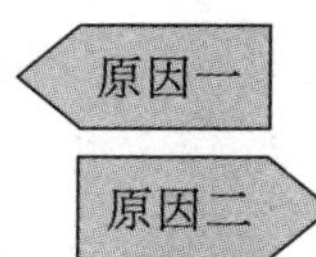

创业企业吸引优秀人才的资金能力、企业实力和品牌形象不足：通过许以股份可以解决自身不足以吸引优秀人才

图6-1 创业公司选择合伙人制的原因

2.创业企业推行合伙人制的情形

创业企业推行合伙人制的过程，通常有三种典型的情形（见图6-2）。

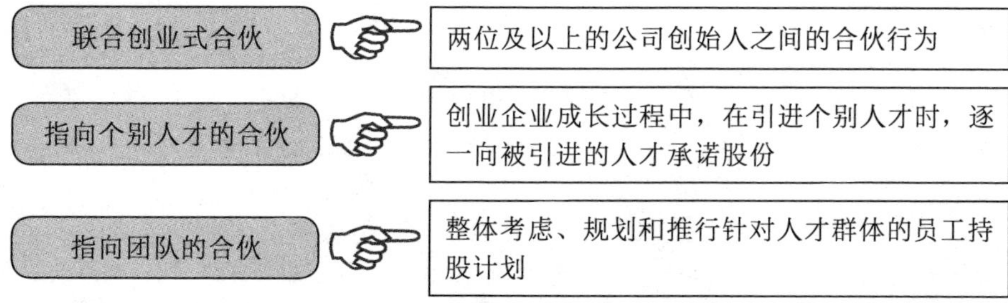

图6-2 创业企业推行合伙人制的情形

（1）联合创业式合伙。联合创业式合伙是指几位公司创始人之间的事业合伙关系，通常是两位及以上的股东通过协商，分别持有一定比例的公司股份，并按照股份比例分享公司的权利以及承担相应的风险。这类企业的资本既可能是来源于投资商的投资，也可能是参与合伙的人员按照持股比例共同出资，还可能是参与合伙的个别人出资，其他人员则以技术、能力或关系资源的形式入股。

在这类合伙中，通常有一位合伙事业的发起或召集人，他通常持有公司的股份最多，也是未来公司发展的主导者。因此，人们通常把这样一个人物称为公司的“创始人”，而把其他参与创办公司的人员叫作“联合创始人”。

这类合伙人制的形成通常会基于图6-3所示的三大要素。

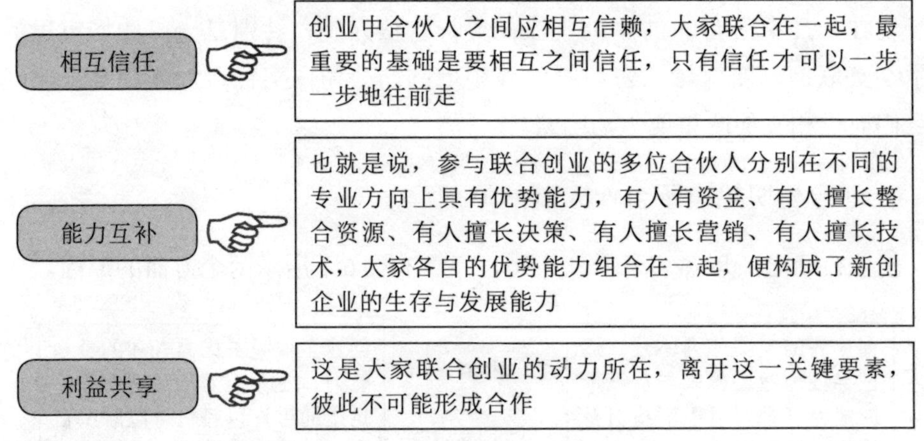

图6-3　联合创业式合伙的三大要素

（2）指向个别人才的合伙。创业公司在成功起步以后，会渴望招聘到能人加盟自己的事业，希望通过招聘能人的方式来弥补企业的短板。

比如，在技术能力不足时，希望有一位技术精英加盟；在营销能力不足时，希望有一位营销精英加盟；在融资能力不足时，希望有一位融资高手加盟……以此类推。

这一时期，创业公司招聘专业高手加盟的行为往往是“点对点”式的，哪个专业方向上需要什么人，就设法去招聘什么人，并承诺给予一定数量或比例的公司股份。

比如，在需要营销人才时，就想到要招募一位营销领军人物，而一旦发现一位看似可以寄予厚望的营销人才时，就极力想要把他招进来出任公司的营销总监或营销副总，并为吸引他而承诺给予5%的公司股份。

又比如，急需技术领军人物时，便动用一切力量寻找技术大咖，当发现一位看似可以担当大任的技术人才时，便极力要把他招进公司里来，并为吸引他而承诺给予3%的公司股份……以此类推。

创业公司之所以会采取这种“点对点”的方式发展合伙人，往往由许多原因所造成：急于引才成功，明知可能会给未来留有隐患，但还是抱持“车到山前必有路”的心态；无法向候选人开出较高的薪酬条件，所以认为不给予足够的股份，便不足以吸引人才加盟；业务发展不确定，无法对未来的组织发展和人才需求进行提前规划，因而无需成批地招募关键岗位的合伙人等。

然而，这类的合伙将面临一系列问题，如图6-4所示。

问题一	所发展的合伙人的价值观与能力是否与企业的要求真正相匹配
问题二	究竟应该授予加盟的合伙人多少股份，以及怎么授予股份更为合适（由于这类企业处于创业期，其股份往往不太值钱，以至于企业在向单个的合伙人承诺股份时，通常比例过高，以至于后来“追悔莫及”）
问题三	往往没有一套对加盟合伙人未来的贡献进行有效考核的办法
问题四	往往无法对合伙人未来的价值观发展和能力成长提出要求，因为这类企业还没有形成相关标准，以至于后期发现加盟合伙人的价值观和能力与企业的发展要求不相适应时，往往会“后悔莫及”

图6-4 创业企业会面临的问题

综上所述，即便是初创型企业，也不宜针对个别人才单一性地授予股份，而应基于未来团队发展的整体规划来决定股权授予政策。

（3）指向团队的合伙。这类企业大多已经处于创业基本取得成功的阶段，企业推行合伙人制的目的，是希望通过这种制度来促使企业迅速进入扩张阶段。当然，也有一些创业公司在远没有取得成功之前，便前瞻性地试图将未来的管理和技术团队打造成合伙人团队，这样做既可以吸引和保留人才，还可以吸引外部投资商投资。

创业企业针对团队（含未来的团队）整体规划与设计合伙人制度的好处是多方面的，如图6-5所示。

益处一	可以促使企业对未来的人才发展与管理进行系统思考与规划
益处二	创业企业针对个别人才承诺股份，往往使人才们觉得只有拿到更多的股份才足以与个人的价值和要求相匹配，而针对人才团队的合伙人制，则可以有效地解决这一问题。比如，企业拿出20%的股份让特定的人才群体共同持有，其他80%的股份由创始人、联合创始人和外部投资商持有，这样做会给予内部人才以较高的价值感，因为在这种安排下，20%的股份会显得比例较大
益处三	可以向企业全体员工传递出更为正面和更加鼓舞人心的信号，特别是当企业的合伙人制度明确规定，企业所有员工一旦满足相应条件，便都有资格持有公司的股份时，对员工具有较大的激励效应
益处四	可以使企业在对外融资时，或在寻求外部供应、销售渠道合伙时，或在寻求政府支持时，获得更好的评价
益处五	对迅速和系统地形成人力资源管理体系具有极大的促进作用。因为，该制度不仅能够有效地激励与管理关键人才，而且各专业岗位的关键人才为了企业利益、部门利益和个人利益，一般都会积极地运用相似的思想、原理和方法来激励与管理其部门内部的人才和员工队伍

图6-5　指向团队的合伙人制的益处

二、扩张期企业的合伙人制

处于扩张期的企业，也可以进一步分为三个阶段：扩张期的前期阶段、扩张期的中期阶段和扩张期的后期阶段。处在扩张期的不同阶段，实行合伙人制的重点和注意事项也有所不同。

1. 扩张期前期企业的合伙

当一家企业处于扩张期的前期阶段时，企业面临的市场机会多，而企业内部人才数量有限，管理尚处在百端待举的状态。处于这一阶段的企业，是推行合伙人制的最佳时机。这主要基于图6-6所示的3个理由。

处于这一时期的企业推行合伙人制，需要注意图6-7所示的3个关键点。

1 在这个时机推行合伙人制，企业付出的成本最低，效率却能达到最高

2 这一时期企业需要对外招聘大量的优秀人才，以便更加快速地抓住市场机会，而实行合伙人制度，可以使现有人才放下顾虑、一心一意、轻装上阵冲业绩，也可吸引到外部大量的优秀人才加盟，同时还可以防范内部人才的流失

3 可以促使企业的人才管理体系快速走向规范化。因为，通过导入合伙人制度，企业可以以此为契机，迅速地将企业整体的人才招、用、育、留体系一揽子建立起来

图6-6 扩张期前期企业引入合伙人制的理由

事项一 绝对不可以为图省事而草率地将单纯的股权激励作为合伙人制导入

事项二 在推行合伙人制时，可以让合伙人制覆盖到更多岗位的关键人才

事项三 这一时期导入合伙人制，核心内容应该是人才选拔与任用标准、人才激励与管理手段以及人才培养方式，企业只有同时把相关体系建立起来，才能长效地激励、管理与发展人才团队

图6-7 扩张期前期推行合伙人制的注意事项

2. 扩张期中期企业的合伙

如果企业已经处于扩张期的中期阶段，意味着企业即将进入发展的巅峰时期。一般来说，这一时期企业充满了高度的战略、业务、管理与财务自信。这类企业在导入合伙人制度时，须高度关注图6-8所示3个关键事项。

不能单纯地把对关键人才实行股权激励视为合伙人制，更不可以仅仅只是为了激励人才而激励人才，而忽视了其他相关限制条件与管理体系的建立

企业不能一味地为保留人才而向人才们承诺更多的股权和利益，而应借实行合伙人制的契机，将人才管理标准加以优化，以确保把那些价值观与企业匹配的并具有发展潜力的人才吸纳为合伙对象，而不必在意某些投机分子的流失

企业应借助推行合伙人制度的契机，将现有的组织与人力资源管理体系进行必要的梳理和优化，梳理和优化不是抛弃企业已经做得好的方面，而是要完善企业做得不好或不够好的地方

图6-8 扩张期中期的合伙人制推行的关键事项

3. 扩张期后期企业的合伙

处于扩张期后期的企业有图6-9所示两个特征。

特征一：企业成长出现趋势性减速，不仅销售增长率持续性放缓，而且盈利率也持续性降低

特征二：组织结构日益复杂，员工人数日益增加，随之而来的则是组织效率的持续降低、管理成本的持续增加

图6-9 处于扩张期后期的企业特征

这一时期的企业要导入合伙人制，需要注意图6-10所示3个事项。

事项一 **合伙人制不应是决策者优先考虑的方向**

决策者优先考虑的应该是重建适应未来发展的新的业务战略、组织战略及管理模式，只有解决了这个前提性问题，其合伙人制度的设计才会是真正和长期有效的

事项二 **合伙人制不应试图在全公司层面展开**

在扩张期的后期推行合伙人制，不应试图在全公司层面展开，而应首先在事业部或分（子）公司层面推行，并且率先将事业部和分（子）公司核心岗位的人才纳入合伙人序列，进而再审时度势地吸纳更多的人才进入合伙人序列。此外，这一时期推行合伙人制的核心目标是把“大家”分拆成若干“小家”，迫使每一个“小家”直面市场、直面生死、自我再造、自负盈亏

事项三 **不可仅仅是推行单纯的股权激励**

在事业部、分（子）公司推行合伙人制时，切记不可仅仅是推行单纯的股权激励，应尽可能地设计好合伙人制度，必须确定合伙人身份定义标准、合伙人股权激励方案、合伙人动态管理标准、合伙人文化与培养方案

图6-10 扩张期后期导入合伙人制的注意事项

三、成熟期企业的合伙人制

当一家企业进入扩张期后期阶段时，便预示着这家企业即将步入成熟期。这一时期到来以后，企业在人力资源管理方面，会出现如图6-11所示4个典型的特征。

特征一	企业的中基层管理者和技术骨干不断流失，且不会引起企业的高度警觉，甚至有些企业还会被认为是一件降低成本的好事
特征二	新的真正优秀的人才一般不会向这类企业流入，因为真正优秀的人才都知道，这类企业接下来不可能会产生经营奇迹，因此也不大可能产生职业发展奇迹，甚至有可能对自身的长期职业发展构成不利影响，所以他们在选择新的职业发展机会时，会尽量避开处于这一阶段的企业
特征三	已经获得既得利益的“老人们”会把企业作为“养老”的地方
特征四	人多嘴杂，想法各异，新的经营管理思想在这类企业中没有市场，除非其“老大”是那种有思想、有抱负且意志坚定的人，而有思想和主张的人才最终大多会明智地选择沉默或离开

图6-11 成熟期企业的人力资源特征

处于这一阶段的企业也想通过实行合伙人制而使企业起死回生，但很难。因为成熟期企业无法再形成新的事业梦想与业务逻辑。在没有或缺少梦想与逻辑的情况下，人们不可能有激情，也不可能产生真正的信任。而且由于市场机会不足，实行合伙人制也不大可能导致经营业绩的回升。再者，这类企业应将哪些岗位的人员纳入合伙人序列，会是一个很大的问题。最重要的是在这类企业建立新的与股权激励计划相匹配的合伙人身份定义标准、合伙人股权激励方案、合伙人动态管理标准、合伙人文化与培养方案，将是十分艰难的。

处于成熟期阶段的企业，要想成功导入合伙人制，只有放弃在母体公司或旧业务机体内实行合伙人制的幻想，通过内部业务重组、自主投资新业务或并购外部业务等方式，成立新的事业部或分（子）公司，进而在新的事业部或分（子）公司（而绝不是在老旧业务体内）实行合伙人制。

第二节　选择合适合伙人

选择合伙人，这是公司运营、发展首先要解决的问题。合伙人选择的好坏，直接决定你的创业梦想能否实现，能否达到你所追求的创业目标，也决定着你的创业团队能不能共同走下去的问题。

一、合伙人的含义

公司股权的持有人，主要包括合伙人团队（创始人与联合创始人）、员工与外部顾问（期权池）及投资方，其中，合伙人是公司最大的贡献者与股权持有者。

既有创业能力，又有创业心态，有3～5年全职投入预期的人，是公司的合伙人。这里主要说明的是，合伙人是在公司未来一个相当长的时间内能在有限的时间和空间中可以全心全意投入预期的人，因为创业公司的价值是经过公司所有合伙人一起努力一个相当长的时间后才能实现，因此对于中途退出的联合创始人，在从公司退出后，不应该继续成为公司合伙人以及享有公司发展的预期价值。合伙人之间是“长期”“强关系”的“深度”绑定。

二、不适合成为合伙人的对象

“请神容易送神难”，创业者应该慎重按照合伙人的标准发放股权。

1. 资源承诺者

在创业早期，可能需要借助很多资源为公司的发展起步，这个时候最容易给早期的资源承诺者许诺过多股权，把资源承诺者变成公司合伙人。创业公司的价值需要整个创业团队长期投入时间和精力去实现，因此对于只是承诺投入资源，但没有全力参与创业的人，建议优先考虑项目提成，谈利益合作，而不是股权绑定。

2. 兼职人员

对于技术人才，但不全职参与创业的兼职人员，最好按照公司外部顾问标准发放少量股权。如果一个人没有全力投入公司的工作就不能算是创始人。任何边干着他们其他的全职工作边帮公司干活的人只能拿工资或者工资“欠条”，但是不要给股份。如果这个“创始人”一直干着某份全职工作直到公司拿到风投，然后辞工全职过来公司干活，他（们）和第一批员工相比好不了多少，毕竟他们并没有冒其他创始人一样的风险。

3. 天使投资人

创业投资的逻辑如下。

（1）投资人投大钱，占小股，用真金白银买股权。

（2）创业合伙人投小钱，占大股，通过长期全职服务公司赚取股权。

简言之，投资人只出钱不出力，创始人既出钱（少量钱）又出力。因此，天使投资人股票购股价格应当比合伙人高，不应当按照合伙人标准低价获取股权。这种状况最容易出现在组建团队开始创业时，创始团队和投资人根据出资比例分配股权，投资人不全职参与创业或只投入部分资源，但却占据团队过多股权。

4. 早期普通员工

给早期普通员工发放股权，一方面，公司股权激励成本很高；另一方面，激励效果很有限。在公司早期，给单个员工发5%的股权，对员工很可能都起不到激励效果，甚至认为公司是在“忽悠、画大饼”，起到负面激励。但是，如果公司在中后期（比如，B轮融资后）给员工发放激励股权，很可能5%股权可以解决500人的激励问题，且激励效果特别好。

三、选择合伙人的标准

关于选择合伙人的重要性，真格基金创始人徐小平曾这样说过：“合伙人的重要性超过了商业模式和行业选择，比你是否‘处于风口上’更重要。”既然，合伙人对公司创业、发展如此重要，那么该如何选择合伙人呢？可参考图6-12所示的标准。

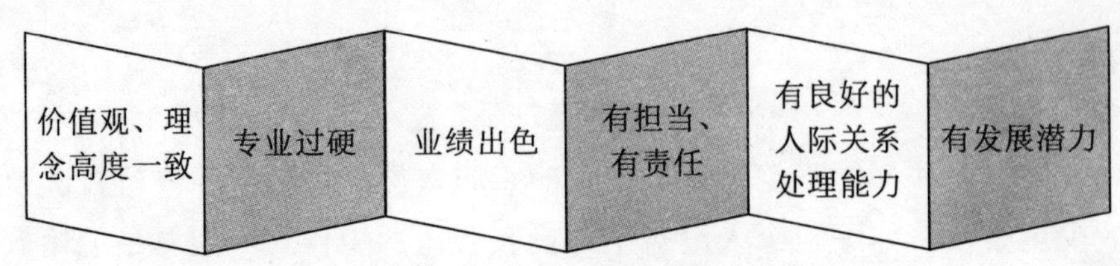

图6-12　选择合伙人的标准

1. 价值观、理念高度一致

初创公司也好，发展、壮大公司也好，不管是投入资金的合伙人也好，投入品牌的合伙人也好，还是投入能力的合伙人也好，都需要有共同的价值观。如果合伙人之间的价值观、发展理念存在重大分歧，那么合伙人之间的分道扬镳也就不远了。

《三国演义》中的关羽即使曹操给他丰厚的待遇，关羽仍要挂金封印离开曹操追随刘备，为什么呢？关羽的价值观和曹操完全不一样，在《三国演义》中关羽是信义、忠君爱国的化身，而曹操是奸诈、汉贼奸臣的化身，因此两人不可能走到一起，合作共事。

再看《西游记》三打白骨精一章中，孙悟空打死了白骨精变化的村姑、老婆婆和老爷爷，孙悟空认为除妖务尽，不打死妖怪，妖怪会兴风作浪，取经团队难以到达西天。唐僧却认为，孙悟空你打死了这么多的人，不行善念，取得经书又有何用？因此，唐僧和悟空在取经的理念上、价值观上产生了巨大的冲突，最终唐僧将孙悟空赶回了花果山，师徒二人分道扬镳。

由此，我们要看到，在选择合伙人时，合伙人价值观、理念高度一致是多么的重要，它关系着你的合伙人团队能不能合作下去的根基性问题。价值观这个词可能很虚，我们换成具体的问题可能就清楚了。

（1）我们是追求小而美赚钱，还是追求先做大规模？

（2）如果公司赚到钱了，是先控制规模给股东分红，还是扩大规模投入再生产？

（3）公司如果赚钱了，员工的薪酬准备控制在怎样的水平？给他们怎样的空间？

（4）如果公司暂时没有赚到钱，但看到发展机会要投入，请问钱怎么出？

（5）如果公司运营遇到困难，暂时亏损了，请问你还坚持不坚持，止损线在哪里？

（6）如果控制成本，牺牲一定的品质，可以换取更好的生存利润，我们能妥协的底线是什么？

（7）我们都是按约定规则办事的人，还是过于强调讲人情的人？

（8）如果你遇到家庭方面的阻力，你准备怎样克服？

（9）如果万一你想退出，咱们怎样约定退出规则？

其实，价值观一点都不虚，就是谈钱、谈运营思路——赚钱了怎么办？亏了钱怎么办？如何对待自己的员工？如何对待客户？如何看待市场机遇？衡量价值观最简单的方法是一起去做过有挑战的事情，特别是考验人性的事情，否则我们很难说自己了解对方的价值观。

阿里巴巴在发展公司合伙人的时候，公司的合伙人章程里，在发展进入机制的规定中，第一条就是公司核心价值观的要素：在公司入职5年以上，必须认同公司核心价值观，并竭力践行。这就是阿里巴巴公司发展合伙人的第一个非常重要的条款。

所以，企业在发展合伙人时，如果没有把精神共同体放在利益共同体之上的时候，盲目发展合伙人，那么你的员工为利益而来，最后员工也会冲着利益而去。

做合伙人管理模式，重要的入口就是要把价值观放在非常重要的层面，不仅是认同，还要践行。公司一定要做文化建设，没有这一点作为保障就发展合伙人，那么员工在利益驱使之下是难以持续为公司的使命、价值观负责任的。

比如，阿里巴巴发展合伙人的时候，公司的使命、价值观在考核中的维度曾经一度占了60%的比重。

2. 专业过硬

专业过硬也就是说发展的合伙人须在岗位上是独当一面的人才，是成熟型的人才，他必须在其岗位上有出色的专业技能作为保障，他未来才能领导别人，作为一个管理者，他要培养员工，他自己需要成为员工心目中的奋斗者。

合伙人管理模式是以奋斗者为本的模式，什么样的人可以成为奋斗者？首先其必须要有过硬的专业。如果其和普通的员工都是一个样，那么他怎么能够让员工服从，怎么能够让员工认同他代表公司的先锋队。

3. 业绩出色

第三个指标是必须业绩出色，也就是员工凭业绩贡献在公司获得其地位。如果说一名员工只是在公司里边待的时间长，在公司里边这名员工的资历很老，这不足以让公司提拔该员工为公司的合伙人。

一名员工在公司里边做的贡献，有图6-13所示的两类。

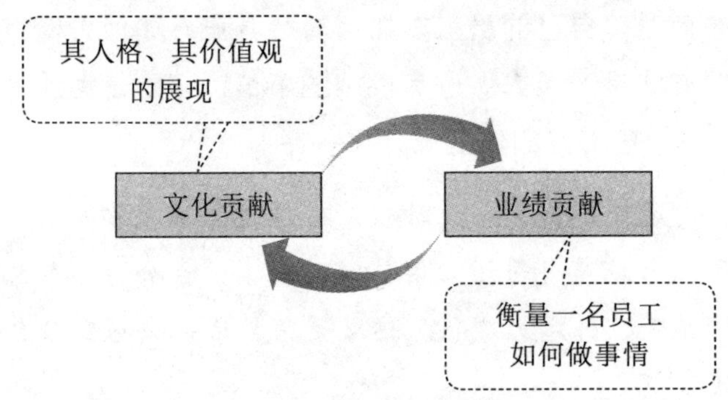

图6-13　员工在公司里的贡献

这两类的贡献构成员工在公司里面所有贡献的总和，以数据化的方式来衡量，最后员工达到一定的分数线的时候，才有资格提名为公司的预备合伙人，提名为公司的奋斗者。

没有这样数据化的管理，企业盲目发展合伙人，最终会发现所提拔的这些合伙人，并非是真正的合伙人，所提拔的奋斗者也并非是员工心目中可以服众的奋斗者，那么接下来若是盲目地分红配股，其他员工会有意见。

所以，企业在员工中发展合伙人的时候，除了注重其价值观和理念、专业过硬，还必须要能够做出业绩。

4. 有担当、有责任

企业发展的合伙人还有一个重要指标，就是要有担当、有责任，能够吃苦耐劳，能够有牺牲奉献的精神，这样才是企业的奋斗者，才是企业的合伙人。

凡是拈轻怕重，有利益就争，有功劳就争，这样的员工不足以发展成企业的合伙人。合伙人必须具备图6-14所示的品质。

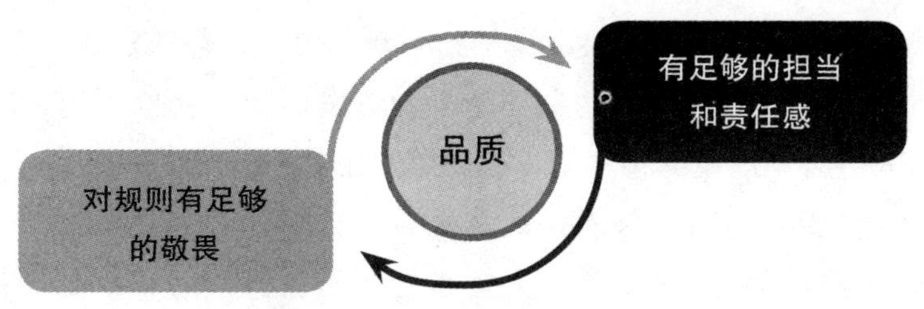

图6-14 合伙人必须具备的品质

对企业的规则有敬畏之心，这是一个合伙人必须做到的品质，无论他是骨干员工，还是一个管理者，他必须在这个层面上要对自己有高要求，能够严格自律。

5.有良好的人际关系处理能力

作为一名企业的合伙人必须有良好的人际关系处理能力，一个人的人际关系处理能力，首先体现在利他之心上面。

一名员工平常能够帮助他人，能够积极奉献，能够做出超出领导和同事期望的事情，这就是积累其个人的品牌。那么一名员工的品牌分从哪里来？就是从其做人做事中积累其个人的信任指数。

如果说某个员工没有良好的人际关系处理能力，与同事相处不融洽，将来在发展合伙人，在提名奋斗者的时候，有员工举报，比如举报他没有利他之心，举报他在践行企业价值观的时候说一套做一套，这样的员工是不能够成为公司合伙人的。

所以，企业应建立起合伙人委员会，由合伙人委员会来提名合伙人以及发展合伙人、考核合伙人。而且还要建立起预备合伙人弹劾机制。这个弹劾机制能够让员工弹劾那些不符合企业价值观的，不符合奋斗者、先锋队这些模范先锋作用的预备合伙人。

管理要以人为本，更重要的是以奋斗者为本。以奋斗者为本，那么这些奋斗者从哪里来？一定是从群众中来，从哪些群众中来？就是从共同的价值观和理念、专业过硬和业绩出众以及善于处理人际关系的这些员工中来，而且有良好的群众基础作为保障。

6.有发展潜力

发展潜力这一评估指标非常重要，很多企业在提拔员工成为管理者的时候，没有注重员工的发展潜力，结果，员工到了新岗位上，很快进入“天花板”，跟不上公司的发展形势了，这样的员工是不能够发展成为合伙人的。所以企业要想发展合伙人，必须注重的第六个指标就是员工的发展潜力的维度。

判断一名员工有没有发展潜力，就要看该员工是否有持续的奋斗精神的自驱力以及他的学习力够不够。学习力才是一名员工持续的竞争要素，一名员工做到一定的业绩，做到一定的瓶颈，没有了很好的学习力，很快就会失去工作动力和热情，很快就遇到了职业发展瓶颈。

所以，作为企业的老板，在将来要发展合伙人的时候，一定记住要从如图6-15所示的6个方面来进行考核。

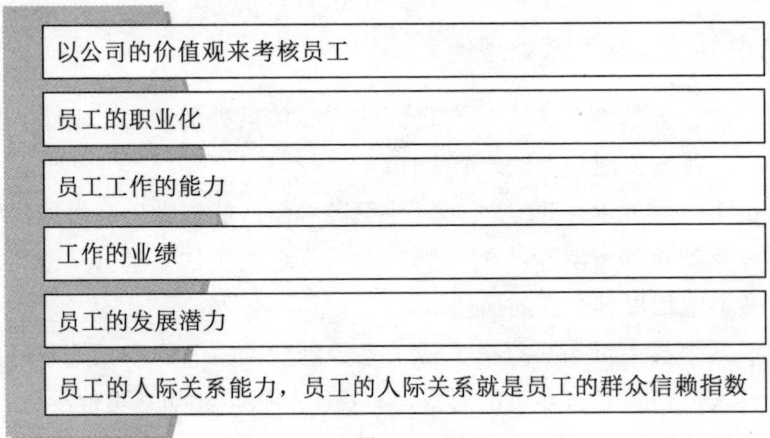

图6-15　发展合伙人需考核的内容

图6-15中每一个指标都以十分制来进行衡量，先让员工自评分，然后让领导评分，再让他的伙伴们来做一个评分，那么以这样的方式综合评出的分数就有了良好的数据依据，最后摘选出的这样的一个合伙人才能够服众。

第三节　合伙人股权设计

在这个合伙创业的新时代，创始人需要可以并肩作战的合伙人，而公司核心创业团队之间建立阳光透明、相对公平合理的合伙创业文化，做好合伙人股权分配，有利于吸引合伙人。

一、合伙企业股权分配

合伙创办公司，不能不讲的就是股权分配的问题。具体来说，合伙企业股权分配应把握图6-16所示的要点。

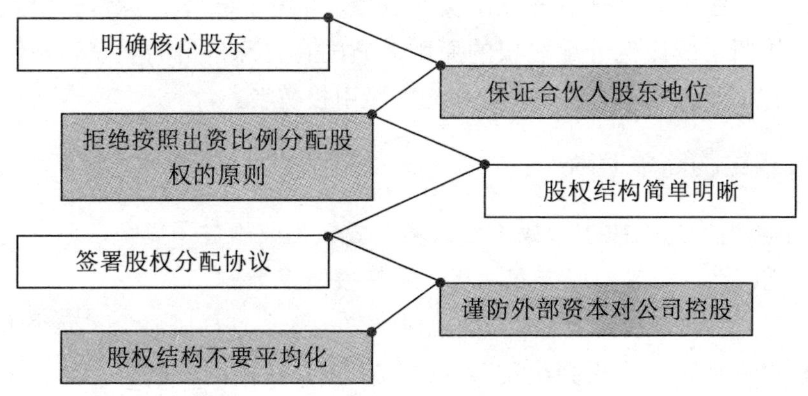

图6-16 合伙企业股权分配的要点

1.明确核心股东

很多股权纠纷都源于大股东不清晰，如某知名企业，两大股东持股比例分别是50%和47%，一直都处于对等局面，遇到意见分歧时无法集中决策，很容易产生纠纷。

因此，合伙人股权分配，从一开始就要明确公司的核心股东及其拥有的权利，包括在股东会拥有的表决权和对公司的控制力。这样，即使在意见不统一时，也有可“一锤定音”之人。

2.保证合伙人股东地位

风险共担、利益共享是合伙的特征。因此，在设计股权架构时，也要科学评估合伙人在企业的作用，确保合伙人的股东地位与持股比例，为未来和合伙人并肩作战、共进退打好基础。

比如，阿里巴巴从一开始就给予了“十八罗汉”股东地位，从阿里初创到发展壮大，股东们风雨同舟、不离不弃，随着阿里在港交所、纽交所上市，市值剧增，“十八罗汉”也是赚得盆满钵满，真正做到了合伙人之间同甘共苦。

3.拒绝按照出资比例分配股权的原则

在现代企业出资中，除资金外，还有劳务、专利、知识产权等，所以，按出资多少分配股权是不合理的。

对此，企业应科学评估各类出资（资金、创意、技术、运营、个人品牌），切记不要按照出资比例分配股权的原则，鼓励有特殊价值的股东和员工，发挥人力资本的最大优势，增强公司竞争力，吸引投资者。

4.股权结构简单明晰

“简单明晰”是指股东人数不要太多，股权构成不过于复杂，不存在大量的代持人、期权池、交叉持股、双股权、委托投票权等。

据研究分析，初创企业最科学的配置是3个人，这样既避免了两个人在沟通方面没有缓冲地带，也不会出现多人决策但无人决定的局面，有助于维护公司和创业项目稳定。

5.签署股权分配协议

很多公司在早期创业时都只顾埋头苦干，仅在口头上约定股权分配比例，一旦公司成长起来，合伙人要求按照股权比例分享利润时，口头约定就很难服众，而如果在这个时候再去讨论股权怎么分，很容易使分配方式不能满足所有人的预期，导致团队出现问题，影响公司的发展前途。

因此，创业团队应该在早期就签署书面股权分配协议，约定好合伙人的股权比例。

同时，还应该约定股权兑现机制，公平保护合伙人之间的付出，激发各合伙人尽心尽力为企业效力，保证团队稳定，维持项目的长期战略。

6.谨防外部资本对公司控股

外部资本控股存在如图6-17所示的问题，不利于公司的长期发展。

因此，企业在做股权架构时，事先要考虑到未来融资对股权稀释的问题，谨防外部资本控制公司。一般来说，一个公司从初创到上市，需要4～5轮融资，最好采用小步快跑的方式，多融资几轮没关系，但每一轮融资都不要对股权稀释太多，确保核心控股股东的地位。

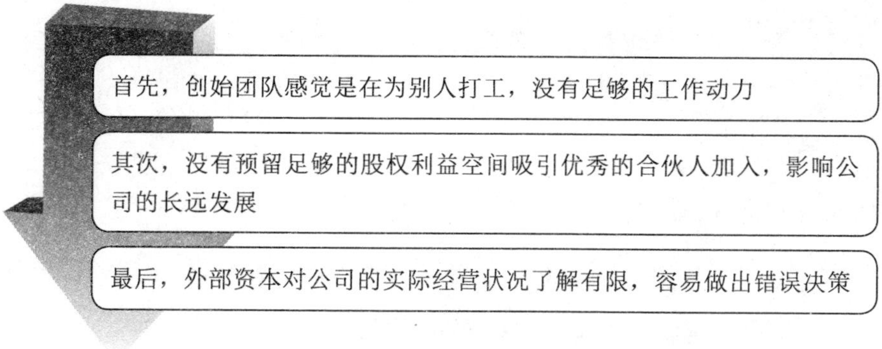

首先，创始团队感觉是在为别人打工，没有足够的工作动力
其次，没有预留足够的股权利益空间吸引优秀的合伙人加入，影响公司的长远发展
最后，外部资本对公司的实际经营状况了解有限，容易做出错误决策

图6-17 外部资本控股存在的问题

7.股权结构不要平均化

每个合伙人对公司的贡献可能都不一样，如果平均分配股权，自然会让付出多的合伙人不满，容易引发纠纷，导致项目半途而废。比较成功的模式是有一个核心大股东作为决策中心，另外搭配几个有话语权的小股东，保持不同意见的同时又能拍板决策。

二、家族企业的股份安排

家族企业主要采用图6-18所示的两大类股权安排。

集中化股权安排
安排
分散化股权安排

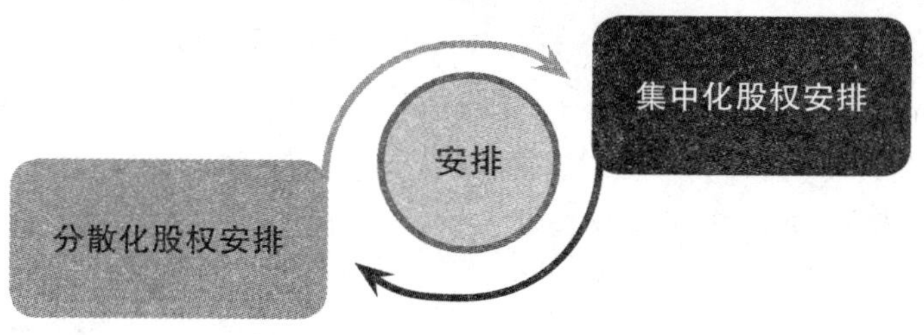

图6-18 家族企业的股权安排

1.分散化股权安排

让尽可能多的家族成员持有公司股份，不论其是否在公司工作，所有家族成员都享有平等权利。

股权分散的家族企业有两种管理方法：外聘专业人员管理和部分家族成员管理。中国大多数家族企业采取第二种方式，他们认为，能干的家族成员比外聘人员更适合代表自己的利益。

2.集中化股权安排

只对在企业工作或在企业任职的家族成员分配股权。这种方法注重控制所有权而非管理权，着眼于保证家族权力的世代持续。

这种安排的好处如图6-19所示。

图6-19　集中化股权安排的好处

三、股份给予部分高级人才的安排

为了吸引优秀人才，不论是家族企业还是合伙企业，都会拿出部分股份给予部分高级人才，按照通常的规则是，70%～80%由创业者拥有，其余20%～30%由高级人才拥有，他们享受相应的投票和分红的权利。

随着企业的发展，可能会引进更多的资金、更多的人才、更多的合伙人，因此，整体股份结构的平衡就显得非常重要。对于新兴企业而言，股权分配是一项长期的任务。

四、创始人与合伙人的股权分配

1.与合伙人分配股权的一些观念

（1）以保持对公司的控制权为出发点。创始人为什么需要考虑对公司保持控制权？举例如下。

比如，阿里、京东、百度的创始人，一直都是公司核心的灵魂人物，带领着公司往前发展。

以上所列举的都是公司创始人，但他们在公司的境况却非常不一样。造成不一样的原因有很多，从法律上来讲最主要的一个原因是他们对公司控制权的把握是不一样的。

阿里、京东、百度的创始人从公司初期、发展到最后上市都牢牢把握住了公司的控制权，而俏江南、1号店、雷士照明的创始人则因为一些共性的原因导致他们失去了对公司的控制权和控制地位。

（2）人比钱重要。创业公司更多的时候是人合，然后才是资合。合伙人一起创业，将要在一起走的路是很长的，必须得相互信任，还要考虑合伙人能不能对创业项目有贡献及能否形成优势互补等因素。

（3）合伙人一定要出钱。选合伙人不仅要相互信任、优势资源互补，还有一个重要的原则就是“可以共担风险”。投资创业毕竟是有风险的，如果不愿意共担风险，哪来同心，又如何能同行。那么，如何体现共担风险，钱是最重要的考量因素。不出钱，那很大程度上被认为就是不愿意共担风险。当然，有的人刚开始可能没有钱，怎么办？可以借。创始人可以借钱给他，让他写借条。敢借就意味着愿意共担风险，借了钱干活也会更卖力。

（4）股权结构要简单明晰。股权结构不明晰，不但可能会引发股东内部发生矛盾，也可能会让外部投资人敬而远之的。投资人经常说，投资就是投人，所以有一种说法叫“团队第一，项目第二”。不管对错与否，至少说明投资人非常看重创业公司中人的因素，股权结构不明晰，说明股东这个层面的人不和。同时，如果股权结构不明晰，也会影响公司将来在资本市场的融资上市等。

2. 要避免“僵局”等相对不合理的股权比例

（1）绝对不要均分。均分股权是最差的股权结构。海底捞是股权均分的经典正面案例，因为其刚开始虽是均分但后来改造得好。均分导致企业缺乏领袖核心和担当人物，创业成功率会相应降低。即使创业成功，赚钱了，人的心态也可能会发生变化，因为可能有人觉得在股比一样的情况下，我比较能干，这时候各种各样的问题就会暴露出来。

（2）尽量不要一股独大或一人股东。创始人要考虑如何保持对公司的控制权，但也不要一股独大，比如98%（创始人）：2%（其他合伙人）。这时可能其他合伙人心里就不舒服，感觉能力与自己利益不匹配等，导致无法同心同行。而一人股东不仅有上述问题，甚至如果在账目、财产与股东个人不清的情况下，造成股东与公司的人格混同，那股东需要对公司的经营行为承担连带责任，故亦不可取。

（3）股权结构不宜过于分散。股权分散也可能导致上述的"股权均分"。股权分散导致小股东多，可能会出现大家都以股东自居，不利于公司管理，甚至导致管理层出现道德危机。另外，股东多导致难以快速形成有效决策，对股东决策造成不可能想象的干扰。同时，外部投资人对分散的股权结构也会略有所忌，也影响融资进程。对此，建议利用有限合伙等持股平台归集小股东股份，同时也要对公司经营决策机制进行优化。

3.如何较为合理地与合伙人分股权

利益平衡是一个合理的与合伙人分股权的重要原则。股权分配实则是利益分配，依然绕不开人性。在利益面前有一个原则是利益平衡，利益平衡才能最大限度使得人的心理平衡，才能一起走得更远。股权分配有原则但没有标准，以下介绍一些股东合作模式供参考。

（1）两人股东时，股权怎么分。首先，还是要避免上述所说的"均分""一股独大"。在两人股东时，还有一种常见股权比例为65%：35%，这种情况下创始人拥有决策权，但合伙人却在重大决策上拥有一票否决权，看似相互制约，实则双方都不好受，容易导致双方心里的博弈，不利于长期的合作，故需及时改造。

其次，在二人股东时，较为合理的股权安排仍然是考虑保持控制权又不一股独大，比如70%：30%或80%：20%，这种股权比例的好处就是合伙人利益足够大，但又不影响大股东对公司的控制权及快速决策。

（2）三人股东时，股权怎么分。除了遵循避免均分、一股独大、利益博弈的原则外，依然建议大股东保持控制权，要么自己的股比就有绝对控制权，如70%：20%：10%，要么在一般事项有决策权，重大事项取得一人支持即可，又能确立自己的核心地位，如60%:30%:10%。这些股权比例的安排不是绝对的，但至少是较为合理的股权比例。

（3）四人以上股东时，股权怎么分。四人以上的股权架构貌似有点复杂，但其实原理是一样的，除了遵循避免均分、一股独大的原则外，建议创始人至少要保住股权生命线中的一条线，如绝对控股线（67%以上）、相对控股线（51%）、一票否决权（34%）等。保住生命线的合理性在于创始人享有一定的话语权，不至于创业成空。

第四节　合伙人分红机制

话说赚钱难，分红更难；同患难容易，共富贵难。在采取合伙人制的企业，须要懂得分红的技巧，否则分完钱，人心散了，合伙人也散了。

一、分红应考虑的原则和因素

分红是门艺术，分红考验着老板的格局和胸怀。企业要怎么分红才合理呢？需要考虑图6-20所示的3个原则和因素。

1　企业要平衡未来发展与每年分红之间的矛盾。一般来说，大股东希望把未分配的利润更多用于企业发展，但小股东或入伙的员工更倾向于每年有些钱回本

2　企业要平衡资本价值与人本价值之间的关系，是按资本股份分红还是按贡献分红

3　企业要平衡增量分红与存量分红之间的关系，前者是按超额利润来分，是做“加法”与“乘法”，而后者是按净利润来分，是做“减法”

图6-20　分红应考虑的原则和因素

二、分红的模式

分红模式有图6-21所示的3种。

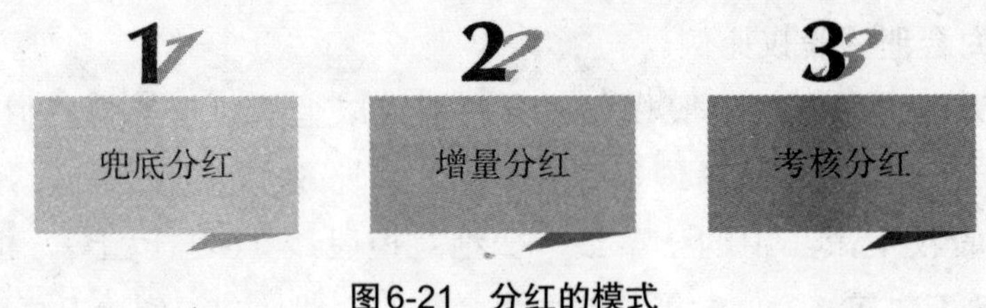

图6-21　分红的模式

1. 兜底分红

兜底分红是指企业或者股东承诺按一定的比例或固定的投资回报兑现分红，而不论企业业绩是否达标或完成。

比如：一家企业共有300份股，每份5000元，目标利润是2500万元。

企业规定，每年对增量部分的利润按25%提取用来分红，如果达不到业绩，最大股东承诺按差额部分的5%作为兜底分红的标准。其中一位财务总监有合伙金15份，他的分红有2种情况。

（1）当企业实现利润3000万元时，这位财务总监可以获得分红：（3000万元–2500万元）× 0.25 × 15 ÷ 300=62500元。

（2）当企业实现利润2300万元时，这位财务总监可以获得分红：（2500万元–2300万元）× 5% × 15 ÷ 300=5000元。

这种模式以牺牲大股东的利益为代价，并不会长远。如果企业业绩持续下滑的话，员工会失去合伙的信心。因此，企业走上坡路，业绩好才是王道。

2. 增量分红

传统的雇佣模式激励体系是“工资+提成+奖金+福利”。增量分红模式是在传统的薪酬体系下增加利润分红。公司可以先约定目标业绩与利润，当达到目标利润后，可以把超额或者增量的利润分配给团队核心人员，存量可以按照公司90%、员工10%分配，增量部分可以是公司50%、员工50%，体现激励的效果。

某企业导入合伙人制度，根据历史记录，得出业务员的月度平衡点，并且统计各区域市场的业务完成情况，业务员作为合伙人参与增量利润的分红，提成比例是15%。

该企业在广东市场的月度平衡点是80万元，毛利率是15%，当业务员达到120万元的业绩时，该业务员将获得分红：（120万元–80万元）× 15% × 15%=9000元。

3. 考核分红

绩效考核的第一原则是权责利对等，有奖有罚应成为常态。

某企业采取考核制分红，把合伙人的考核分划分为6个得分等级，具体见下表。

绩效考核分等级划分

70分以下	71～80分	81～90分	91～100分	101～120分	121分以上
0.5	0.8	0.9	1.0	1.2	1.3封顶

假如2021年，该企业超额利润是1000万元，合伙人分红的比例为30%，即300万元。某合伙人占合伙金的5%，当年绩效考核得分是85分，按照表格，他的合伙金分配系数为0.9。

因此，该合伙人的分红为：300万元×5%×0.9=13.5万元。

为什么最低系数是0.5不是零？这是因为合伙人出资是享有分红权的，如果因为绩效考核得分低而取消全部分红权时，会带来很多管理上的纠纷。所以，不建议为零。

关于绩效考核的模式，建议使用薪酬全绩效模式，这是一种最能体现管理者和企业共赢的绩效考核模式，在这种模式下，分配的并非企业既有利润，而是一种超价值的分配。要求管理者拿出好的结果、效果与企业进行价值交易，管理者和员工赢得的是高收入，企业获得的是高绩效，从而实现共赢。

在提取指标时，要求以历史数据说话，设计的平衡点是员工和企业都接受的，因此，非常受员工欢迎。

第五节　合伙人退出机制

由于企业经营的种种原因，都存在股东主动退出或是原始股东已经不符合公司的发展要求等情况，这时候如果没有约定好股东的退出机制就会给企业造成很大的困扰，因此在最初设计合伙人机制时就要明确退出机制。

一、公司盈利时的合伙退出机制

在公司发展形势大好的时候，公司处于上升期，这时公司的正常运营需要投入较多的资金，与此同时，公司的盈利也会较多。如果这时有合伙人提出退出，并要求带走股份以及按股份分享公司的利润，毫无疑问，这将会给公司的资金带来巨大的压力，影响公司的发展。为了应对这种情况，合伙人最好在合伙创立公司之初就制定合伙退出机制，其具体内容应包括图6-22所示的4个要点。

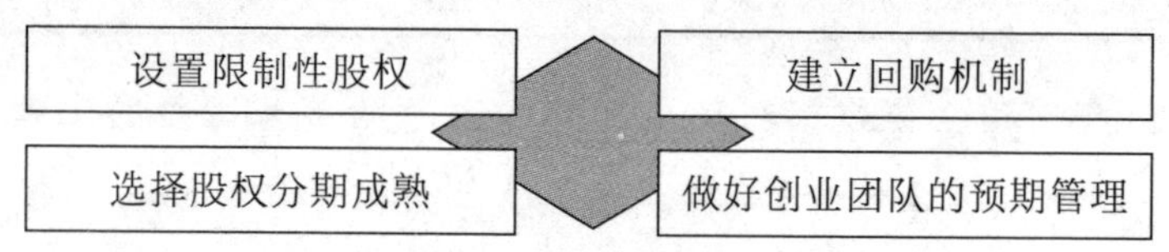

图6-22　制定合伙退出机制的要点

1.设置限制性股权

为了应对合伙人中途退出的问题，创业团队在创立公司之初就应该设置限制性股权。所谓限制性股权，是指它既属于股权，但同时又有权利限制。

比如，股权的有效期限与股权拥有者的服务期限相对应，合伙人需要在一定期限以后，才能提出退出，这个期限一般为3年。

对于一个公司来说，经过3年的发展后，基本可以稳定下来，这时即便有合伙人提出退出，也不会对公司的发展造成太大的影响。

当然，在实际制定合伙退出机制的时候，合伙人可以共同商量股权期限，可以以3年为期，也可以更短或者更长。为了降低因合伙人的退出而给公司的发展造成的影响，股权期限可以设置得久一些。总之，这个时间期限要以公司内部人员的意愿为前提。

2.选择股权分期成熟

股权分期成熟也是合伙退出机制的一个重要组成部分，它是指在公司创立之初按照一定的标准（如出资额或技术等条件）给合伙人分配股份，但是这些股份只是名义上的，并没有生效，经过一定期限后，这些股份才会真正起作用。

有了这一条件后，即使有合伙人在公司发展形势大好的情况下提出退出，也不会对公司造成影响。这其实也是一种规避因合伙人退出而影响公司发展的做法。通常情况下，股权分期成熟有图6-23所示的4种模式。

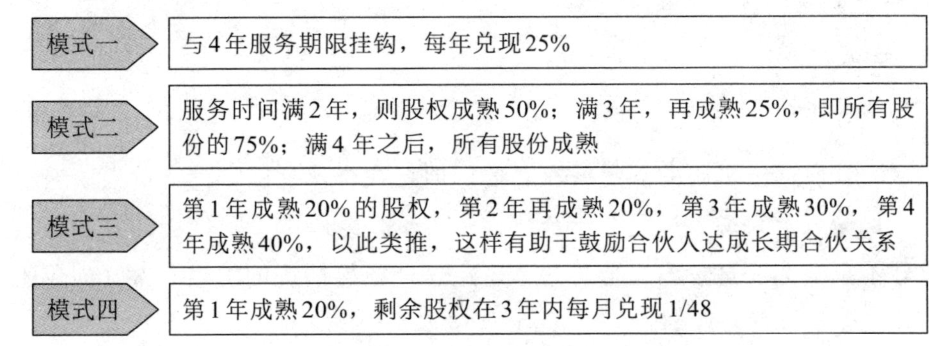

图6-23　股权分期成熟的模式

创业者在制定合伙退出机制时，可以根据实际情况对股权分期成熟的模式加以选择和修改。通过股权分期成熟的方式，一方面可以增强合伙人的黏性，让他们不要轻易退出合伙关系；另一方面可以降低因合伙人执意退出而给公司带来的不良影响。

3. 建立回购机制

合伙人退出时，他一般会同时带走公司的股份，导致公司的股份外流，这显然是不利于公司发展的。在这种情况下，未退出的合伙人可以通过回购的方式来确保公司股权不掌握在外人手中。那么，回购的价格如何确定呢？这就需要提前建立一个回购机制。

在确定回购价格时可以参考图6-24所示的3个因素。

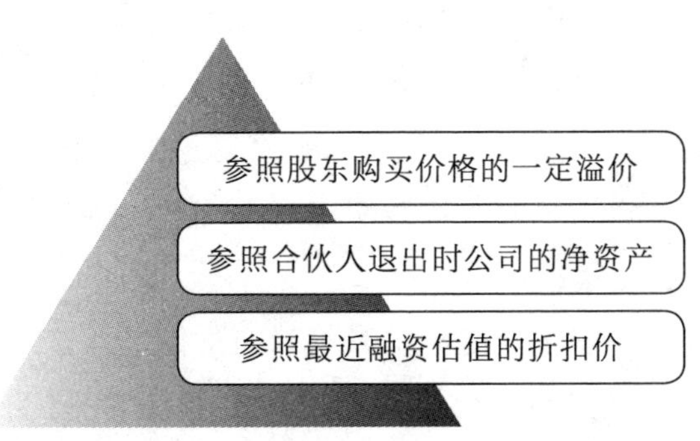

图6-24　确定回购价格的参考因素

提醒您

图6-24中第二个因素主要适用于重资产公司，第三个因素则主要适用于轻资产公司。

4.做好创业团队的预期管理

尽管合伙退出机制的制定很有必要，但是在合伙之前就与合伙人谈退出的问题，从情感上来说，还是会给合伙人带来不良影响的，可能会让其他合伙人感觉你不是真心实意参与合伙。为了避免这种尴尬情况的发生，做好创业团队的预期管理是十分必要的。

首先，在股权分配以及涉及公司发展的预期问题上，所有合伙人应该一起讨论，达成理念上的共识，然后在这个基础之上，再落实到书面的规则。这样就不会引起合伙人的反感，而且在实施规则的时候也更容易被认可。

有了这些前提条件后，即使有合伙人在公司发展形势大好的情况下提出退出，也不至于给公司带来致命的打击。可以说，这是成熟的创业者，尤其是在合伙创业的情况下，应该考虑到的问题。

二、公司亏损时的合伙退出机制

在公司发展形势不好的时候，有合伙人提出要退出，该怎么办？显然，这时正是公司发展面临困难的时候，非常需要合伙人的支持，创业合伙人若在这时退出，无疑会给公司的发展带来很严重的后果。所以，此时就需要一套完善可行的合伙退出机制来保证公司的发展。

在现实生活中，大多数合伙人都是朋友关系，因为大家都会觉得朋友是值得信赖的人。但同时，由于朋友关系的限制，让很多合伙人不好意思谈论合伙退出机制的问题，大家都感觉“谈钱伤感情”，而往往就是因为死要面子，最终将辛苦创立的公司逼上了绝路。

其实，合伙人在合作之初提出看似苛刻的条件，才是对朋友的尊重和负责。在公司成立之前，就要先将以后可能会遇到的不良情况、不利发展因素等统统提出来，大家根据这些内容制定相应的应对措施，这才是成熟的合作模式的体现，才是真正能保证公司长足发展的做法。

比如，合伙人在什么情况下可以退出？退出的时候应该怎样分配利润？这些都需要事先谈好，并列入合伙协议中，以免以后发生不必要的纠纷。

在公司运营过程中，没有人敢保证公司的运营情况会一直处于良好状态，所以，在制定合伙退出机制时，要考虑图6-25所示的主要内容。

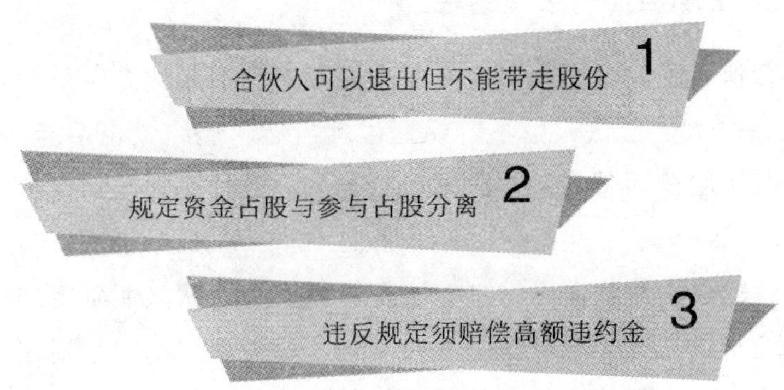

图6-25 制定合伙退出机制时要考虑的内容

1.合伙人可以退出但不能带走股份

凡是在公司运营的低谷期提出退出的合伙人，根本没有必要与他们再合伙。所以，对于这类合伙人的退出要求，最好是爽快地答应。但是，为了公司的发展，不能让他们带着公司的启动资金和股份退出，尤其是在公司经营处于亏损的状况下，因为此时正是公司发展的下行期，公司面临着较大的风险。

2.规定资金占股与参与占股分离

大多数合伙人创立公司都是这样一种模式，即创立初期按照出资额分配股份，这种分配方式在创业初期是比较适用的，但是随着公司的发展，这种股份分配方式的弊端也就逐渐暴露出来。因为在公司运营的过程中，不仅要依靠资金，而且人力在其中也起到很大的作用。所以，这种股份分配方式在后期会让合伙人产生不平衡感。

为了避免合伙人产生不平衡感，也为了避免给公司的发展带来不利影响，有必要规定资金占股与参与占股分离。

提醒您

在实际分配的过程中，还可以根据其他具体情况来制定分配标准。总之，将两者分离开来，既能保证公平性，又能调动合伙人的工作热情。

3.违反规定须赔偿高额违约金

为了让合伙人不轻易退出，有必要事先制定有关违约金赔偿的规定，而且违约金的数目越大，合伙人越不容易退出。当然，违约金也不能高得太离谱，略高于退伙将会给公司带来的损失是最合适的，这样也能起到保护其他合伙人权益的作用。

需要注意的是，合伙退出机制应该是针对所有合伙人而制定的，而不是只针对一部分合伙人，否则它就失去了公平性，即使事先制定了规则，其实际意义也不会太大。因为不公平的合伙退出机制会影响合伙人之间开诚布公地讨论问题，不利于团队信任感的建立，而这些都是公司发展的重要前提，所以创始人要慎重对待。

三、合伙人撤全资退出机制

撤全资退出也是一种常见的退出形式。资金是维持公司运营的一个重要前提条件，如果没有足够的资金，公司很有可能会面临运营困难以及破产倒闭的局面。在公司资金匮乏或者运营有问题的情况下提出撤全资退出的合伙人，他们都是不负责任的人。面对这类合伙人，公司可以同意他们退出，但是撤全资是不可能的。因为出资是自愿的，而且公司是大家一起出资创立的，不能因为一个人的撤资而影响到大家共同的事业。所以，在制定合伙退出机制的时候，一定要规定撤出资金的比例。

从原则上来说，撤出的资金不能超过总资金的50%。当然，如果对此事先没有规定，就不能很好地应对撤全资的问题。相反，如果有完善的合伙退出机制，显然就能较好地解决上述问题。所以，在制定合伙退出机制的时候，应该对撤全资退出的情况给予严厉的惩罚。

比如，一旦有合伙人提出要撤全资退出，需要支付公司当前利润3倍的金额作为违约金。

另外，对于要求撤全资退出的合伙人，不允许他们带走公司的股份。如果提出撤全资退出的要求，公司则会以低于市价的价格收购合伙人的股份。也就是说，只要合伙人提出撤全资退出，就意味着他会蒙受一大笔损失，因此，在这种情况下，也就能有效地避免合伙人轻易提出撤全资退出的要求，即使有人提出，也不会给公司的发展带来明显的不利影响。

轻易提出退出的合伙人，既是对其他合伙人不负责任，也是对公司不负责任，所以，合伙人在创立公司之初就制定一套完善的合伙退出机制是非常有必要的，尤其是对于这种撤全资退出的行为，更应该重点考虑并制定应对措施。

综上来看，既可以通过赔偿较高比例的违约金的方式，也可以通过低价回购股份的方式来应对合伙人撤全资退出的问题，因为这两种措施都与合伙人的切身利益直接相关，一旦有合伙人提出撤全资退出的要求，他将会遭受巨大的经济损失。所以，这两种方式能够有效地抑制合伙人提出撤全资退出的做法。

四、合伙人另起炉灶

纵观合伙人退出的理由有千百种，其中有一种理由是其他合伙人难以接受的，那就是合伙人因为另起炉灶而要求退出。如果创业者不幸遇到了这种情况，也不要沮丧，应该想方设法解决这一问题，维护自己的合法权益。

1. 劝导其回心转意

你可以采取劝导的方式使其回心转意。因为有可能合伙人只是一时的冲动，并没有到了团队非解散不可的境地，这时劝导还是能起到作用的，因为组建一个团队不是一件容易的事情，而且合伙人中途退出只会给公司运营带来麻烦。

2. 按合伙协议处理

如果合伙人已经另起炉灶，在劝导已经起不到任何作用的情况下，那么就应该按照事先签订的合伙协议或合同来处理这件事。因此，创业者在合伙前一定要事先拟订合伙协议，并且尽量将合伙过程中可能出现的各种情况都考虑进去，并制定相应的解决措施。

3.通过法律途径解决

如果事先没有制定相应的应对措施，事后各方之间也没能达成共识，那么可以选择通过法律途径解决此事。虽然这种方式比较麻烦，但是它能起到维护自己利益的作用。毕竟合伙人另起炉灶之后，就意味着他即将成为你的竞争对手，所以此时不可心慈手软，应该尽可能地维护自己的合法权益。

总之，合伙协议是保障所有合伙人合法权益的法律文书，因此涉及合伙的项目，一定要签订合伙协议。

五、合约未到期合伙人退出

如果约定时间未到，股东主动退出，根据目前公司的盈利情况处理方式分为以下两种。

（1）如果公司处于亏损状态，退出股东本金不退，股东净身出户（可使用0.1元转让），股份转让给其他股东。

（2）如果公司处于盈利状态，本年利润按照股份比例分配，本金不退。

同时，签一份股份转让协议，退出人的股份转让给接手人，以后的盈亏就和退出人再无关系。

六、合伙人能力无法胜任退出

很多合伙人合作前期都很努力，慢慢公司步入正轨开始盈利后，就工作上懈怠散漫了，股东往往没有上级领导约束，这时候就需要在合伙人机制中对这种问题进行约束。

（1）当股东能力无法胜任公司要求时，净身出户。

（2）给股东两年时间出去学习，提升能力。两年之后如果可以胜任，继续合作，如果还是无法胜任，同样净身出户。学习期间，股东需要找一个人来替代他的工作。

提醒您

大多数企业的原始股东都认为是创始人，事业起步以后就会居功自傲，能力不行还占着重要的岗位。这样约束的目的就是要让创始人保持创业时的奋斗意识，这样企业才能持续不断地发展下去。

七、合伙人无法行使股东责任退出

当合伙人因病或者意外无法履行股东职责，应每年按一定比例，逐年释放，直至完全释放，拥有股份的期间，不影响每年分红。

提醒您

当股东借采购或是销售过程，以权谋私拿回扣，一经发现，净身出户。股东在合作期间投资同行竞争对手，一经发现也一样净身出户。

相关链接

合伙人退出机制中的常见问题

1.合伙人退出时，该如何确定退出价格

股权回购实际上就是“买断”，对此，公司创始人可以考虑“一个原则，一个方法”。

“一个原则”，是建议公司创始人，对于退出的合伙人，一方面，可以全部或部分收回股权；另一方面，必须承认合伙人的历史贡献，按照一定溢价或折价回购股权。这个基本原则，不仅仅关系到合伙人的退出，更关系到企业重大长远的文化建设，很重要。

“一个方法”，即对于如何确定具体的退出价格，泽亚管理咨询公司建议公司创始人考虑两个因素，一个是退出价格基数，一个是溢价或折价倍数。

比如，可以考虑按照合伙人掏钱买股权的购买价格的一定溢价回购，或退出合伙人按照其持股比例可参与分配公司净资产或净利润的一定溢价，也可以按照公司最近一轮融资估值的一定折扣价回购。

至于选取哪个退出价格基数，不同商业模式的公司会存在差异。

很多互联网新经济企业都有类似情形，因此，一方面，如果按照合伙人退出时可参与分配公司净利润的一定溢价回购，合伙人很可能吭哧吭哧干了许多年，退出时却会被净身出户；但另一方面，如果按照公司最近一轮融资估值的价格回购，公司又会面临很大的现金流压力。

因此，对于具体回购价格的确定，需要分析公司具体的商业模式，既让退出合伙人可以分享企业成长收益，又不让公司有过大现金流压力，还预留一定调整空间和灵活性。

2. 合伙人股权分期成熟与离职回购股权的退出机制，是否可以写进公司章程

工商局通常都要求企业用他们指定的章程模板，股权的这些退出机制很难直接写进公司章程。但是，合伙人之间可以另外签订协议，约定股权的退出机制；公司章程与股东协议尽量不冲突；在股东协议约定，如果公司章程与股东协议相冲突，以股东协议为准。

3. 股权发放完后，发现合伙人拿到的股权与其贡献不匹配，该如何处理

公司股权一次性发给合伙人，但合伙人的贡献却是分期到位的，确实很容易造成股权配备与贡献不匹配。为了对冲这类风险，可以考虑以下方面。

（1）合伙人之间经过磨合期，是对双方负责，因此，可以“先恋爱，再结婚”。

（2）在创业初期，预留较大期权池，给后期股权调整预留空间。

（3）股权分期成熟与回购的机制，本身也可以对冲这种不确定性风险。

4. 合伙人“离婚后”股权的处理

如果合伙人“离婚”，“婚后财产”的处理，包括股权，很可能导致公司实际控制人发生变更。原则上，“婚姻期间财产是夫妻双方共同财产，但是夫妻双方可以另外约定财产的归属”。

第三部分

股权激励

第七章

股权激励概述

导语

20 世纪以来，绝大多数公司对核心管理人员、技术骨干等关系到企业发展大计的员工都实行了股权激励。越来越多的事例表明，股权激励已经成为现代企业提升绩效，实施人才战略不可或缺的管理工具。

第一节 股权激励的认知

股权激励机制，是要让被激励者从打工者变为企业主人翁，将自身利益和企业利益紧密结合，积极主动地参与企业决策、承担风险，并分享企业成长带来的丰厚利润，积极主动地关心企业的长期健康发展与价值增长，从而促进企业一步步走向辉煌的制度和契约的结合及其实施过程。

一、股权激励的概念

股权激励是公司股权或股权的收益权以某种方式授予企业的中高层管理人员和业务、技术骨干，使他们参与决策、分享收益、承担风险，形成权利和义务相互匹配的所有权、收益权、控制权和管理权关系，从而激励员工为公司长期发展服务的一种制度安排。

二、股权激励的意义

股权激励制度是企业管理制度、分配制度甚至是企业文化的一次重要制度创新。无论企业的形态以及资本结构如何，不论上市公司还是非上市公司，都需要建立和实施股权激励机制。

具体来说，股权激励具有图7-1所示的意义。

1.可以留住和吸引人才

企业的发展主要靠的是人才和资金，而好的人才留住了，管理不是问题了，市场不是问题了，资金同样也就不成问题了，企业的发展问题也就随之而解决了。企业发展的根本问题就是人才的问题，仅仅靠工资制度、奖金制度以及提成制度是不足以留住人才的，即便是一时间可以留住人才，也很难让这些人才积极、主动地发挥其潜在的价值，那么企业就需要结合其他的激励方式组合起来留住人才，而股权激励就是一个最为有效的激励措施。

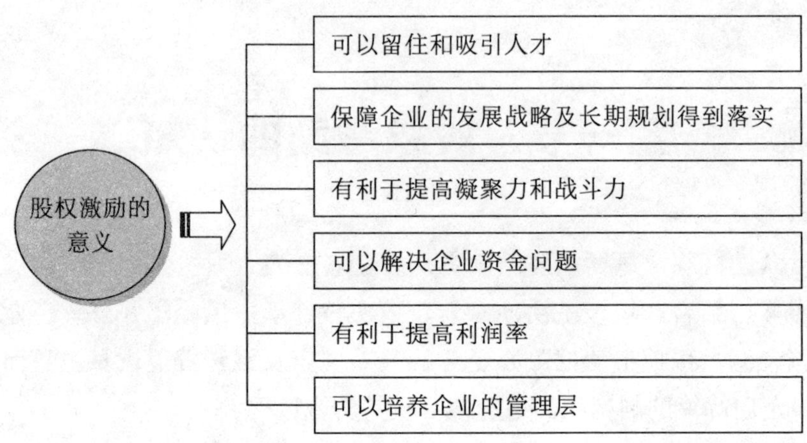

图7-1 股权激励的意义

同时，良好的股权激励机制还能够有利于引进外部优秀的人才，为企业发展不断输送营养、增加动力，使得企业能够在激烈的人才竞争中获得优势。

2.保障企业的发展战略及长期规划得到落实

毋庸置疑，企业的发展需要人才，企业战略以及具体政策的实施都需要人才去执行，这也就需要人员的稳定，尤其是核心人员的稳定。

每个人都有不同的思想，所以只有稳定的人员才能执行好既定的战略和政策。股权激励可以吸引和留住人才，通过股权激励有利于人才的稳定，人才长期、稳定地为企业服务，就有利于企业长期战略及规划保持不变，有利于各项措施的落实。

3.有利于提高凝聚力和战斗力

高端人才不仅仅是希望通过劳动换取报酬，更想着有一份自己的事业，而通过股权激励可以让激励对象成为股东，这也就让这些人才与创始人、大股东的利益保持一致，这样激励对象也就有了归属感和认同感，提升了他们的忠诚度，同时也会自发地拥有了自己创业的激情，这样可以激发激励对象更努力、长期地为企业奋斗，真正的从打工仔转变成撸起袖子加油干。

企业内部人才有了创业的激情和干劲，就容易形成长期稳定的团队，也有利于提高团队的凝聚力和战斗力。激励对象获得股权后，成为了自己的老板，以前是给别人干是个打工者，现在转变成了老板，这个身份的转变也就意味意识的转变，激励对象也就认为有了自己的事业，当然这个事业也是所有激励对象共同的事业，激励对象会自发地为共同的目标去奋斗并且会互相监督、互相促进，充分体现激励对象的参与感，激发了激励对象的积极性和创造性，从而提高了整体的凝聚力和战斗力，有利于减少内耗，集中精力图发展。

4.可以解决企业资金问题

股权激励也会一定程度上解决资金问题。如果企业需要融资，需要引入外部投资，其实“投资主要投的是人”，外部投资者投资一个企业主要看的是创始团队、管理层和核心员工，一个有着分享精神的创始人、一批稳定的管理人员和核心员工是最好的投资对象，很多私募基金或者其他的风险投资机构都会抢着投资这类企业的。

另外，股权激励虽然是一种激励方式，但是激励对象取得股权也是需要付出资金的，企业奖励员工不需要自掏腰包，不仅奖励管理人员和核心员工的现金流节省了，还会吸收到激励对象的投资资金。其他的激励方式需要花费企业的现金流，而股权激励方式不仅不需要花费企业的现金还会得到激励对象交付的费用，从而达到解决企业资金紧张的问题。

5.有利于提高利润率

做企业的主要目的之一就是为了获利，获取利润的办法就是尽可能地做到销售最大化、成本最小化，而通过股权激励就可以很好地做到这点。因为一开始的时候管理人员也好，核心员工也罢，仅仅是负责一个部门或者一项工作而已，优秀的员工也仅仅是将自己分内的事情做好，但是通过股权激励让打工者成为了老板的时候，情况就发生了变化，也就会自发地为企业着想，开源节流，开拓市场，降低成本，互相监督，防止内部浪费与腐败的出现，从而提高企业的利润。

6.可以培养企业的管理层

企业的发展需要人才，需要有管理能力的人才，通过股权激励就会让内部人员主动发挥思维，考虑如何更好地管理企业，这样会让我们的激励对象主动提高能力，也会被其他激励对象监督着去工作，这样就有利于培训有能力、有道德水准的管理层，这样会让这些管理层主动定高自己的要求标准，让他们从企业让我干啥的思维转变成我要干、我要主动干、我要主动去做事情，主动去协调内部的矛盾，这样就能培养起一批有能力的管理人员。

三、股权激励的特点

股权激励具有图7-2所示的特点。

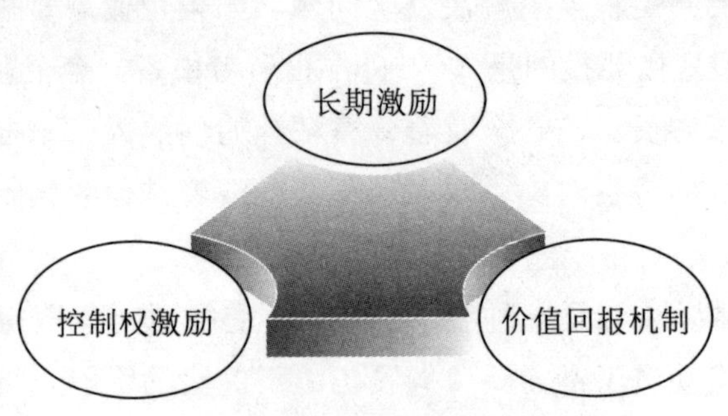

图7-2 股权激励的特点

1. 长期激励

不同于工资或奖金激励，股权激励需要将员工利益、公司利益和公司发展战略紧密联系在一起。股东为了使公司持续发展，一般都采用长期激励形式，构筑利益共同体，减少代理成本，充分有效地发挥激励对象的积极性和创造性。

2. 价值回报机制

股权激励是一种价值回报机制，将人才价值回报与公司持续增值紧密联系了起来，通过公司增值来回报这些为公司发展作出贡献的人才。所以，除了工资、奖金外，他们还能获取因公司市值增长所带来的股票升值收益。

3. 控制权激励

股权激励往往涉及股东权利的让渡，也就是使员工获得公司的部分控制权，以股东身份参与企业经营管理决策，分享利润、共担风险，这将促使他们更加关注公司的长远发展，并真正对公司负责。

四、股权激励的关键点

要做好股权激励，需把握住图7-3所示的关键点。

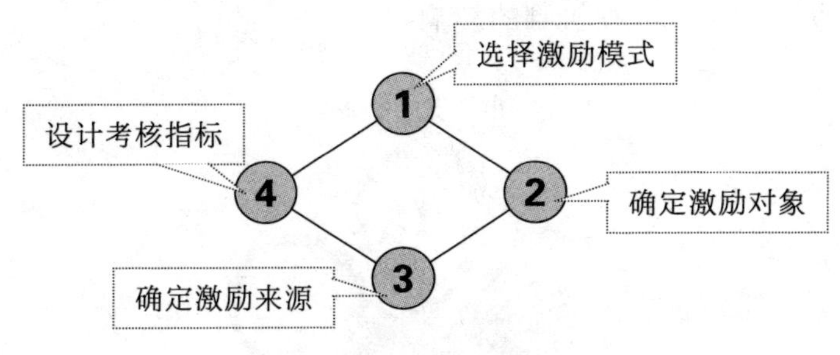

图7-3 股权激励的关键点

1.选择激励模式

激励模式决定了激励的效果，这是股权激励的核心问题。股权激励模式各有优劣，不同的公司、不同的业务模式、不同的发展阶段，需要选择适合自己的股权激励模式。

2.确定激励对象

股权激励的目的是授予核心人员公司股权，以保证他们的利益和公司的长期发展利益一致，因此，在确定激励对象时必须选择对实现企业战略最具有价值的人员。

3.确定激励来源

由于股权激励对象是自然人，因而资金的来源也是一个关键点。企业需要综合考虑购股人的资金承受能力和股权激励标的来源，以防因购股人资金匮乏而使激励失去意义，或给企业增加现金支出压力。

4.设计考核指标

股权激励的行权条件多与业绩挂钩，包括企业的整体业绩和个人的考核业绩，只有合理设计考核指标，才能给激励对象施加前进的动力且不引发其逆反心理，使激励效果更加明显。

五、影响股权激励的因素

股权激励手段能否真正发挥有效作用，除了受激励对象内在利益驱动外，还受如图7-4所示的各种外在机制的影响。

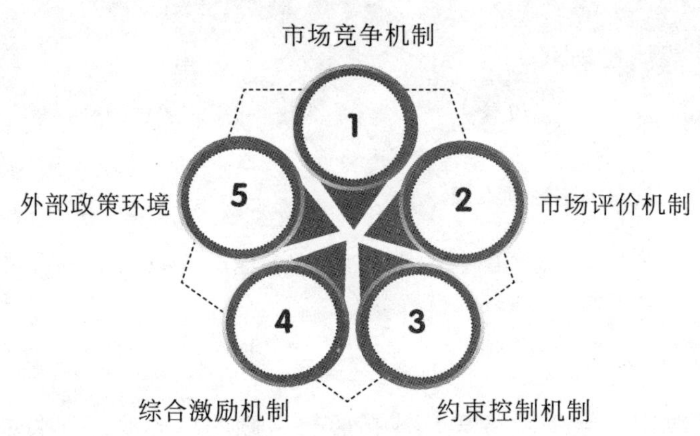

图7-4 影响股权激励的因素

1.市场竞争机制

以行政任命或其他非市场选择的方法确定的经理人，很难与股东的长期利益保持一致，也很难使激励约束机制发挥作用。只有充分利用市场竞争机制，选择优秀的，淘汰不合格的，才能保证经理人的素质。同时，通过市场规律选择经理人，可以使其在经营过程中因考虑自身价值定位而避免产生投机、偷懒等行为，从而使股权激励对经理人行为产生长期的约束引导作用，最终达到经济有效的激励效果。

2.市场评价机制

在市场过度操纵、过多干预的情况下，人才评价标准单一，导向急功近利，人才很难得到客观有效的评价，也会影响股权激励的效果。因此，确保市场主体在人才评价中的基础作用和主导作用，减少外部对市场主体的干预，规范市场专业评价机构的人才评价行为，建立科学化、社会化、市场化的人才评价制度，对股权激励作用的发挥尤为重要。

3. 约束控制机制

企业可以通过法律法规、公司规章制度、内部控制管理系统等，构建良好的控制约束机制，防止经理人做出有损公司利益的行为，以保证公司的健康发展。

约束机制和激励机制应当相辅相成，一方面激励经理人更加勤勉负责，另一方面也要对其某些行为加以约束，以防止道德风险的发生。

4. 综合激励机制

除了股份、股票收益外，股权激励计划效应的发挥还受薪酬、奖金、晋升、培训、福利、工作环境等因素的影响，不同的激励方式产生的激励效果是不同的，因此不同的企业、不同的激励对象、不同的工作环境和不同的业务对应的最佳激励方法也是不同的。企业应根据实际情况，深刻考虑双方利益、成本等因素，综合设计激励组合，对激励对象的行为进行引导，使激励效应最大化。

5. 外部政策环境

外部政策环境也会影响股权激励作用的发挥。比如，我国法律规定：上市公司只能采用股票期权、限制性股票和股票增值权三种模式，上市公司全部有效的股权激励计划所涉及的标的股票总数累计不得超过公司股本总额的10%；非经股东大会特别决议批准，任何一名激励对象通过全部有效的股权激励计划获授的本公司股票累计不得超过公司股本总额的1%。这些规定都会对股权激励的效果有所影响。

第二节　股权激励的原则

在股权激励设计、实施的过程中应该遵循以下五大基本原则，这五大基本原则是在长期实践过程中总结经验得出的，如若没有特别的原因，一般情况下不可以突破。在具体操作过程中，应当依据企业实施股权激励目的，结合这些原则来具体设计。

一、依法合规原则

2016 年8 月，证监会颁布了《上市公司股权激励管理办法》。根据这个管理办法，对于上市公司股权激励的模式、授予权益的价格、授予的程序以及其他方面都作了明确具体的规定。依法合规原则不可突破，否则你的方案将通不过证监会的备案或审批，另外还得接受证监会的处罚。对于国有控股上市公司而言，除了需要遵守《上市公司股权激励管理办法》外，还需要遵守国资委有关文件的规定。

现今有很多企业在全国中小企业股份转让系统挂牌出让股份，也就是俗称的新三板挂牌。挂牌企业虽然不是严格意义的上市公司，但是它实施股权激励也会受到股转公司交易规则和相关文件的约束。

比如，若采用定向发行股票作为股票来源的话，每次定向发行的人数不能超过35 人（除了公司原股东）。也就是说采用定增方式的激励对象的人数不可以超过35 人。另一个是持股平台（包括有限公司和有限合伙企业），持股平台是不可以参加新三板挂牌企业定向发行的。

对于非上市公司，包括股份有限公司和有限责任公司，股权激励没有什么特别的限制性规定。但是，方案本身的合法性需要注意，应该符合《公司法》《中华人民共和国民法典》《中华人民共和国劳动法》的有关规定。

依法合规是股权激励方案、股权激励实施所应遵守的最基本原则。任何激励方案如果违反了法律的规定、违背了规范的要求，很可能在法律上是无效的，不但不能达到股权激励的目的，也会给公司和激励对象带来不小的损失，也为双方之间的纠纷留下隐患。

提醒您

任何企业实施股权激励计划时，都应该严格遵守国家关于股权激励、股份支付的财税方面的法律、法规。

二、自愿参与原则

自愿参与原则，即企业不能强迫员工参加股权激励。当然，想强迫未必能强迫得了，现在员工的权利意识很强。这里主要指的是：不能变相强迫。

比如，对不参加股权激励的人升职、涨工资的时候区别对待，或者在工作中给人“穿小鞋”。

如果变相强迫员工参加，要么是方案没有设计好，对员工没有吸引力，达不到激励效果，要么就是员工对企业有其他想法。

股权激励其实还有一个作用，就是甄别人才。一个很好的股权激励方案，大家都积极踊跃参加，但是总会有个别激励对象不想参加，那么就应该好好考虑他不想参加的具体原因了。因为绝大部分股权激励方案是需要员工出资购买股份的，虽然价格非常优惠，但也是要员工出资的，并且激励股份是有一定的锁定期。实际操作中，就算是一个非常好的股权激励方案，也有一些员工是不愿参加的，有的是因为个人原因无法筹集资金进行出资，也有一些其他的个人或企业的因素，比如说有些准备跟配偶去外地工作，或者觉得在城市生活压力大，希望回老家发展等，有些对企业的发展本身就没看好，觉得企业的未来并不会像老板描绘得那么美好，也有些人是想过一阵子自己创业的。

对于这些不参加激励计划的人，企业家们也不能对他们另眼相看。但是，企业家要知道，哪些人可以成为你的合伙人、事业发展的伙伴，哪些就是作为经理人，就是为你工作，你给他开工资，如果他有他的职业操守，能够完成公司安排的工作也是可以的。企业总是会存在几种人，一种是希望与企业家共同创业、一起成长的具有合伙人心态的员工，也有为了生活，为了自己的职业声誉，兢兢业业工作的人，也有工作消极、负能量极高的对公司漠不关心的人。企业家需要做的就是，把这些具有合伙人心态的员工挑选出来，用股权来激励他们；对于那些职业经理人心态的员工，用合理的报酬和管理方法，发挥其作用；而对于工作消极，又给周围员工带来负能量的人，一定要坚决清除出公司的队伍。

三、风险共担原则

股权激励的目的之一是利益共享，但是在设计股权激励方案的时候，也要尽量能够做到风险共担。

比如说出资，出资是考验激励对象是否愿意与公司共进退的一种最有效的手段。不出钱的激励，谁都不会拒绝，但是是否真的能让员工珍惜这些股份，认识到这些股份的价值，还是要靠出钱。出了钱，就会有一定的风险。

但是在实践操作过程中，尽量降低激励对象的风险，提高员工参加激励计划的积极性，也是非常重要的。

四、激励与约束相结合原则

企业在设计股权激励方案时，大多数的时候都在思考是否能够激励到员工，能否充分调动员工的积极性，从而实现股权激励的目的，但是在考虑到股权激励方案的激励效果的同时，也应当注重约束机制的约定，只有约束机制明确，才能够让员工在获得未来的收益的同时也考虑到自己的义务和责任，甚至可能产生的利益上的损失。

最常见的约束机制包括对公司整体业绩条件的要求、对激励对象的个人绩效考核的机制要求，还有对激励对象在公司服务期的要求、对激励对象勤勉尽责的要求、对激励对象不得从事损害或变相损害公司利益的约束等。如果激励对象违反了这些约束机制的要求，那么授予他的股份可能会被剥夺，也有可能让激励对象退还其股份的收益、赔偿公司的经济损失等。

激励机制和约束机制共同作用，既让员工获得股份的收益和未来的长远价值，也要让员工对自己在公司的行为产生约束，只有这样才能起到最好的激励效果。没有约束的激励机制就是一纸空文，很有可能产生员工躺在股份上吃闲饭现象，也有可能员工拿着公司的股份，却去做对公司不利的事情，这是千万要不得的。

五、不能妨碍公司的融资和进入资本市场原则

不能说每个企业都有进入资本市场的可能和未来上市的梦想，但是绝大多数企业还是希望自己的公司在可能的情况下拥抱资本市场。那么，设计的股权激励方案一定不能够成为公司获取外部融资和进入资本市场的障碍。

如果企业有不合理的股权架构，投资人是不会进入的。股权激励必然会涉及公司股权架构的一些调整。同样，在实施股权激励方案时，可能会对激励对象有一些特别的承诺或者特殊的利益安排，但是这些承诺或利益安排却没有规

定什么时候结束，也没有规定什么情况下公司可以修改或者收回。那么在外部投资人进入的时候，看到有这些规定，要么觉得这些承诺或利益安排不合理，要么觉得自己进入以后并不能获得预期的收益，也会谨慎选择是否投资。

此外，在公司上市之前，如果还存在未解锁或者未行权的激励股份，根据上市规则，这类企业是不可以上市的。如果在方案中未规定特殊情况下的激励计划的终止或者变更，那么必然会引起纠纷，也会对公司上市的进程产生重要的影响。

总而言之，只有遵循相应的原则设计出来的股权激励方案才是科学的，才会是有效果的。

第三节 股权激励的模式

股权激励的模式繁多，每种模式有着各自不同的特点和适用范围，并没有绝对的优劣，因此，企业应根据自身的内外部环境条件、所要激励的对象，结合不同模式的机理来选择最优的方式，适合的才是最好的。

一、股票期权激励模式

股票期权是指上市公司授予激励对象在未来一定期限内以预先确定的价格和条件购买本公司一定数量股票的权利。激励对象有权行使这种权利，也可以放弃这种权利，但不得用于转让、质押或者偿还债务。在股票价格上升的情况下，激励对象可以通过行权获得潜在收益，当然如果在行权期，股票市场价格低于行权价，则激励对象有权放弃该权利，不予行权。股票期权的最终价值体现在行权时的差价上。

1.股票期权激励模式的特点

从世界范围来看，股票期权模式是一种最为经典、使用最广泛的经理人股权激励模式。股票期权是金融衍生产品期权在经理人激励制度中的应用，产生于美国，最初只是一种对付高税率的变通手段，但实践证明激励效果明显大于避税效果。

股票期权在我国用得并不是很多，主要有两个原因：第一，股票期权在上市公司中使用是最方便的，但对于大多数非上市公司来说，股票期权并不是最理想的模式，而我国的非上市公司较多；第二，即使对于上市公司来说，因我国资本市场有效性较差，股价波动太随意，使用股票期权也有较大风险。

2.股票期权激励模式的操作流程

股票期权是一种看涨期权（如图7-5所示），经营者获得行权权的日期为行权权的授予日，行权权授予日和股票期权到期日之间为行权期；在行权权被授予后，经营者可行使期权购买股票。一般情况下，股票期权是无偿授予的。也有些公司在授予股票期权时，为了增加对经理人的约束力，要求经理人支付一定的费用，就是期权费。

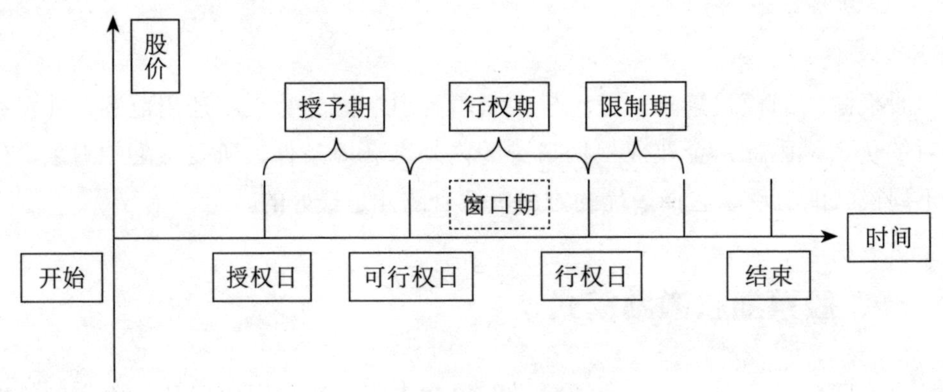

图7-5　股票期权操作流程

设计和实施股票期权模式，要求公司必须是公众上市公司，有合理合法的、可资实施股票期权的股票来源，并要求具有一个股价能基本反映股票内在价值、运作比较规范、秩序良好的资本市场载体。

3.股票期权激励模式的优点

股票期权激励模式的优点如图7-6所示。

4.股票期权激励模式的缺点

股票期权激励模式的缺点如图7-7所示。

股票期权只是一种权利而非义务，持有者在股票价格低于行权价的时候可以放弃权利，因此对持有者没有风险

股票期权需要在达到一定时间或条件的时候实现，激励对象为促使条件达成，或为使股票升值而获得价差收入，必然会尽力提高公司业绩，具有长期激励效果

股票期权持有人得到的是企业新增价值，不侵蚀公司原有资本存量，且持有人在行权时，可以增加公司的现金流量

股票期权根据二级市场股价波动实现收益，激励力度较大，且股票期权受证券市场监督，具有相对公平性

图7-6 股票期权激励模式的优点

缺点一	行权有时间、数量限制
缺点二	激励对象行权需支出现金
缺点三	存在激励对象为自身利益，采用不法手段抬高股价的风险
缺点四	高度依赖于股票市场的有效性，我国股票市场有效性易受市场投机因素、政府宏观政策等突发事件的影响，经营者可能因不可控因素受到奖励或惩罚，这显然与激励的初衷相悖

图7-7 股票期权激励模式的缺点

5.股票期权激励模式的适用性

股票期权模式的特点是高风险、高回报，比较适合那些处于成长期或扩张期，初始财务资本投入较少、资本增值较快、人力资本依附性较强的企业，如高科技、网络、医药、投融资等风险较高或是竞争性较强的行业。

首先，由于企业处于成长期，市场有较大的潜力，此时如果公司能有效地激励员工，将会使企业在市场上有更好的投资价值。

其次，一般初创或扩张企业无法拿出大量现金进行激励，通过股票期权，激励对象的收益与二级市场的股价波动紧密联系，既降低了企业当期激励成本，又达到了激励的目的。

二、虚拟股票激励模式

虚拟股票模式是指公司授予激励对象一种“虚拟”的股票，如果实现公司的业绩目标，则被授予者可以据此享受一定数量的分红，但没有所有权和表决权，不能转让和出售，在离开公司时自动失效。在虚拟股票持有人实现既定目标条件下，公司支付给持有人收益时，既可以支付现金、等值的股票，也可以支付等值的股票和现金相结合。虚拟股票是通过其持有者分享企业剩余索取权，将他们长期收益与企业效益挂钩。

1. 虚拟股票激励模式的特点

虚拟股票激励模式主要有图7-8所示三大特点。

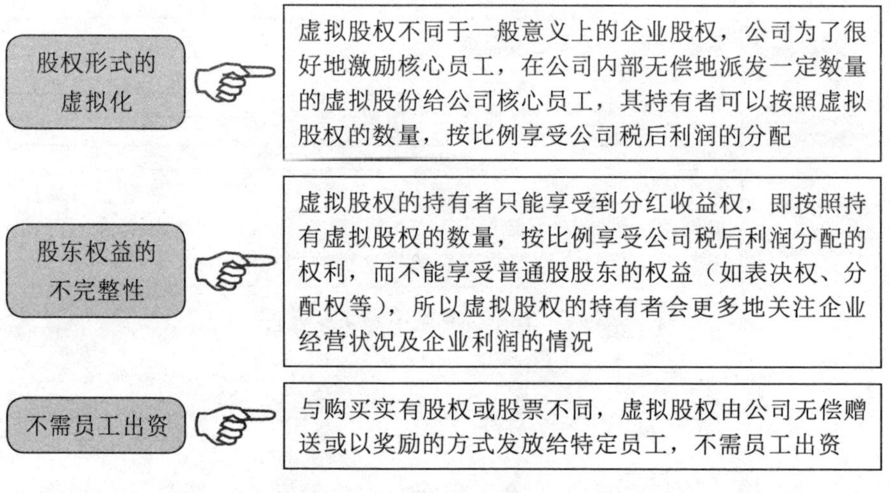

图7-8 虚拟股票激励模式的特点

2. 虚拟股票激励模式的优点

虚拟股票激励模式的优点如图7-9所示。

3. 虚拟股票激励模式的缺点

虚拟股票激励模式的缺点如图7-10所示。

它实质上是一种享有企业分红权的凭证，除此之外，不再享有其他权利，因此，虚拟股票的发放不影响公司的总资本和股本结构

虚拟股票具有内在的激励作用，虚拟股票的持有人通过自身的努力去经营管理好企业，使企业不断地盈利，进而取得更多的分红收益，公司的业绩越好，其收益越多

虚拟股票激励模式具有一定的约束作用，因为获得分红收益的前提是实现公司的业绩目标，并且收益是在未来实现的

图7-9　虚拟股票激励模式的优点

激励对象可能因考虑分红，减少甚至于不实行企业资本公积金的积累，而过分地关注企业的短期利益

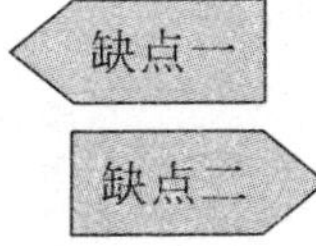

在这种模式下的企业分红意愿强烈，导致公司的现金支付压力比较大

图7-10　虚拟股票激励模式的缺点

4. 虚拟股票激励模式的适用性

虚拟股票激励模式比较适合现金流量比较充裕的非上市公司和上市公司。但无论是上市公司还是非上市公司，单独使用虚拟股票作为激励手段的企业都比较少，企业一般会将虚拟股票与其他激励模式相结合，虚拟股票也可在一定时间和条件下转换为股票期权或期股等实际股票和股权。

有时，企业在对经营层授予了真正的股权激励后，需要对核心骨干员工进行股权激励，但又不想所有权过于分散，即可使用虚拟股票，既达到同时激励经营层和核心骨干的目的，又不至于造成激励的不平衡。

提醒您

虚拟股票由于其操作简单的特性，在非上市公司中也有很大的应用空间，与上市公司一样，当达到规定的条件后就可以分享虚拟股票的分红，且同样可以转换为股票期权、期股、业绩股票等实际股份。

虚拟股票与股票期权的区别

虚拟股票与股票期权的区别在于以下方面。

（1）相对于股票期权，虚拟股票并不是实质上认购了公司的股票，它实际上是获取企业的未来分红的凭证或权利。

（2）在虚拟股票的激励模式中，其持有人的收益是现金或等值的股票；而在企业实施股票期权条件下，企业不用支付现金，但个人在行权时则要通过支付现金获得股票。

（3）报酬风险不同。只要企业在正常盈利条件下，虚拟股票的持有人就可以获得一定的收益；而股票期权只有在行权之时股票价格高于行权价，持有人才能获得股票市价和行权价的价差带来的收益。

三、股票增值权激励模式

股票增值权模式是指上市公司授予激励对象的一种权利，如果公司股价上升，激励对象可通过行权获得相应数量的股价升值收益，激励对象不用为行权付出现金，行权后获得现金或等值的公司股票。

公司授予激励对象的并不是股票，而是一种权利：只有达成目标才能行权，约定数量的股票增值部分作为奖金直接发放给激励对象；若达不成目标或不行权，就当这事没发生过。其特点如图7-11所示。

从图7-11中可以看到，授予股票增值权的时候会有一个“授予价格”，到“生效日”的时候再判定激励对象是否满足行权条件，若满足则激励对象就可以行权，行权前他会看公司目前股价表现如何，如果目前股价高于授予价格，那么他选择行权可以获得的“收益 =（行权价格–授予价格）× 股票增值权份数”（注意，此处股票增值权不说“股数”，而是“份数”，一般情况下一份股票增值权对应一股股票的增值收益）。当然，他也可以选择暂不行权，只要在有效期内择机行权即可。

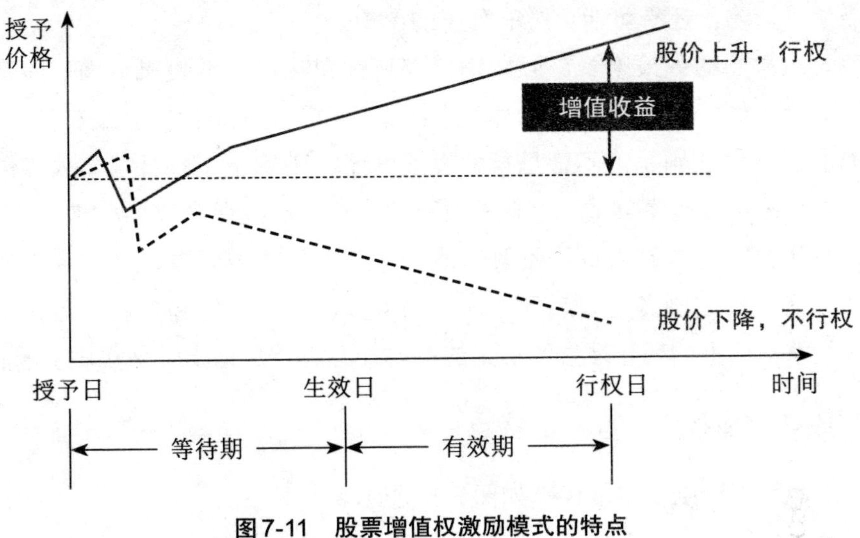

图7-11 股票增值权激励模式的特点

若激励对象不满足行权条件，或者他不选择行权（一般是由于当时股价低于授予价格），由于公司并未给到激励对象真实的股票，因此对于双方来讲，并没有什么损失。

1.股票增值权激励模式的特点

股票增值权激励模式的特点如图7-12所示。

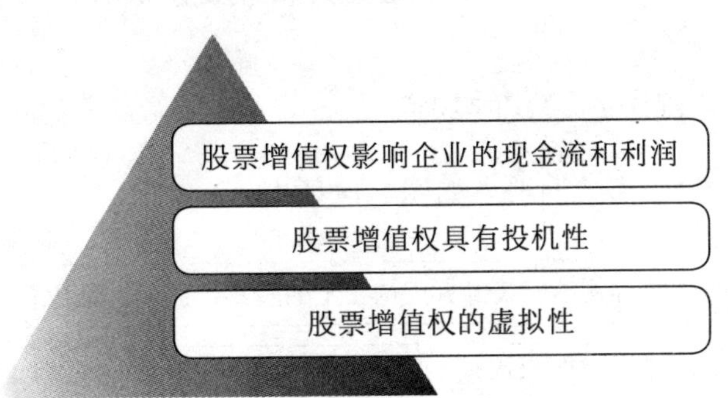

图7-12 股票增值权激励模式的特点

（1）激励对象在行权时，企业需支付一笔奖金给员工，在会计处理上为提取管理费用，对企业的现金流有一定的影响，进而减少了企业当期的净利润数额。假设激励5人，平均每人10万份，行权时股票增值10元/股，则影响的利润数额为：5人×10万份×10元=500万元。这个费用金额对公司的利润可能有比较明显的影响，还有可能会影响公司的市值。

（2）从激励的效果来看，股票增值权还是存在一定的投机行为。股票增值权只是符合条件了就给相应股票增值的收益，对员工来讲，完全没有任何损失，公司的业绩条件达到了，不管是行业发展好了，不管是不是员工本人抑或是他人的努力，都可以坐享其成，因此想要真正靠这个起到激励效果，有点难。

（3）从激励的本质来看，股票增值权本质上是虚拟股票，并非真正意义上的股票，而股权激励真正要起到非常好的效果，终点一定是实股，因为只有通过产权关系实质上的转让才能给员工的行为、心态、意识上带来实质上的转变。

2. 股票增值权激励模式的优点

股票增值权激励模式的优点如图7-13所示。

图7-13 股票增值权激励模式的优点

3. 股票增值权激励模式的缺点

股票增值权激励模式的缺点如图7-14所示。

缺点一	激励对象不能获得真正意义上的股票，激励的效果相对较差
缺点二	由于我国资本市场的弱有效性，股价与公司业绩关联度不大，以股价的上升来决定激励对象的股价升值收益，可能无法真正做到“奖励公正”，起不到股权激励应有的长期激励作用，相反，还可能引致公司高管层与外部人员合谋操纵公司股价等问题
缺点三	股票增值权的收益来源是公司提取的奖励基金，公司的现金支付压力较大

图7-14 股票增值权激励模式的缺点

4.股票增值权激励模式的适用性

股票增值权激励模式适用于非上市公司，或股权激励计划可得股票数量有限，实施实际股权激励会造成较大稀释的企业。由于其会给公司带来现金支付压力，因此需公司有充足的现金流或发展稳定。

相关链接

股票增值权和股票期权的区别

不管是从形式还是操作方式来讲，股票增值权和股票期权都存在非常多的相似之处，但二者还是有本质上的区别的。

相同之一：获得条件。

股票增值权和股票期权都是赋予激励对象一种未来的风险收益获取的权利，激励对象根据实际情况选择是否行权。因此在行权前，激励对象都没有任何损失，行权之后，股票增值权激励对象拿到的是对应增值收益的奖金，股票期权激励对象是按约定的价格购买约定数量的公司股票。

相同之二：获利原理。

二者的获利原理都是通过二级市场股价和企业授予激励对象期权时约定的行权价格之间的差价。

相同之三：长期激励性。

在可以实现的激励目标上，二者有很大的共同点，都具有很好的长期性和激励性，但约束性会偏弱一些。因为满足条件后行权与否的权利全在激励对象本人手上，只要不行权就不会有一丁点损失。

不同之一：激励标的物的选择。

股票期权的激励标的物是企业的股票，激励对象在行权后可以获得完整的股东权益。而股票增值权是一种虚拟股权激励工具，激励标的物仅仅是二级市场股价和激励对象行权价格之间的差价的升值收益，并不能获取企业的股票。

不同之二：激励对象收益来源。

股票期权采用“企业请客，市场买单”的方式，激励对象获得的收益由市场进行支付。而股票增值权采用“企业请客，企业买单”的方式，激励对象的收益由企业用现金进行支付，其实质是企业奖金的延期支付。

四、业绩股票激励模式

业绩股票是股权激励的一种典型模式，指在年初确定一个较为合理的业绩目标，如果激励对象到年末时达到预定的目标，则公司授予其一定数量的股票或提取一定的奖励基金给其购买公司股票。

业绩股票的流通变现通常有时间和数量限制。激励对象在以后的若干年内经业绩考核通过后可以获准兑现规定比例的业绩股票，如果未能通过业绩考核或出现有损公司利益的行为、非正常离任等情况，则其未兑现部分的业绩股票将被取消。

1. 业绩股票激励模式的特点

（1）在年初公司给经理人确定一个较为合理的业绩目标和与之对应的股票授予数量或激励基金提取额度，如果经理人在未来的若干年内通过业绩考核，则公司就奖励其一定数量的股票或提取一定的奖励基金为其购买约定数量的股票。

（2）业绩股票的期限一般为3～5年。

（3）业绩股票通常设置禁售期。一般激励对象是董事会成员或高管人员，所获得的业绩股票只有在离职6～12个月之后才可以出售；对于激励对象是核心骨干员工的，其所获得的业绩股票一般会设置3年的禁售期。

（4）业绩股票有严格的限制条件，如果激励对象的业绩未能达标，或者出现业绩股票合同中约定的有损公司的行为或自行辞职等情况，则公司有权取消其未兑现的业绩股票。

（5）设置风险抵押金。有些公司会设置风险抵押金，达不到业绩考核标准的激励对象不仅得不到业绩股票，而且还会被相应处罚。

2. 业绩股票激励模式的好处

我国上市公司从20世纪90年代初开始对股权激励制度进行积极的探索和实

践，其中业绩股票是应用最为广泛的一种模式。业绩股票在我国公司中最先得到推广，其主要原因如下。

（1）对于激励对象而言，在业绩股票激励模式下，其工作绩效与所获激励之间的联系是直接而紧密的，且业绩股票的获得仅取决于其工作绩效，几乎不涉及股市风险等激励对象不可控制的因素。另外，在这种模式下，激励对象最终所获得的收益与股价有一定的关系，因此可以充分利用资本市场的放大作用，加大激励力度。

（2）对于股东而言，业绩股票激励模式对激励对象有严格的业绩目标约束，权、责、利的对称性较好，能形成股东与激励对象双赢的格局，故激励方案较易为股东大会所接受和通过。

（3）对于公司而言，业绩股票激励模式所受的政策限制较少，一般只要公司股东大会通过即可实施，方案的可操作性强，实施成本较低。

3. 业绩股票激励模式的优点

业绩股票激励模式的优点如图7-15所示。

优点一　**能够激励公司高管人员努力完成业绩目标**

为了获得股票形式的激励收益，激励对象会努力地去完成公司预定的业绩目标；激励对象获得激励股票后便成为公司的股东，与原股东有了共同利益，更会倍加努力地去提升公司的业绩，进而获得因公司股价上涨带来的更多收益

优点二　**具有较强的约束作用**

激励对象获得奖励的前提是实现一定的业绩目标，并且收入是在将来逐步兑现；如果激励对象未通过年度考核，或出现有损公司行为、非正常调离等，激励对象将受风险抵押金的惩罚或被取消激励股票，退出成本较大

优点三　**激励效果明显**

因为激励与约束机制相配套，激励效果明显，且每年实行一次，能够发挥滚动激励、滚动约束的良好作用

图7-15　业绩股票激励模式的优点

4. 业绩股票激励模式的缺点

业绩股票激励模式的缺点如图7-16所示。

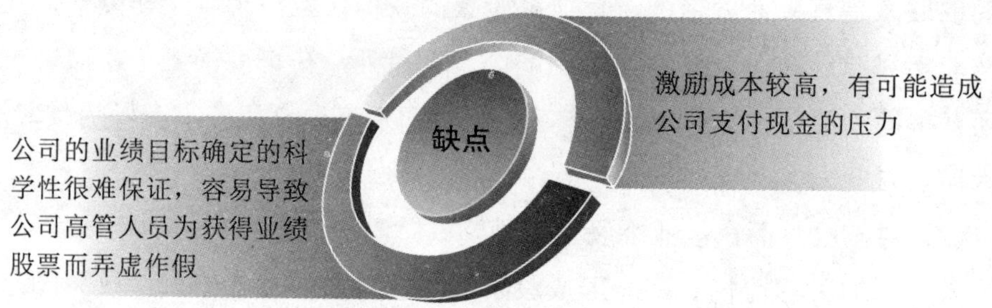

图7-16 业绩股票激励模式的缺点

5. 业绩股票激励模式的适用性

业绩股票只对公司的业绩目标进行考核，不要求股价的上涨，并且业绩股票对现金的成本压力较大，因此比较适合业绩稳定、需进一步提升业绩、现金流量充足的公司。

在业绩股票激励方案的设计中，应注意激励范围和激励力度的确定是否合适。激励范围和激励力度太大，则激励成本上升，对公司和股东而言，收益不明显，现金流的压力也会增大；而激励范围和激励力度太小，激励成本和现金流压力减小了，但激励效果也很可能减弱了。因此公司应综合考虑各种因素，找到激励成本、现金流压力和激励效果之间的平衡点。一般而言，激励范围以高管和骨干员工较为适宜，激励力度对于传统行业的企业而言可以低一点，对于高科技企业而言则相对要高一些。

五、管理层收购激励模式

管理层收购是公司管理层利用高负债融资买断本公司的股权，使公司为私人所有，进而达到控制、重组公司的目的，并获得超常收益的并购交易。

1. 管理层收购激励模式的特点

管理层收购主体一般是本公司的高层管理人员，收购对象既可以是企业整体，也可以是企业的子公司、分公司甚至一个部门。收购资金来源分为两个部分，如图7-17所示。

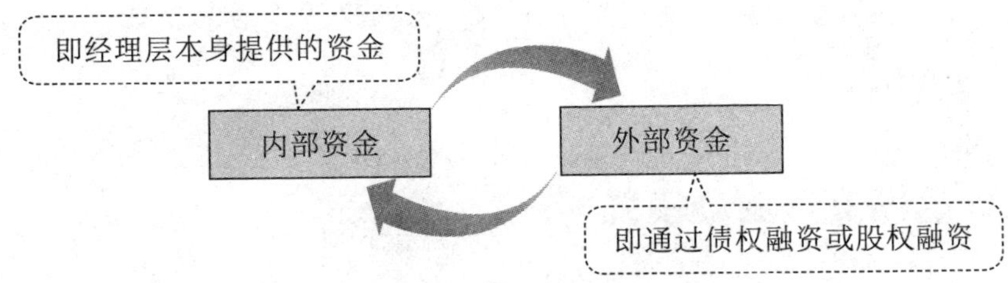

图7-17 收购资金的来源

收购主体在收购完成后成为公司的股东，从而直接或间接地成为公司的控股股东，达到经营权和控制权的高度统一。

2.管理层收购激励模式的优点

管理层收购激励模式的优点如图7-18所示。

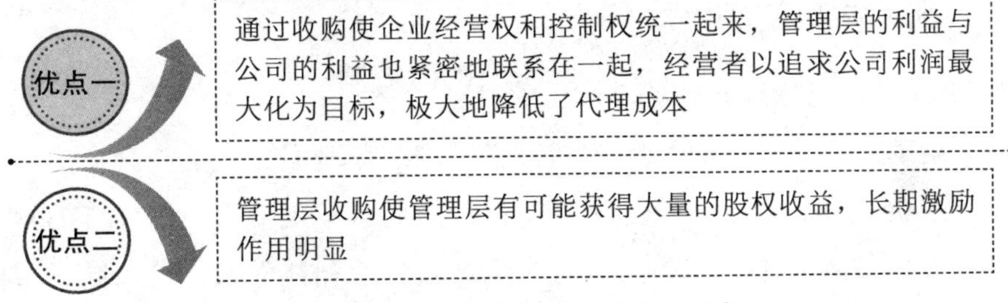

图7-18 管理层收购激励模式的优点

3.管理层收购激励模式的缺点

管理层收购激励模式的缺点如图7-19所示。

图7-19 管理层收购激励模式的缺点

4. 管理层收购激励模式的适用性

管理层收购激励模式主要适用于国有资本退出的企业、集体性质企业、反收购时期企业。

六、延期支付激励模式

延期支付计划（Deferred Compensation Plan）也称延期支付，是指公司将管理层的部分薪酬，特别是年度奖金、股权激励收入等按当日公司股票市场价格折算成股票数量，存入公司为管理层人员单独设立的延期支付账户，在既定的期限后或在该高级管理人员退休以后，再以公司的股票形式或根据期满时的股票市场价格以现金方式支付给激励对象。这实际上也是管理层直接持股的一种方式，只不过资金来源是管理人员的奖金而已。

1. 延期支付方式的特点

延期支付方式具有以下两个特点。

（1）延期支付收益与公司的业绩紧密相连。管理层必须关注公司的股市价值，只有股价上升，激励对象才能保证自己的利益不受损害；而签订的契约可以规定，如果激励对象工作不力或者失职导致企业利益受损，可以减少或取消延期支付收益进行惩罚。

（2）延期支付方式可以激励管理层考虑公司长远利益的决策，以免经营者行为短期化。

延期支付方式体现了有偿授予和逐步变现，以及风险与权益基本对等的特征，具有比较明显的激励效果。

2. 延期支付激励模式的优点

延期支付激励模式的优点如图 7-20 所示。

3. 延期支付激励模式的缺点

延期支付激励模式的缺点如图 7-21 所示。

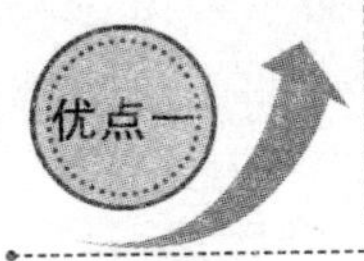

图7-20 延期支付激励模式的优点

图7-21 延期支付激励模式的缺点

4. 延期支付激励模式的适用性

延期支付激励模式主要适用于业绩稳定的上市公司及其集团公司、子公司。

七、储蓄参与股票计划激励模式

储蓄参与股票计划是为了吸引和留住高素质人才，而向所有员工提供分享公司潜在收益机会的一种激励方式。该方式允许员工一年两次以低于市场价的价格购买本公司的股票。

1. 储蓄参与股票计划激励模式的特点

该种激励模式资金的来源是公司给予全体雇员分享公司成长收益的一种奖励形式，特点是雇员参加储蓄计划，才能分享收益。

实施过程中首先要求员工将每月基本工资的一定比例放入公司为员工设立的储蓄账户，设定特定期限（如两年）为一期。一般公司规定的比例是税前工资额的2% ～ 10%，少数公司规定的比例最高可达20%。

在该种方案中，股权激励对象的收益为股权参与计划期初本公司每股净资产与到期时每股净资产之间的价差。股权激励对象的风险为当期末每股净资产低于期初每股净资产时，雇员仅可收回本金，但将损失利息。

2. 储蓄参与股票计划激励模式的优点

储蓄参与股票计划激励模式的优点如图7-22所示。

储蓄参与股票计划则是无论股价上涨还是下跌，都有收益，当股价上涨时盈利更多，因此福利特征较为明显

储蓄参与股票计划模式为企业吸引和留住不同层次的高素质人才，并为所有员工提供分享公司潜在收益的机会创造了条件，在一定程度上解决了公司高管人员和一般员工之间的利益不均衡问题

图7-22 储蓄参与股票计划激励模式的优点

3. 储蓄参与股票计划激励模式的缺点

储蓄参与股票计划激励模式的缺点如图7-23所示。

与其他激励模式相比，储蓄参与股票计划的激励作用相对较小

储蓄参与股票计划由于其激励范围较广，带有一种平均化和福利化的倾向，激励基金分配给个人的激励力度有可能不够，无法起到预期的激励目的

图7-23 储蓄参与股票计划激励模式的缺点

4. 储蓄参与股票计划激励模式的适用性

其适用的对象是除了高层管理人员以外的全体雇员。

八、限制性股票激励模式

限制性股票是指上市公司按照预先确定的条件在授予日以低于市场价格授

予激励对象股票并予以锁定（限售），锁定期（限售期）结束后，若业绩考核达标，则可分N年解除限售股票（解除限售），股票可在二级市场卖出并从中获益。

1.限制性股票激励模式的重点

限制性股票的重点在“限制性”三个字，公司授予激励对象的股票是有限制的，只有业绩考核达标，才可以解除这种限制。

从图7-24的示例可以看出，限制性股票有几个时间点：授予日、限售期、解除限售日、解除限售期。

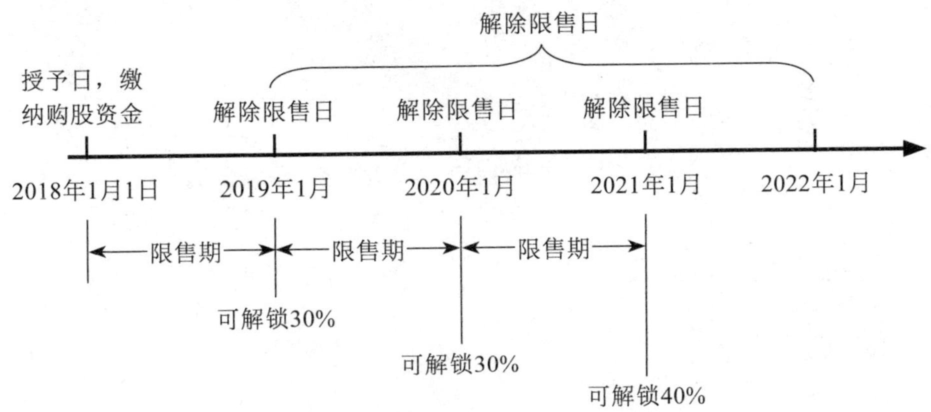

图7-24 限制性股票的时间点

限制性股票属于实股范畴，是由激励对象出资购买的，拥有所有权、分红权、增值权等一系列公司法规定的股东权利。

激励对象获授的股票由中证登（全称为中国证券登记结算有限公司，就是“股民”开立证券账户的机构）开户登记，且登记后即由中证登进行限售锁定。在解除限售前，激励对象不能行使上述权利，自然也不能交易，上述权利由公司代为行使。未来解除限售后，激励对象才可以完整地行使上述权利。

激励对象获授的限制性股票一般设计成分期解除限售，每期解除限售设置一定的期限，即解除限售期，一般为12个月；每期解除限售期的起始时间为解除限售日。在每个解除限售期，只有在达成业绩考核条件后才能解除限售，达不成条件则不得解除限售。

在每个解除限售期，如不能解除限售，股票来源于原股东转让的，由原股东收回；股票来源于增发的，由公司回购注销。还可以设置在所有解除限售期内累计的业绩考核目标，只要在最后一个解除限售期内完成累计的业绩考核目标，也可以解除限售（相当于额外设置延期解除限售的业绩条件）。

2. 限制性股票激励模式的优点

限制性股票激励模式的优点如图7-25所示。

图7-25　限制性股票激励模式的优点

3. 限制性股票激励模式的缺点

限制性股票激励模式的缺点如图7-26所示。

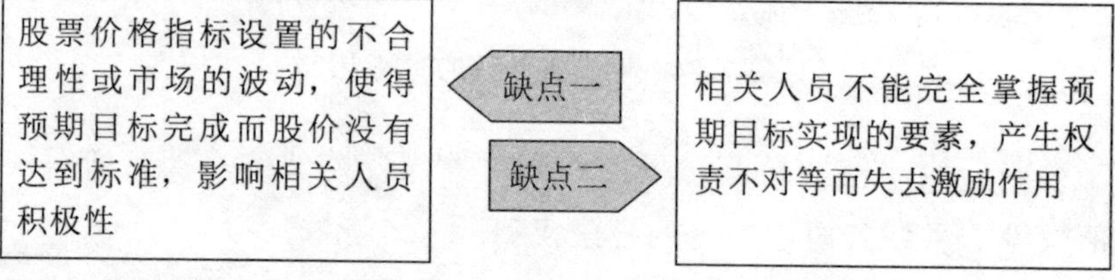

图7-26　限制性股票激励模式的缺点

4. 限制性股票激励模式的适用性

限制性股票激励模式主要适用于业绩不佳的上市公司、产业调整过程中的上市公司、初创期的企业。

第八章

股权激励的要素

导语

股权激励的成功与否，受到很多要素的影响，每个要素对股权激励来说，都是不可或缺的。如果要真正使股权激励达到理想效果，在设计股权激励方案时必须确定目的、模式、时间、来源、对象、价格、数量、条件、机制这九大要素。

第一节 定目的

确定股权激励的目的，是股权激励方案的开端。不同的目的对应的激励方式及方案设计内容差别较大，“定目的”就是找到企业核心症状的过程，无法对症下药将会严重影响股权激励的效果。

一、股权激励的目的

为什么要进行股权激励？在企业发展的不同阶段，股权激励的目的不同。一般来说，股权激励的目的和意义如图8-1所示。

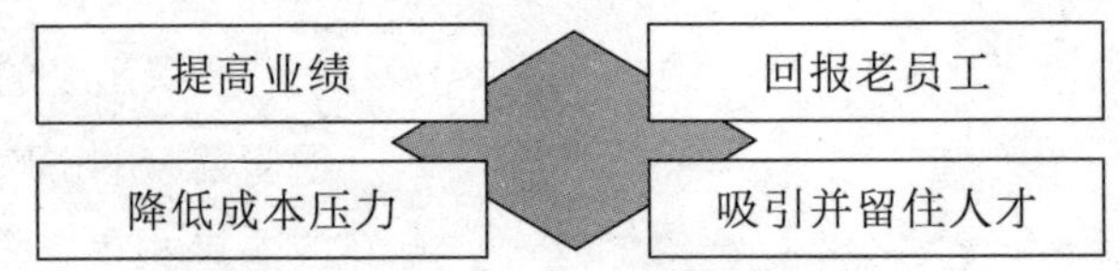

图8-1 股权激励的目的和意义

1.提高业绩

对于员工来说，股权激励既是动力，又是压力，它可以促使员工对企业更加尽职尽责，使员工个人利益与公司利益休戚与共，自觉提高工作水平和效率，并减少短视行为，以提高业绩并形成良性循环。

2.降低成本压力

现金流和人才对企业发展来说至关重要，而几乎所有企业在初创期和发展期都面临着现金流和人才的巨大压力，导致企业无法给员工提供有竞争力的现金报酬，而解决这一问题的有效方法就是股权激励，通过持股经营和股份奖励，可以相应降低员工的现金报酬，从而降低创业成本。

3. 回报老员工

老员工为企业开疆拓土，是企业发展的推动者和见证者，他们为企业的发展付出了大量的心血和精力，当企业“蛋糕”做大后，理应对他们进行回报。

4. 吸引并留住人才

传统的薪酬模式已经越来越不能满足现代企业和人才的需求，而股权激励被实践证明是吸引和留住人才的最有效的手段，通过股权激励可以使员工和企业利益共享、风险共担，充分发挥员工的主观能动性。

二、确定股权激励的目的

股权激励的目的要明确，不应是赶潮流与模仿，目前有较多中小企业主认为股权激励能够有效激励员工，把自己企业没有做大做强的原因归集到没有做股权激励，草率地实施股权激励，反而达不到效果，因此中小企业主必须搞清公司做股权激励的目的是什么。

不同性质、不同规模的企业，或者同一企业处于不同的发展阶段，他们实施股权激励计划的目的是不一样的：有些企业是为了吸引和留住对企业整体业绩和持续发展有直接影响的管理骨干和核心技术人员；有些企业是为了调动员工的工作积极性和潜力，为公司创造更大的价值；有些企业是为了回报老员工，使他们甘为人梯、扶持新人成长；有些企业或者是以上几个目的的综合。

具体到企业，应明确实施股权激励计划的目的，这是企业制订股权激励计划的第一要素，也是最重要的一步。明确了目的也就知道了激励计划所要达到的效果，接下来才能够据此选择合适的激励模式，确定相应的激励对象和实施程序。明确实施股权激励计划的目的，很有必要对公司及高管做充分的调研，其中包括高管的深度访谈、关键核心员工调研访谈、其他利益者的调研访谈，必要时借助于无记名的线上调研问卷。

在确定股权激励目的时要遵循图8-2所示的原则。

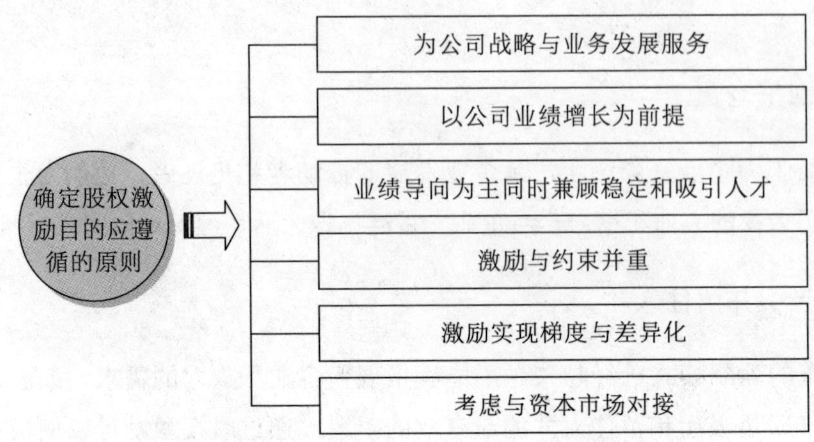

图8-2　确定股权激励目的应遵循的原则

1. 为公司战略与业务发展服务

股权激励的核心在于激励未来，其激励的模式与方法要服务于公司发展战略，并且根据具体业务制定合适的激励模式及对应的考核方式为公司战略与业务发展服务。

2. 以公司业绩增长为前提

业绩的增长是激励的前提，但业绩不一定是净利润的增长为单一目标，可能会侧重合同订单的签署、销售额的增长，或者其他指标如用户的增长等。

3. 业绩导向为主同时兼顾稳定和吸引人才

关键核心人才是公司的核心竞争力，通过股权激励一方面需要激励人才，另一方面需要稳定人才及吸引外部人才的加盟。以股权激励方式的中长期激励，有助于培养公司人才的当家作主的企业文化，并且对于留住人才起到非常重要的作用（跳槽及离职具有较大的机会成本）。

4. 激励与约束并重

做任何事情都要考虑周全，股权激励在注重激励的同时也是对激励对象的约束，拟激励对象签署股权激励协议后，可获得未来预期收益，也同时承担了公司业绩及个人业绩考核承诺及离职惩罚性约定的约束。

5. 激励实现梯度与差异化

一是公司做股权激励不是一次性做完就可以，也是通过这个激励制度持续地激励公司现有人员和未来引进人员，股权激励在公司层面最好通过多批次去实施，让后面的人有机会参与，进而提高激励性。

二是针对激励的个人激励数量和规模应该根据岗位和业绩贡献大小拉开差距，而不是很多企业老板认为不好平衡这些老员工的分配就平均分，在数量和规模的平均分配反而是最大的不公平，会伤害到有贡献和能力的核心人才。

正是因为分配的不公平导致很多企业股权激励做完后有不少核心高管离职，正应了所谓“患不寡而患不均”的古话。

6. 考虑与资本市场对接

股权核心价值在于其股权增值和兑现，公司的股权在进入资本市场后基本能实现较大的增值，我们设计股权激励方案需要充分考虑与资本市场对接，如成熟企业在IPO前股权激励需要重点考虑股权激励模式及股份支付的影响等。

相关链接

确定股权激励目的常见的误区

1. 把股权激励当“福利”

企业经过了筚路蓝缕的初创期进入高速发展期之后，一些企业的老板就想让那些追随自己多年、忠心耿耿、在企业最艰苦的时候仍然不离不弃的老员工们过上更加幸福的生活。这种想法固然很好，也是理所当然，但是如何让他们过上更幸福的生活才是关键所在。

让员工过上更加幸福的生活，提高员工收入水平的方式有很多，包括工资、奖金、年终奖等，但是不能把股权激励当成员工的“福利”，企业本质上是经济体，要通过市场竞争自负盈亏，它不是“福利院”。很多企业老板把股权激励当成“福利”一样派送，结果一定是两败俱伤——伤害了企业也伤害了员工。

对企业来说，这是对公司利益的严重侵害和价值低估，为日后的股权纠纷埋下隐患，并且没有业绩考核的股权激励容易让员工养成懒散、自私、贪婪等坏毛病，对企业里其他员工，既不公平也不合理。

对员工而言，太容易得到的东西往往不会好好珍惜，这是人性的弱点，他们不会深刻感受到股份的价值和意义，并且他的能力没有得到相应的激励和提升，这很可能反过来会害了他。

现实生活中，很多民营企业老板骨子里还流淌着“封土地，建诸侯”的封建思想，觉得企业发展的不错了把股权当福利分给大家，这样子企业就可以高枕无忧也对得起自己的兄弟。恰恰相反，现代市场经济中的企业治理与封建国家的治理有着本质的区别。

“福利”式的股权激励不属于员工真正的价值创造，可以说是“天上掉的馅饼”，企业如果把股权激励当“福利”派送，一定会酿成不如人意的后果。企业老板一定牢记：企业员工获得股权激励是有条件的，而且只有在完成相应的业绩考核的情况下才能获得一定数量的股权。

2. 把股权激励变相当成“涨工资”

把股权激励变相当成“涨工资”，这种现象少见但也不是绝对没有。企业老板在经营发展的过程中一定会遇到千千万万的问题，最突出的是资金和人才的问题，特别是对中小企业和创业阶段的公司而言更是如此。很多老板要么过于精打细算，要么头脑发热，就把股权激励当成“涨工资”，其实这往往会搬起石头砸了自己的脚。因为，对于员工而言，很多人看重的是眼前利益，也就是自己每个月能真正拿到手的钱是多少，他们对未来缺乏信心和安全感。

3. 以股权激励来筹集资金

企业在发展过程中，最容易出现的问题就是资金问题，很多企业的倒闭也是因为资金链断裂。企业筹集资金的方式有很多，包括吸收直接投资、向银行借款、利用留存收益、利用商业信用、发行股票、发行公司债券、融资租赁、杠杆收购等，但对于我国众多非上市的中小企业普遍存在融资困难的问题，而银行等正规的金融机构对中小企业提供的资金服务又相对有限。在这种情况下，中小非上市公司通常采用的筹集资金的方式就是借款、公司股东增资、吸引投资者进行投资。

中小企业在发展的困难时期或特殊时期，会选择通过出让股权的方式来获得公司发展资金，但这属于企业股权融资范畴不属于股权激励。股权激励一定是对企业内部员工而言的。一些企业在公司发展的最困难时期，会动员内部员工以较低的价格买股筹资，以股权激励之名行筹集资金之实，这往往会导致公司价值的低估并且会增加公司未来的运营风险和成本。股份的廉价出让会导致大股东股份的廉价稀释，如果公司员工抛售股份，也会让公司利益蒙受损失，并且这种情况下的股权激励还会带来以下两大隐患。

一是以筹集资金为目的的股权激励一定会降低“门槛”，表现在股份价格和业绩要求两方面，这就不能很好地起到股权激励的“激励和约束”的作用。

二是企业在资金短缺时实行此种股权激励，如果企业老板在行权时不能兑现股权收益，那么就很容易降低企业的信用，轻则增加再次融资的难度和成本，重则会引发一系列的股权纠纷。

一些中小民营企业打着股权激励的幌子来筹集资金，这其实是“饮鸩止渴”的做法，不但不能解决企业对资金的需求，而且还会对公司的内部治理造成很大的损害。

4.用股权激励代替公司的管理制度

股权激励不是万能的，股权激励发挥作用要用一套完善的公司管理制度和考核体系做支撑。如果一家企业在内部治理不完善，包括组织架构不清晰明确、没有基本的岗位职责、没有科学的绩效考核制度、公司薪酬体系不健全等情况下，最好先不要实行股权激励。先把企业的内部治理结构规范完善，然后在此基础上实行股权激励，这样效果会更好。

企业老板一定不能抱有实行股权激励就可以包治百病的幻想。股权激励的设计、实施是一个系统性、专业化的复杂工程，绝不是企业老板拍拍脑袋就可以定下来的事情。股权激励也不能代替公司其他的管理制度，公司的管理制度是基础性工作。如果是一辆车的话，实行股权激励就相当于又装了一台发动机，但是如果整辆车的相关配置跟不上的话，那么发动机的作用不仅发挥不出来，也一定会对整辆车造成伤害。

第二节　定模式

股权激励的模式作为整个股权激励方案中最重要的因素之一，选择哪一种模式或哪几种模式，或者一种或几种模式的变形，这些都需要根据企业的实际情况来综合判断。

一、影响激励模式确定的因素

股权激励的模式和工具在选择的时候需要根据企业内外部环境条件和所要激励的对象不同，结合各种激励模式的作用机理，充分关注股权激励中存在的问题，初步选择适合企业实际、有效的几种激励方法，以备筛选。具体到某家企业，应在详细研讨的基础上，综合考虑（但不局限）如下7种因素，选择激励模式。

（1）企业的性质。上市公司或非上市公司；股份公司或有限责任公司。

（2）激励对象。如果激励对象是经营者和高级管理者，可能期股、业绩股票和股票期权比较合适；如果激励对象是管理骨干和技术骨干等重要员工，可能选用限制性股票和业绩股票比较合适；如果激励对象是销售人员，业绩股票和延期支付是比较适合的方式。

（3）原有股东的意愿。

（4）公司未来的发展潜力。

（5）激励成本。

（6）激励和约束的平衡。

（7）未来资本运作需求。

如图8-3所示，可从总公司层面和子公司或事业部层面实施不同的激励方式。

二、上市公司激励模式的选择因素

上市公司究竟采取哪种股权激励模式，取决于图8-4所示的因素。

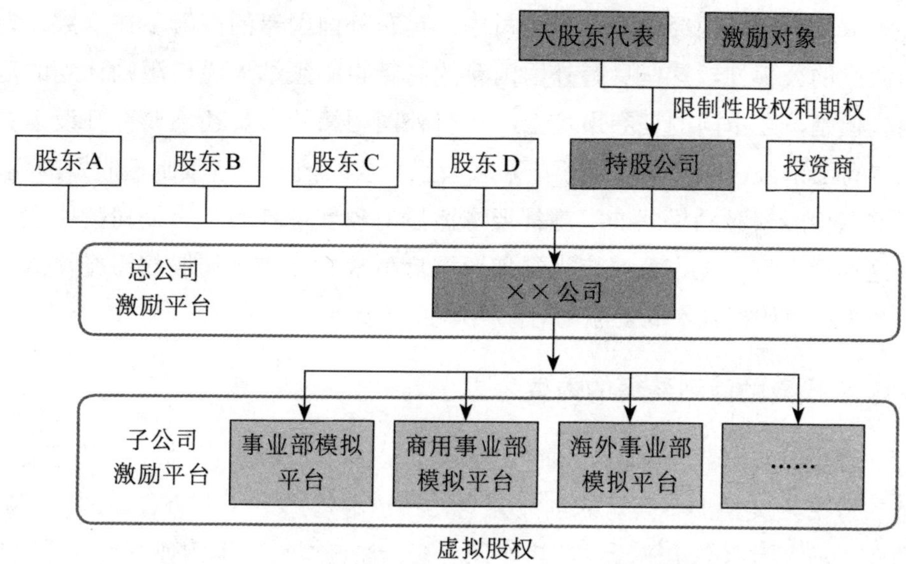

图8-3 总公司层面和子公司或事业部层面不同的激励方式

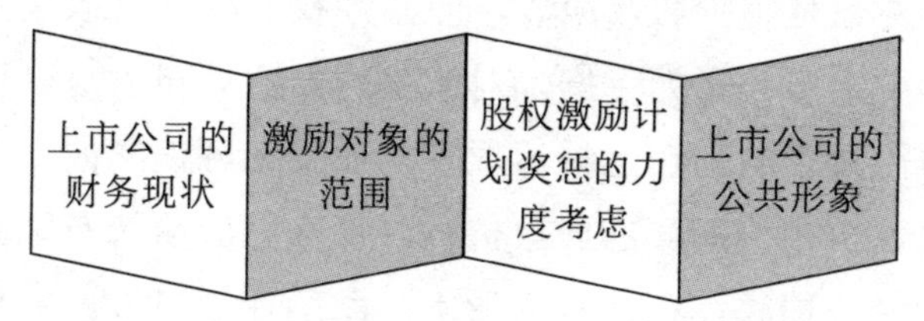

图8-4 上市公司激励模式的选择因素

1. 上市公司的财务现状

对于业绩奖励型限制性股票激励模式，上市公司需要每年提取奖励基金购买上市公司的股票以用于奖励给激励对象，在这种模式下，上市公司应当有相当的现金储备与未来可预期的充足的现金流，否则的话，实施业绩奖励型限制性股票股权激励模式将会给上市公司带来较大的现金支出压力，从而影响公司的运行。而采用公司定向增发取得激励标的的股票期权模式和折扣购股型股票期权模式，则会由于激励对象需要支付一定现金购买公司股票，因而会带来上市公司资本金的增加，对公司的实际现金流量基本没有什么影响。

2. 激励对象的范围

激励对象的不同，可供选择的股权激励的类型也不相同。在中外合资的上市公司以及一些跨国经营的上市公司中，具有外国国籍的高管不在少数，为了达到激励的公平性，这些具有外国国籍的高管也必须纳入股权激励计划的范围之内。但是，在中国的证券市场上，具有外国国籍的人员还不允许开设证券账户以持有上市公司的股票，是无法采取股票期权的模式或者限制性股票的模式，因为这两种股权激励模式的实施都要求激励对象实际持有上市公司的股票，所以在这种情形下，上市公司应当采取股票增值权的上市公司股权激励模式，因为股票增值权的模式不需要激励对象实际持有上市公司的股票。

3.股权激励计划奖惩的力度考虑

上市公司实施股权激励计划，尤其是第一次实施股权激励计划，有很大一部分的考虑是奖励上市公司的创业元老，在这种情形下，上市公司适合实施股票期权计划，因为在实施股票期权计划之初，激励对象并不需要任何现金支出。

在行权期限内，如果公司股票价格低于行权价格，激励对象可以放弃行权而不会带给激励对象任何损失，所以，股票期权的模式可以说是一种有奖无罚的激励模式；如果上市公司为了增加对激励对象的惩罚力度，可以采用折扣购股型限制性股票激励模式，在这种情形下，如果在解锁期内上市公司的股票价格低于激励对象以折扣价购买的股票价格，那么就会给持有限制性股票的激励对象带来实际的经济损失，在这种情形下，激励计划对激励对象的经济惩罚作用比较明显。

4.上市公司的公共形象

上市公司的公共形象往往也会对选择哪种形式的股权激励模式有影响。在上市公司已经有负面新闻的情况下，一定要慎用折扣购股型限制性股票的股权激励模式，因为在这种激励模式下，激励对象一般是在现有股票价格折扣50%的情形下购买的，而广大投资者是现价购买的公司股票，因而容易使投资者产生股权激励计划不公平，是一种利益输送的恶劣印象，尤其是当股权激励计划的解锁条件规定不严格的情况下，公司可以考虑采取股票期权模式的股权激励计划，在股票期权的模式下，激励对象的行权价格与股票现价相差无几，激励对象的收入来自未来股价与现在股价之间的价差收益，对广大投资者而言，股价上升其也会跟着受益，这是可以接受的，不会对公司负面的公共形象雪上加霜。

三、非上市公司激励模式的选择因素

非上市公司的股权激励因为没有专门的法规予以规定，因此其设计和实施比较灵活，只要不违反公司法、合同法、劳动合同法等相关法律法规而且能达到企业的战略目的都可以实施。非上市公司在选择股权激励模式时，应主要考虑图8-5所示的3个因素。

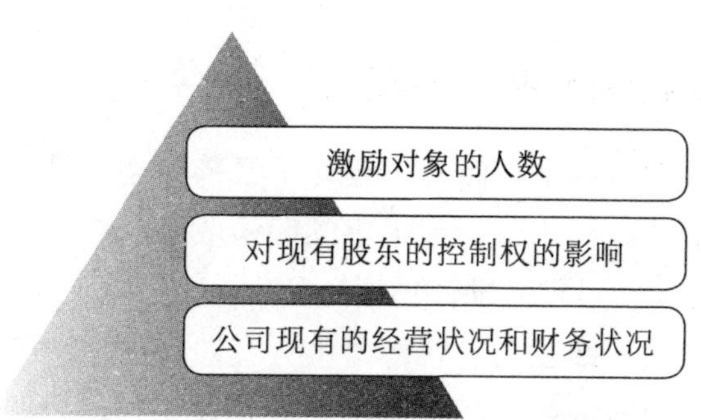

图8-5　非上市公司激励模式的选择因素

1. 激励对象的人数

对于有限责任公司类型的非上市公司来说，如果预计的激励对象超过50人，那么因为公司法对有限责任公司有股东人数不超过50人的规定，公司则不适合采用认股权类型或者其他需要激励对象实际持有公司股份的股权激励计划，而应当采用利润分红型虚拟股权激励，或者账面价值增值权型虚拟股权激励，或者其他类型的虚拟股权激励。

对于股份有限公司类型的非上市公司来说，如果其预计的股权激励对象的人数超过200人，那么同样是因为公司法对股份有限公司有股东人数不得超过200人的规定，此种情况下股份有限公司则可以采用各种类型的激励对象不需实际持股的虚拟股权激励，而不便采用实股性质的股权激励计划模式。

2. 对现有股东的控制权的影响

如果非上市公司现有多个股东，而且各个股东之间的股权安排比较微妙，如果引入新的股权激励对象股东会打破原有股东之间股权设置的平衡，而且各股东不愿打破这种设置，那么，这种情况下，也需要采用虚拟股权性质的股权激励计划，而不是实股性质的股权激励计划。

比如，某有限责任公司，现有股东有甲乙丙三人，其中甲持有公司67%的出资额，乙丙合计持有公司33%的出资额，在这种情况下，即使是股东甲因为实施股权激励计划而出让了1%的股份，也会导致其失去对公司的绝对控股权，因此在这种情况下，如果控股股东不想失去其对公司的控股权，最好是实施虚拟股权激励。

3. 公司现有的经营状况和财务状况

如果企业本身财务困难，而且企业处于亏损状态，员工往往对现有的工资和福利待遇更为看重，而不太指望未来的股份收益，在这种情形下，企业应实施具有福利补充性质的股权激励计划。

比如岗位分红权，即在员工获得岗位分红股份的情形下不需要员工支付现金，这样在员工原来收入的基础上增加了其每年可得岗位股份分红收入，易于为员工所接受。

在公司经营亏损的情况下不适合实施需要员工出资购买的股权激励计划，因为员工对公司前景有担忧，因此很难接受这种股权激励计划。如果企业的经济效益较好，发展很有前景，在这种情况下，即使实施需要员工出资购买的股权激励计划，以此增加公司的资本金，员工也很容易接受。

四、企业不同发展阶段的激励模式

一般而言，企业的发展分为初创期、发展期、成熟期和衰退期四个阶段。每一阶段企业的战略规划不一样，也会导致股权激励模式的选择以及股权激励计划激励对象的选择和范围不同。

1. 初创期企业

企业初创期，缺的就是人才。这个时候最核心的问题是如何稳定优秀人才，让大家看到未来发展希望。这个时候可以运用核心合伙人参与利润分红方式（也叫干股）。运用利润分红的干股形式，一方面吸引能人，另一方面稳定核心团队。

比如，技术偏重型公司可以以技术入股方式，这种股份一般是内部协议形式，没有投票权、表决权，只是享有一种分红性质。

实际上，越来越多的科技型公司都在采用类似的股权分配方法。在初创期，公司对于怀揣技术的人员求贤若渴，老总们会通过各种方式招聘技术人员加盟。但出于对公司发展方向的考虑，他们是绝对不愿意出让经营权的，于是就有了这种“只分红，不参与经营的干股”。这种股份形式，主要用来凝聚团队，只要公司整体向好，员工的积极性是可以被充分调动的。就好比是一架前行的战车，在这个战车上，所有的员工需要“绑在一起”努力奋斗，而利润分红则是将团队绑在一起的“利益链条”。

某初创公司股权激励模式（建议书节选）

通过对贵公司的了解，我们认为，贵公司目前处于企业的初创期发展阶段；核心骨干团队组建时间较短，并且成熟度较差；目前公司原有薪酬体系与股权激励的匹配度一般；再基于贵公司治理层面的考量，本次股权激励计划将选用以下股权模式。

1.分红股股票

分红股是指股东不必实际出资，就能占有公司一定比例股份份额的股份，俗称“干股”。

本次股权激励以贵公司控股的门店作为激励平台，设置分红股。激励对象依照《股权激励计划协议书》规定，满足条件即可获取分红股。

激励对象通过持有分红股，并未取得法律意义上的公司股东资格，不享有《中华人民共和国公司法》所规定的查阅权、利润分配权、投票权、资产收益权、参与重大决策权、选择管理者权等股东权益，但享有《股权激励计划协议书》所规定的权益，取得同公司共同成长的资格，并根据本制度以“虚拟分红”的方式获得奖金。

2.虚拟股股票

虚拟股是指公司授予激励对象一种虚拟的股票，激励对象可以据此享受一定数量的分红权和股价升值收益，但没有所有权，没有表决权，不能转让和出售，在离开企业时自动失效。

本次股权激励以贵公司作为激励平台，设置虚拟股。激励对象依照公司《股权激励计划协议书》规定，满足条件即可获取虚拟股。

激励对象通过持有虚拟股，并未取得法律意义上的公司股东资格，不享有《中华人民共和国公司法》所规定的查阅权、利润分配权、投票权、资产收益权、参与重大决策权、选择管理者权等股东权益，但享有公司《股权激励计划协议书》所规定的权益，取得同公司共同成长的资格，并根据本制度以“虚拟分红”的方式获得奖金。

2. 发展期企业

发展期企业一般是指公司稍具规模、存在间接管理的公司。老板自己一个人忙不过来了，需要设置一些职能部门，公司形成由上至下的管理方式。这个过程中，企业的员工激励显得尤为重要。因为随着间接管理越来越多，公司整体运营效率是不断下降的，各个部门之间的互相推诿、权责不分等现象逐级加大。为了提高公司的整体运营效率，稳定中坚力量，股权激励是越来越多企业的选择。这个过程中，企业需分不同的发展形势来做股权激励。

3. 成熟阶段企业

企业迈入成熟期后，有了稳定的客户群和营收，但是市场增长缓慢，竞争日趋激烈，生产能力过剩，价格战成为主要的竞争手段，降低成本成为企业的重点工作。在这种情况下，企业实施股权激励首先要达到的目标是稳定企业的现有管理人员和骨干人员，此时实施股权激励还要考虑到不能给企业带来太大的资金成本负担。为了达到上述目的，企业适合采用认股权的股权激励模式，或者限制性期股以及延期支付性质的股权激励。这几种模式都有利于企业将奖励性质的薪酬予以延期支付，可以使股权激励计划达到“金手铐”的留住人才的效果。

4. 衰退时期企业

当企业进入衰退期后，销售明显下降，生产能力严重过剩，利润大幅度下降甚至持续亏损。在这种险恶的环境下，不论绩效好坏都面临着人员流失的局面。在这种情形下，企业应考虑到今后可能进行的裁员问题，但是企业要保留在关键岗位的关键人员，此时，企业适合实施岗位分红权的股权激励模式。

第三节 定时间

定时间就是确定激励计划中的时间安排，包括股权授予日、有效期、等待期、可行权日及禁售期等。通常，股权授予日与获授股权首次可以行权日之间的间隔不得少于1年，并且需要分期行权。

一、股权激励计划的有效期

股权激励计划的有效期是指股权激励计划从经过股东大会或者中国证券监督管理委员会审批生效，直至该激励计划涉及的最后一批激励标的股份（股票）行权或者解锁完毕、股权激励计划终止的期间。

在企业涉及股权激励计划的有效期设置时，要考虑到图8-6所示的因素。

1 有效期设置应当与企业阶段性项目或者阶段性目标完成所需要的时限相一致

2 股权激励计划的有效期设置应当遵守法律的强制性规定

3 股权激励计划的有效期设置应当不超过激励对象劳动合同的有效期

图8-6 考虑股权激励计划有效期的要素

1. 有效期设置应当与企业阶段性项目或者阶段性目标完成所需要的时限相一致

如果企业设计的阶段性战略目标计划的年限是5年，那么，股权激励计划的有效期可以设置为5年或者6年，这种设置可以使公司判断激励对象的努力是否达到了阶段战略目标要求，这个股权激励计划也就更与公司的发展策略紧密相关。假如股权激励计划的有效期为4 年或者3 年，那么，企业就会在不知激励对象能否最终完成阶段性战略目标的前提下把股权激励标的行权完毕，这显然不利于企业阶段性战略目标计划的完成。

2.股权激励计划的有效期设置应当遵守法律的强制性规定

上市公司股权激励计划的有效期，目前法律规定最短不得低于1 年，从授权日开始计算不得超过10 年。对于非上市公司而言，法律没有对其有效期进行强制性规定，因此股权激励计划的有效期应根据企业的实际情况确定，一般会在3 年至8 年之内。

3.股权激励计划的有效期设置应当不超过激励对象劳动合同的有效期

股权激励计划得以有效实施的前提是激励对象应当为企业所聘任的员工，而劳动合同一般都是有有效期的，股权激励计划的有效期应该不超过大多数激励对象的劳动合同的有效期，以避免激励对象劳动合同期限已满，而仍处于激励计划的有效期内的情形。对于少数激励对象的劳动合同期限剩余有效期太短的，企业应及时根据股权激励计划的有效期设置对其予以延长。

二、股权激励计划的授权日（授予日）

股权激励计划的授权日是激励对象实际获得授权（股票期权、限制性股票或者虚拟股权）的日期，是股权激励的实施方履行股权激励计划而为激励对象所接受的重要时点，在决定等待期、行权期以及股权激励计划的失效期时，一般是以股权激励计划的授权日为起算点，而不是以股权激励计划的生效日为起算点。

股权激励计划的生效日一般是指非上市公司股东大会审议通过之日，或者上市公司报中国证监会备案且中国证监会无异议，公司股东大会审议通过之日。而授权日是在股东大会通过后再召开董事会由企业董事会制定的一个具体日期，可见，授权日应当在生效日之后。对上市公司而言，自公司股东大会审议通过股权激励计划之日起30日内，公司应该按相关规定召开董事会对激励对象进行授权，并完成登记、公告等相关程序。因此，授权日应在生效日之后的30 日内确定。

1.上市公司

对于上市公司而言，授权日必须是交易日，且不能是下列日期。

（1）上市公司定期报告公布前30日。

（2）重大交易或重大事项决定过程中至该事项公告后2个交易日。

（3）其他可能影响股价的重大事件发生之日起至公告后2个交易日。

2.非上市公司

对于非上市公司而言，不存在交易日与非交易日的区别，在分批集中对股权激励对象集中授权的前提下，授权日的确定应考虑图8-7所示的因素。

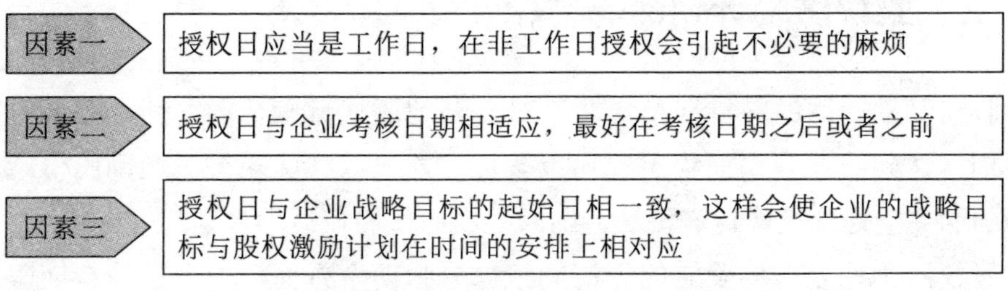

图8-7 非上市公司授权日确定应考虑的因素

3.滚动性地授予股权激励标的情况

在对具体激励对象滚动性地授予股权激励标的的前提下，可以防止激励对象到期一次性套现获利出局，同时又可以使得股权激励对象不时地获得股权激励的收益，从而形成有效的股权激励机制。在此种激励模式下，具体授权日的确定可以参考表8-1所示日期。

表8-1 滚动性地授予股权激励标的情况下的授权日

序号	参考日期	具体说明
1	激励对象受聘日	当激励对象被聘为公司的董事、高管和核心技术人员时，董事会如果认为有必要向受聘人授予股权激励的，受聘日即可以作为授权日，从一开始就将新聘员工纳入股权激励计划
2	激励对象确定晋升之日	激励对象的晋升，说明了激励对象对公司而言更具有重要性，在激励对象确定晋升之日即将激励对象纳入激励范围，予以股权激励标的，这是给予激励对象的一种长期激励，也使得激励对象的命运与公司的命运更紧密地联系到了一起

续表

序号	参考日期	具体说明
3	在激励对象的业绩评定日	每年的绩效考核评定之后，对于表现特别优异的人员，即使不属于董事会事先拟订的股权激励的岗位范围，也可以单独授予股权激励标的予以鼓励
4	激励对象取得技术成果之日	激励对象取得职务技术成果之日也可以作为股权激励计划的授权日
5	激励对象负责或者接管公司重要项目之日	激励对象被委派负责或者接管公司重要项目之日，可以作为授予激励对象以激励标的日期，以利于激励对象尽力将项目完成而不是中途离职

三、股权激励计划的等待期

股权激励计划的等待期是指激励对象获得股权激励标的之后，需要等待一段时间，达到一系列事前约定的约束条件，才可以实际获得对激励股份或者激励标的的完全处分权，这一段等待的时限就叫做股权激励计划的等待期。

股权激励计划需要确定的等待期限，分为两个方面，一个是等待期限的类型，另一个是等待期限的时间长度。

1. 等待期限的类型

股权激励计划有两种等待期限的类型，如表8-2所示。

表 8-2　等待期限的类型

序号	类型	具体说明
1	一次性等待期限	如果股权激励计划授予激励对象在一次性的等待期满后，可以行使全部权利，那么就是一次性等待期限。比如，某一股票期权计划约定激励对象有权在股票期权授予日起3年后一次性就其获得的股权激励总额全部行权，可见在一次性等待期限的前提下，激励对象可以就激励标的一次性地全部行权
2	分次等待期限	如果股权激励计划授予激励对象分批行权、分次获得激励标的的完全处分权，那么在这种情况下设置的股权激励计划的等待期限就是分次等待期限。比如，某一股票期权计划约定激励对象在满足行权条件时分四批行权，每次的行权比例为激励标的总额的25%，等待期限分别为1年、2年、3年和4年

2. 等待期的时间长度

关于等待期的时间长度，其实也可以分为图8-8所示的两种。

图8-8　等待期时间长度的类型

股权激励计划的等待期的时间长度并不是随意设定的，也不是单纯的耗费时间的延期支付，而是要求激励对象在这段时间内达到约定的业绩目标，因此股权激励计划等待期的长短实际上与激励对象为完成业绩目标所需要的时间是密切相关的。一般而言，最长等待期限一般应该和公司阶段性战略目标的完成时间相一致，而最短的和分批行权所间隔的股权激励计划的等待期，一般不低于1 年。对于上市公司股权激励计划的等待期而言，股票期权激励计划的等待期是指股票期权授权日与首次可以行权日之间的间隔，等待期不得短于1年。

3. 等待期的起算

等待期的起算一般是以股权激励计划的授权日为起算点。

比如，苏宁电器在其 ×× 年股票期权股权激励计划中对等待期有下述规定。

第一个行权期可行权股票期权的等待期为授权日起的12个月。

第二个行权期可行权股票期权的等待期为授权日起的24个月。

第三个行权期可行权股票期权的等待期为授权日起的36个月。

第四个行权期可行权股票期权的等待期为授权日起的48个月。

四、股权激励计划的可行权日与行权窗口期

股权激励计划的可行权日是指等待期满次日起至股权激励计划有效期满当日止的可以行权的期间。

1. 上市公司

对于上市公司而言，可行权日是等待期满次日起至股权激励计划有效期满当日止的期间之日，公司定期报告公布后第2个交易日起至下一次定期报告公布前10个交易日内的所有交易日，但不得在下列期间内行权。

（1）业绩预告、业绩快报公告前10日至公告后2个交易日内。

（2）重大交易或重大事项决定过程中至该事项公告后2个交易日。

（3）其他可能影响股价的重大事件发生之日起至公告后2个交易日。

2. 非上市公司

从理论上而言，非上市公司可行权日也是指等待期满次日起至股权激励计划有效期满当日止的可以行权的期间内的所有日期，但是鉴于非上市公司的激励对象获得股权均需要到工商登记部门予以注册，如果激励对象不能在一段时间集中行权则会导致办理工商股权登记特别烦琐。公司可以在可行权日期内专门设立一小段时间为每年的行权窗口期，如每年12月份为行权窗口期，激励对象获得行权权后应该在行权窗口期内统一行权，以避免不必要的麻烦。

一般而言，激励兑现必须在股权激励计划有效期内行权完毕。有效期过后，已授出但尚未行权的激励标的不得行权，未行权的该部分激励标的由公司按规定注销或者予以回购。

五、股权激励计划的禁售期

禁售期又称强制持有期，是指激励对象在行权后必须在一定时期内持有该激励标的，不得转让、出售。禁售期主要是为了防止激励对象以损害公司利益为代价抛售激励标的进行短期套利行为。

在设计股权激励计划方案的禁售期时，一般应考虑图8-9所示的因素。

1. 符合法律法规对激励对象禁售的相关规定

禁售期的规定应该符合法律法规对激励对象禁售的相关规定。激励对象转让其持有的激励标的，应当符合《公司法》《证券法》《证券交易所股票上市规则》等法律法规和规范性文件的规定。

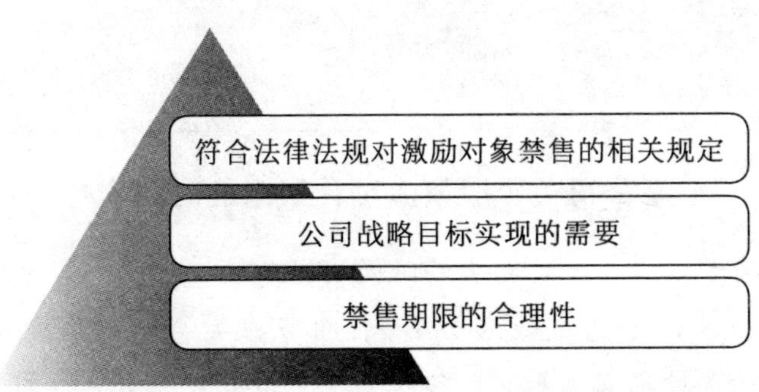

图8-9 设计股权激励计划方案的禁售期时应考虑的因素

（1）对于上市公司而言，激励对象为公司董事、其他高级管理人员，每年转让其所持有的公司股票不得超过其所持有的公司股票总数的25%；在离任信息申报之日6个月内，不得转让其所持有的全部公司股票；在离任信息申报之日起6个月后的12个月内通过证券交易所挂牌交易出售股票数量占其所持有的本公司股票总数的比例不得超过50%。

（2）对于非上市公司而言，除非公司章程有限制性规定，激励对象可以自由转让其所有的股票。

2.公司战略目标实现的需要

如果公司的战略目标的实现需要较长的时间，如8年到10年，那么，对激励对象的禁售期可以予以延长，以免激励对象进行套利出售后离开公司。在这种情况下，对于激励对象的延长禁售期的具体规定应该体现在以下四个文件中。

（1）《股权激励计划方案》。

（2）《激励对象的承诺书》。

（3）《公司章程》。

（4）《员工的劳动合同》。

3.禁售期限的合理性

激励对象的禁售期如果得到了合法的延长，这种延长应当尊重员工的意见，注重其内在合理性，以避免激励对象对计划的不予认可或者认为不公平。因为禁售期后的绩效如出现较大的波动，可能会损害激励对象的利益，使员工原本可以实现的利益落空。

某公司关于股权激励计划中的时间安排

某公司关于股权激励计划中的时间安排如下。

有效期：本计划的有效期为4年，自股东大会审议通过本计划之日起算，本计划的存续期届满后自行终止，也可经股东大会审议批准或根据相关法律法规的规定提前终止或延长。

授权日：在本计划报公司股东大会审议通过，且满足授予条件成立后的30日内由公司董事会确定授予日并对激励对象进行授予，并完成登记、公告等相关程序。

等待期：等待期为授权日到首次可以行权日之间的间隔，本次股权激励计划激励对象获授的股票期权等待期根据公司上市时间确定，在等待期内不可以行权。

窗口期：本计划设3个行权窗口期，分别为自公司股票上市之日起第13个月、第25个月、第37个月，在符合行权条件的前提下，公司受理行权申请。

锁定期：本计划授予的限制性股票自公司股票上市流通之日起24个月内分两期解锁，即上市满12个月时解锁50%，届满24个月时解锁50%。

禁售期：激励对象为公司董事、高级管理人员的，其在任职期间每年转让的股份不得超过其所持有本公司股份总数的25%；在离职后半年内，不得转让其所持有的本公司股份；申报离任六个月后的十二个月内通过证券交易所挂牌出售本公司股份占其所持公司股份总数比例不得超过50%。

第四节　定来源

定来源，即确定用于股权激励的股份的来源、资金的来源。企业股权激励实施是否可行，方案设计中能否明确股权来源，以及来源是否具有可操作性都是很重要的考量因素。

一、上市公司用于股权激励的股票来源

关于股权激励标的的来源，《上市公司股权激励管理办法》（试行）规定，拟实行股权激励计划的上市公司，可以根据本公司实际情况，通过图8-10所示方式解决标的股票来源。

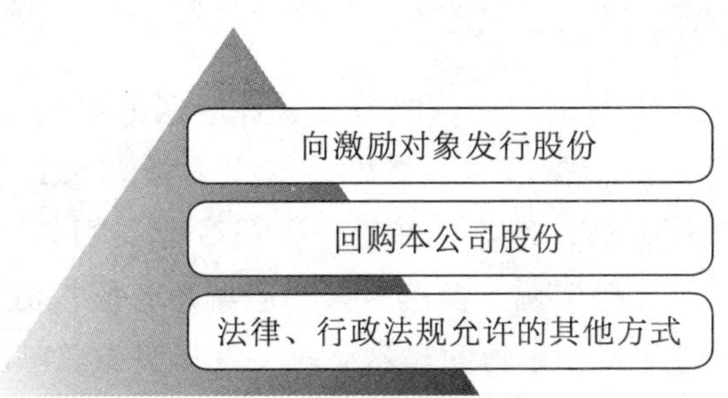

图8-10 股票的来源方式

在目前的上市公司实行股票期权的股权激励实践中，较多使用的方法是向激励对象定向增发股份，这种方式不需要增加公司的现金支出压力，而且行权后公司的资本金还会有一定程度的增加，这是上市公司采取此种方式解决标的股票来源的主要原因。

根据《股权激励有关事项备忘录2》的规定，上市公司股东不得直接向激励对象赠予（或转让）股份。股东拟提供股份的，应当先将股份赠予（或转让）上市公司，并视为上市公司以零价格（或特定价格）向这部分股东定向回购股份。然后，按照经证监会备案无异议的股权激励计划，由上市公司将股份授予激励对象。上市公司对回购股份的授予应符合《公司法》第143条的规定，即必须在一年内将回购股份授予激励对象。

上市公司如无特殊原因，原则上不得预留股份。确有需要预留股份的，预留比例不得超过本次股权激励计划拟授予权益数量的10%。

二、上市公司用于股权激励的资金来源

1.股票期权或者折价购股型限制性股票的股权激励模式

如果上市公司采用的是股票期权或者折价购股型限制性股票的股权激励模

式，在这两种模式中，股权激励的标的是增量，是上市公司进行定向增发后取得的股权激励标的股票。在此种情况下，激励对象必须自己筹集购股资金，根据相关法规规定，上市公司不得为激励对象筹集购股资金提供资助或者为激励对象的借款提供担保。同时，在定向增发的模式下，上市公司提取的激励基金也不得用于资助激励对象购买限制性股票或者行使股票期权。

2. 折扣购股型限制性股票的股权激励模式

如果上市公司采用的是折扣购股型限制性股票的股权激励模式，即股权激励的标的股票是存量，根据《股权激励有关事项备忘录1》的规定，上市公司在符合现行法律法规、会计准则，并遵守公司章程及相关议事规程的条件下可以提取激励基金，从二级市场上回购本公司股票用于股权激励。根据《公司法》规定，公司回购的股份总额不得超过本公司已发行股份总额的5%；用于收购的资金应当从公司的税后利润中支出：所收购的股份应当在一年内转让给职工。

三、非上市公司用于股权激励的股票来源

对于非上市有限责任公司而言，其不能通过回购公司的股份来用于股权激励，因此只能通过图8-11所示的两种途径取得股权。

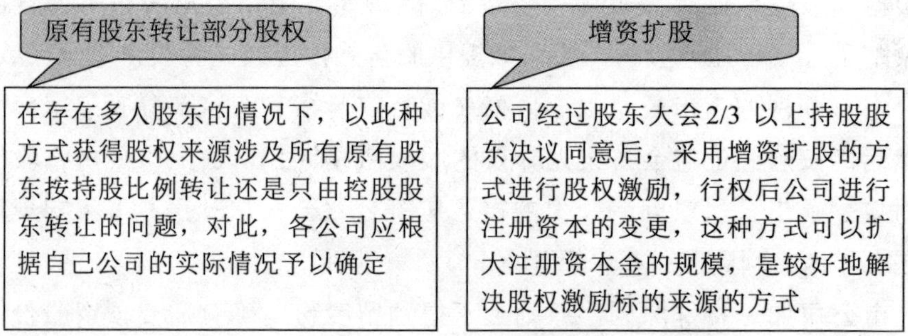

原有股东转让部分股权

在存在多人股东的情况下，以此种方式获得股权来源涉及所有原有股东按持股比例转让还是只由控股股东转让的问题，对此，各公司应根据自己公司的实际情况予以确定

增资扩股

公司经过股东大会2/3 以上持股股东决议同意后，采用增资扩股的方式进行股权激励，行权后公司进行注册资本的变更，这种方式可以扩大注册资本金的规模，是较好地解决股权激励标的来源的方式

图8-11　非上市公司股权激励的股票来源

对于非上市股份有限公司而言，其除了可以采用原有股东转让以及增资扩股取得股权激励的标的股份之外，其还可以通过回购本公司股份的方式取得奖励给本公司职工的激励股份，但是因为要进行股权激励而收购本公司股份的，应当经过股东大会的决议。根据《公司法》规定，公司回购的股份总额不得超过本公司已发行股份总额的5%。

四、非上市公司用于股权激励的资金来源

非上市公司激励对象取得股权激励标的因没有法律的强制性规定，所以其资金来源有多种途径，一般而言，激励对象购买股权激励激励标的的资金来源有表8-3所示的3种。

表8-3 非上市公司激励对象购买股权的资金来源

序号	资金来源	具体说明
1	激励对象自筹资金	在非上市公司按注册资本金或者每股净资产的一定优惠折扣授予激励对象激励标的股份时，一般要求激励对象自筹资金购买公司股份，因为公司在授予其激励标的股份时已经进行了一定的折让
2	从激励对象的工资或者奖金中扣除	在很多情形下，激励对象不愿掏腰包购股，公司可以考虑从其工资或者奖金中扣除一部分，作为购买股权激励激励标的的资金，当然，在公司采取这种方式实施股权激励计划时，要取得激励对象的同意
3	公司或者股东借款给激励对象或者为激励对象的借款提供担保	在非上市公司中，法律并不限制公司或者股东借款给激励对象或者为激励对象的借款提供担保，以便于激励对象购买股份，所以也可以采取这种方式作为激励对象筹集资金的方式

第五节 定对象

股权激励方案设计过程中，企业和员工最为关心的问题是——哪些员工能够被激励？任何股权激励，确定激励对象和相关标准都是非常重要的环节之一。激励对象与激励目的、激励模式的选择都息息相关。

一、股权激励对象的范围

股权激励的对象应是在公司具有战略价值的核心人才，核心人才是指拥有关键技术或拥有关键资源或支撑企业核心能力或掌握核心业务的人员。公司在

激励对象选择层面需要把握宁缺毋滥的原则，对少数重点关键人才进行激励。

公司核心人才一般包括高管、技术类核心人才、营销类人才等，如图8-12所示，应根据公司行业属性和公司具体岗位重要性做具体化区分。

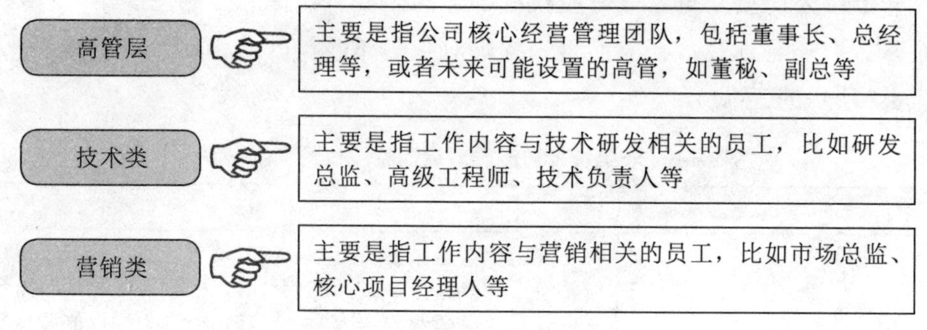

图8-12　公司核心人才的范围

二、股权激励对象确定的原则

公司在推行股权激励计划中，应遵循图8-13所示的3项原则来确定激励对象。

图8-13　股权激励对象确定的原则

1.价值原则

这里的“价值”是指激励对象对公司的价值，既包括过去的价值，也包括未来的价值，并且后者所占权重更大一些。价值原则是由股权激励目的决定的。

比如，以下是某企业确定的股权激励目的。

（1）进一步完善公司治理结构，建立、健全公司长效激励机制。

（2）吸引和留住优秀人才，建立和完善股东与核心骨干员工之间的利益共享机制。

（3）为有潜力、有志向的年轻员工提供更好的发展机会和更大的发展空间，逐步实现奋发向上、人才辈出的景象。

（4）有效地将股东利益、公司利益和经营者个人利益结合在一起，激励与约束并重，提升企业“软实力”，促进愿景目标的实现，并给公司、股东、核心骨干员工带来更高效、更持久的回报。

可以看出，企业推进股权激励的目的，不仅仅是授予激励对象更高的回报。给予激励对象更高回报的目的是进一步调动他们的积极性，激发他们的潜能，从而创造更好的业绩，给公司、股东带来更高、更持久的价值，从而实现激励对象、企业、股东三方的价值共赢。

要真正评估激励对象的价值，可以从图8-14所示的两个角度入手。

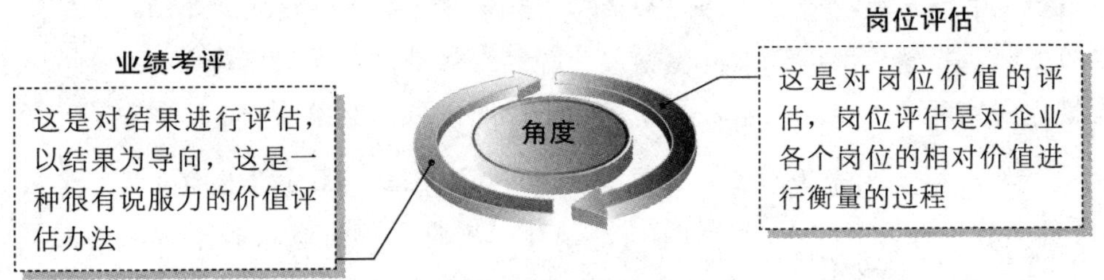

图8-14 评估激励对象价值的角度

其中，在岗位评估过程中，首先应根据预先确定的评估标准，对评估要素进行赋值；其次以评估要素对岗位进行评定、估值；最后得出各岗位价值。

2. 划分标准的刚性原则

鉴于价值评估难以做到精确，在实际操作过程中，实施股权激励的企业往往需要确定多个刚性标准来对人员进行划分。那么，这个标准怎么来定就涉及大家的切身利益问题，普遍认为较常出现的问题是标准有二义性，不够明确，从不同的角度有不同的理解。

比如，“认同公司价值观”就是一个必要的但不刚性的标准，我们难以获得全面的例证来说明激励对象都认同公司价值观，更难获得例证来证明其他人不认同公司价值观，并且不认同公司价值观几乎是一个很严重的“政治性”问题。

再如，“担任团队负责人”也是一个带有二义性的标准，总经理是团队负责人，部门经理也是，项目经理在项目存续期间也是。那么极端的情况是，项目经理A由于项目刚结束不符合这个标准，而项目经理B由于项目还在存续期间就符合这个标准。如果项目经理A在能力、贡献方面都超过项目经理B，则会导致项目经理A不服气，甚至受伤害，认为公司制定的规则不公平。

在实践中，有一些标准是刚性的，只要标准确定下来，可否划入激励对象范围便一目了然。

比如，司龄3年（含）以上，离退休返聘人员不是激励对象，或公司现有股东不是激励对象等，这些都是刚性标准，不会有二义性。如果公司能够建立明确的职位体系和任职资格体系，也可将标准确定为职级多少级及以上人员。

3.未来人员规划原则

公司推行的股权激励计划往往不是一次性的，不是说赶上了就有、没赶上就没有。一般来说，股东应同时考虑当下和未来3～5年的激励计划。在确立激励对象时，也要有前瞻性，应依据公司经营发展规划，明确未来3～5年的人员规划，并为未来人员规划中可能新进的激励对象预留激励股份。

比如，假如未来3～5年公司营业收入翻一倍，人员增长500人，将新设“战略发展中心”和“投融资中心”，预计新增符合现有激励对象标准的人员将有20人。那么现在就应做好这20人进入激励对象范围的准备，并为这20人预留必要的激励股份。

上市公司中也有类似的规定，比如“上市公司在推出股权激励计划时，可以设置预留权益，预留比例不得超过本次股权激励计划拟授予权益数量的20%”。不过由于上市公司的特殊性，要求“上市公司应当在股权激励计划经股东大会审议通过后12个月内明确预留权益的授予对象；超过12个月未明确激励对象的，预留权益失效”。而非上市公司在这一方面的规定就非常灵活，在推进股权激励计划时，就可以考虑更长期的人员需求，也能更方便地追加激励对象和激励股份，再一次实施股权激励计划。

相关链接

哪些员工不需要动用股权激励

以下4类员工根本不需要动用股权激励。

1.年轻人

年轻人内在的需求还没到达这个境界，没有团队发展的思维，更偏向追求短期回报，特别是20～30岁的年轻人。

2.奋斗者

员工是奋斗者，但不是创业者。这类型的人害怕失败，不敢承担经营风险，不过愿意拼命干，是非常好的追随者。可以用股份激励、合伙人模式。

3.价值低的人

股权激励是最顶层的激励设计，只面对高价值的人才，否则激励成本高、激励过度，反而制约企业发展。股权的份额有限，应该用于激励更高价值的人。

4.不值得信赖的人

股权激励相当于合法婚姻，受到法律约束，退出很难，所以在进入时必须保持谨慎，严格把关。宁愿采取增大股份与合伙人激励模式，也不要让不值得信赖的人随便成为公司的股东。

三、股权激励对象的评估

企业可以利用企业人才模型，从人员的岗位价值、人员的素质能力水平和人员对公司的历史贡献三个角度进行评价。其中岗位价值是评估最重要的因素，建议占比50%，素质能力代表未来给公司做贡献的可能性，建议占比30%，历史贡献也需要考虑，不要让老员工心寒，也是给现在员工做出榜样，注重历史的贡献，建议占比20%。如图8-15所示。

岗位价值	素质能力	历史贡献
员工的一部分价值要通过其所处的岗位价值来体现，明确股权激励前提下岗位评价要素，评价岗位的价值，进而评价岗位上的员工价值	员工素质能力水平的高低，即表示他目前为公司创造的价值，也是对他未来发展潜力的预期	是对老员工成绩的肯定，同时也起到为新员工树立典范的作用，让新员工看到，只要为公司发展做出贡献，就会得到公司发展带来的收益
50%	30%	20%

图8-15 股权激励对象的评估因素

具体到评估工具可用打分制进行数量化衡量，如表8-4所示。

表8-4　评估因素的评估标准

维度	序号	因素名称	因素权重	因素含义
岗位价值 50%	1	战略影响	15%	岗位所能够影响到的战略层面和程度
	2	管理责任	15%	岗位在管理和监督方面承担的责任大小
	3	工作复杂性	10%	岗位工作中所面临问题的复杂性
	4	工作创造性	10%	岗位在解决问题时所需要的创造能力
素质能力 30%	5	专业知识能力	10%	员工所具有的专业知识能力的广度和深度
	6	领导管理能力	10%	员工所具有的领导管理能力水平
	7	沟通影响能力	10%	员工所具有的沟通及影响他人能力水平
历史贡献 20%	8	销售业绩贡献	7%	员工以往销售业绩的贡献大小
	9	技术进步贡献	7%	员工以往对技术进步的贡献大小
	10	管理改进贡献	6%	员工以往对管理改进的贡献大小

拟订分数标准，人才价值分数得分高于该分数标准的人员可以进入股权激励计划，成为激励对象，如图8-16所示。

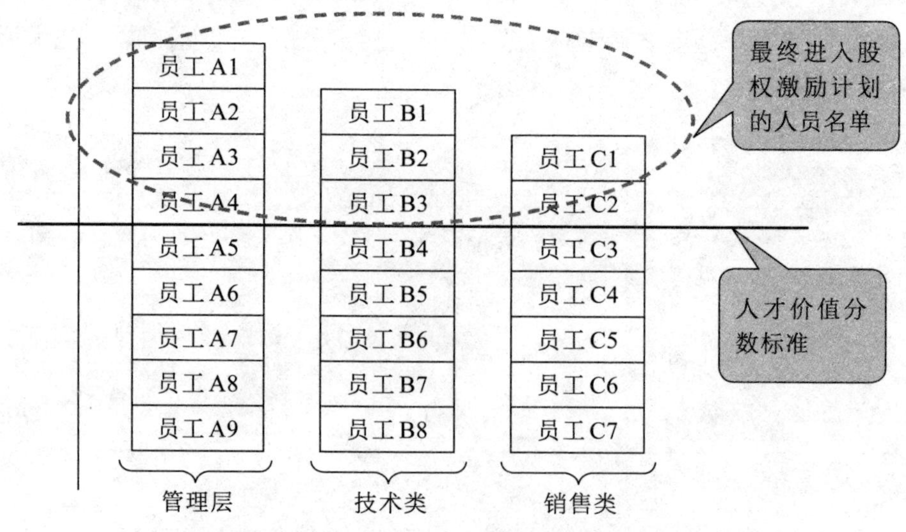

图8-16　以分数来确定进入股权激励计划的人员

四、不同行业股权激励对象的确定方法

1. 家族企业的定人方法

家族企业股权激励的对象包括七种人，如图8-17所示。

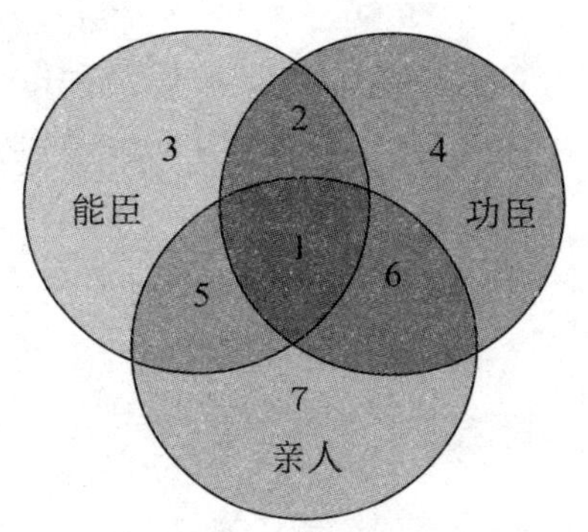

1	能臣+功臣+亲人
2	能臣+功臣
3	能臣
4	功臣

- 家族企业创业期，以第2、5、6类人为主
- 家族企业成长期必须转为第1类人领衔，第2、3、4类人为主

图8-17　家族企业股权激励的七种人

七种人中的区分：能臣，按照职务高低来划分；功臣，则靠感觉好坏来区分；亲人，以血缘远近和创业贡献来区分。七种人股权激励的特征如表8-5所示。

表8-5　七种人股权激励的特征

种类		措施
1	能臣+功臣+亲人	都有创业股，原则上不参与激励
2	能臣+功臣	（1）给期权，主要按职务，以能为主 （2）功劳很大，家里给，功劳股不能大于能力股
3	能臣	（1）能臣的使用决定了公司的长远发展，要大量吸引 （2）此类人很重要，按照职务给 （3）能臣要分类，如分成现在很有能力的能臣、潜力型的能臣等
4	功臣	（1）功臣一般都是踏踏实实，文化水平不高 （2）主要是近期和现金激励，以福利、荣誉和安定为主 （3）要有功臣提升计划，把功臣变成能臣
5	能臣+亲人	（1）原则上是按照职务激励+亲情补贴 （2）如果有可能，亲情股大于职务股
6	功臣+亲人	原则上没有职务股，但有亲情股
7	亲人	没有职务股，但有亲情股

2. 制造企业的定人方法

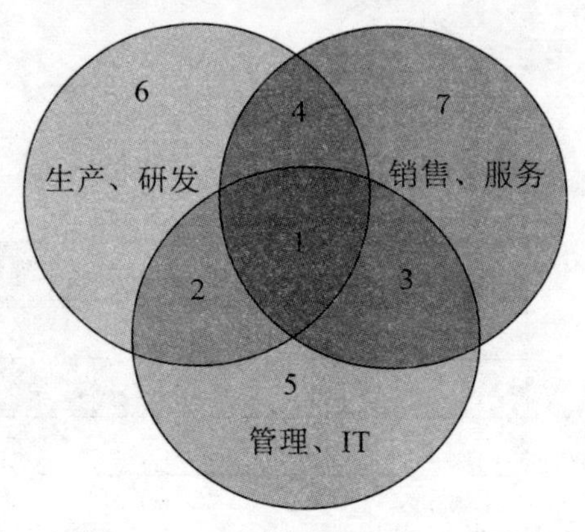

图8-18　制造企业的定人区分图

制造企业的定人方法如图8-18所示。

（1）1区（管理+生产+销售重合区）。管理、生产和销售重合区是股权激励的重点，包括总经理、销售副总、管理副总、财务副总、技术副总、生产副总、市场副总、技术研发中心等。这部分工作不好用绩效考核的方式来实现，并且对公司的发展非常重要。

（2）2、3、4区为局部重合区。2区，管理+生产重合区，如质检、生产统计等；3区，管理+销售重合区，如客户管理、IT系统等；4区，生产+销售重合区，如售后服务等。对于传统企业而言，重点和难点是判断2、3、4区域究竟应该用什么样的方式激励更有效率。

如果2、3、4区域的工作容易量化，用薪酬和绩效考核更有效率，就不需要做股权激励；如果2、3、4区域的工作不好量化，那么就需要用股权激励。

（3）5、6、7区非重合区。非重合区一般不需要股权激励。

5区（管理）：用薪酬和绩效解决，不需要股权激励。

6区（生产）：生产工人采用工资+计件提成，不需要股权激励。

7区（销售）：公司的业务人员采用工资+销售提成，不需要做股权激励。

3. 高科技企业的定人方法

高科技企业是以人力资本、知识资本为核心资源的企业，具有高风险、高投入、高成长、经营灵活等特点，这些内在的特性决定了高科技企业较之其他类型的企业更适合推行股权激励机制。

因科技企业强调科研和创新，其持股对象除高管外，一般为科技人员，这些科技人员是科技企业的关键，因此科技人员是科技企业激励的重点。

由于科技人员的绩效一般需要通过较长时间才能显现，而当他们的科研成果出来后对整个公司的发展有重大影响，因此科技人员的激励一般采用期权的方式。

4. 连锁企业的定人方法

连锁企业的股权激励分为总部管理人员和连锁店核心人员两部分。总部管理人员的定人方法可参考家族企业和制造企业的分类方法。

连锁企业的典型特征是单店的管理问题，针对不同的连锁行业应该有不同的股权激励政策。很多连锁企业的店长职位级别较低，薪资待遇也不高，是否将单店核心人员纳入股权激励的范围，主要是通过评价店长及其他核心对一个店的管理、销售的作用是多大。

某企业股权激励的对象

1. 股权激励对象的确定依据

股权激励对象的确定依据如下图所示。

法律依据	本计划的激励对象是根据《公司法》《证券法》《管理办法》等有关法律、法规和规范性文件以及《公司章程》的相关规定，结合公司实际情况而定
基于人力资本（岗位）价值	股权激励不同于工资和短期激励，它旨在支撑公司的战略规划，因此首先激励有能力参与战略制定或承担战略实施重大职责的核心管理者。岗位价值是决定股权激励的核心因素，同时也决定了激励的批次
参考历史贡献度	股权激励是着眼于未来成果的分享，但在授予股权时也适度考虑员工的历史贡献，历史贡献的考虑主要体现在适量增加股份的数量
满足以下获授基本条件	①认同公司的发展战略和价值观；②承诺自愿遵守本计划规定的所有条款及配套文件；③授予股份的上年度个人考核成绩合格；④同意签署与本激励计划相配套的相关法律文件（如《股权激励计划协议书》等）

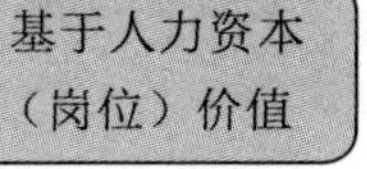

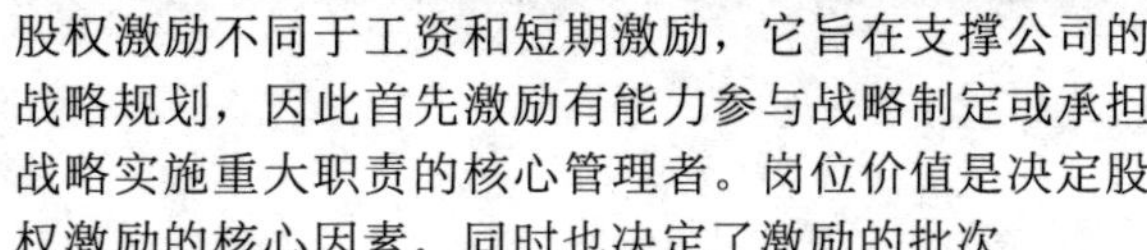

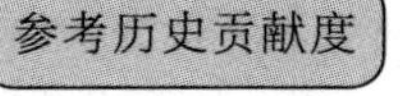

股权激励对象的确定依据

2.×× 公司股权激励的对象

通过岗位价值评估、以往个人创造价值评估结果的综合评价，我们认为，×× 公司本次股权激励的主要岗位如下。

股权激励主要岗位

序号	岗位	评估得分	任职人员
1	总经理	632.04	赵 ××
2	采购部经理	541.60	江 ××
3	直营部经理	439.08	罗 ××
4	渠道部经理	412.68	彭 ××
5	店长	359.00	公司正式店长
6	综合部主管	316.20	刘 ××
7	后勤部主管	309.12	张 ××
8	财务部主管	298.88	杨 ××

3. 激励对象的核实

本计划经执行董事审议通过后，公司在内部公示激励对象的姓名和职务，公示期不少于 10 天。

经公司执行董事调整的激励对象名单，亦应在公司内部公示，公示期不少于 10 天。

第六节　定价格

股权激励定价决定着激励对象获得股份的成本，因此往往决定着激励对象的参与意愿，同时也决定着激励对象未来的股份收益。

一、股权定价应考虑的因素

股权定价应考虑如图8-19所示的因素。

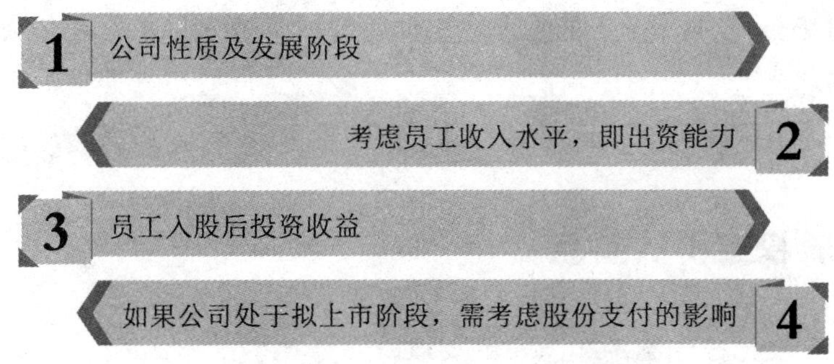

图8-19　股权定价应考虑的因素

1. 公司性质及发展阶段

对于不同发展阶段的公司，定价方式则完全不同，主要是因为不同阶段的公司经营风险强弱的问题。

对于初创期公司如实施股权激励，给到员工的价格通常按照注册资本或初始投入进行定价，主要是因为未来公司的不确定性较大。而对于成长期的公司，公司已经有稳定的发展，这时实施股权激励定价通常按照净资产进行确定；如公司已经引入外部投资人，其授予员工股权的价格还需要考虑外部投资人的意见。

2. 考虑员工收入水平，即出资能力

员工的出资能力是员工参与的先决条件，但并不是最关键因素。如果现状是员工整体出资能力较低，那我们定价是不是也要放低呢？其实也不是，如果单纯是员工的出资能力问题，可以从员工的出资方式进行设计，如股东提供借款、分期付款等方式。往往在实践过程中，员工的资金问题是很小的一方面（当然不是胡乱定价），员工对于企业发展的信心才是是否参与股权激励计划的根本。

3. 员工入股后投资收益

员工参与股权激励，最直接影响员工参与意愿的是其收益。对于员工而言，收益太低，影响员工的参与意愿；对于公司而言，给到员工收益太高，则会有过度激励的问题。

4. 如果公司处于拟上市阶段，需考虑股份支付的影响

股权定价、股份支付、公司上市这三者有何关系呢？如果授予员工股份的

价格低于市场公允价，就需要做股份支付处理，股份支付不会影响公司的现金流，但会影响当年公司的净利润，如果公司股份支付在报告期最后一年，会直接影响当年公司报表利润，进而对公司上市或上市后市值有一定影响。

二、股权定价的要点

股权定价应把握住图8-20所示的要点。

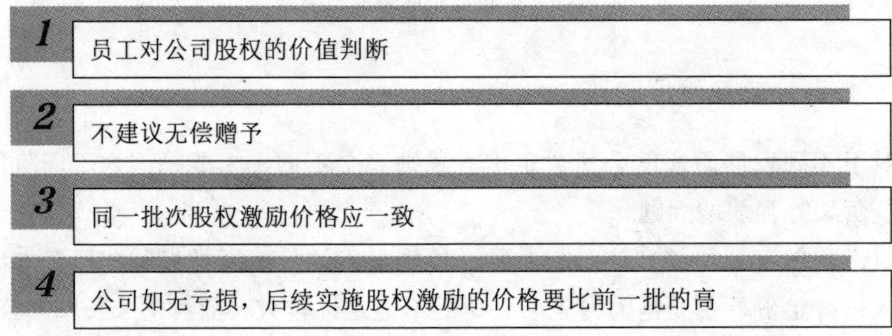

图8-20　股权定价的要点

1. 员工对公司股权的价值判断

有些公司的股东认为公司的未来发展非常稳健，预期利益容易实现，以较低的激励价格授予员工股权，对于原股东来说激励成本过高，因此希望能以更高的价格向被激励员工授予股权；而被激励员工认为激励价格过高，股东诚意不足，不愿意购买激励股权。

2. 不建议无偿赠予

无偿赠予员工股权，在实践中通常不建议采用，原因如图8-21所示。

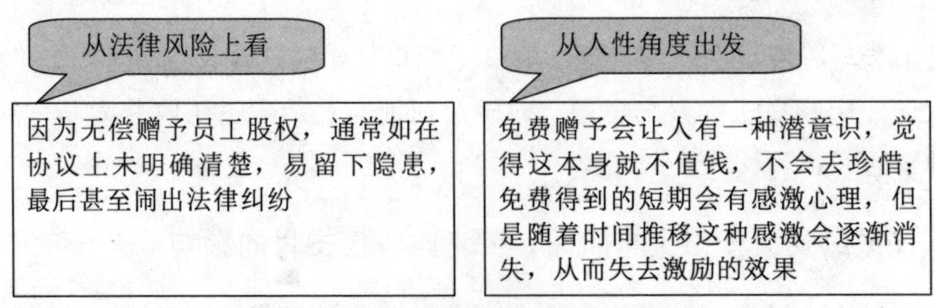

图8-21　股权不建议无偿赠予的原因

3.同一批次股权激励价格应一致

同一批实施股权激励的授予价格应该同股同价。曾经有企业尝试针对不同层级的激励对象按照不同的价格授予股票，在方案沟通环节，激励对象则纷纷对方案的公平性提出质疑。

如果公司想加强对级别高的员工进行激励，建议不要从价格上与其他员工进行区别，可以从数量上做出区分，级别越高，授予的数量越高，亦同样可实现激励效果。从人性的角度来看，人对于价格的关注远比数量上高得多。

4.公司如无亏损，后续实施股权激励的价格要比前一批的高

公司在正常发展的过程中，公司的规模、盈利能力、净资产会不断提升，公司的估值也同样会提升。

如企业有净资产增值（企业盈利或外部投资），企业股票存在增值收益，为体现对现有股东的公平，后续授予股份的价格应该比前面批次授予股份的价格高。

三、非上市公司股权激励定价方法

通常，我国非上市公司股权激励定价方法主要有图8-22所示的4种。

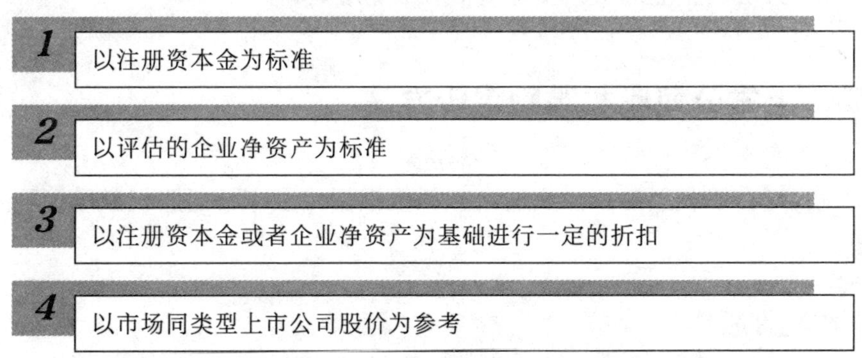

图8-22 非上市公司股权激励标的价格获取方式

1.以注册资本金为标准

企业以注册资本金为标准来确定股权价格。每份激励标的的获取价格直接

设定为1元，这是最简单的定价方式，适用于注册资本金与企业净资产相差不大的企业。

2. 以评估的企业净资产为标准

通过专业的评估机构对企业的总净资产进行评估，用企业总净资产除以企业总股本获得每股净资产的价值，以每股净资产价值作为每股激励标的的获取价格。

以上情况适用于企业净资产与注册资本金相差较大的企业。

3. 以注册资本金或者企业净资产为基础进行一定的折扣

企业可以根据实际的经营情况，以注册资本或者每股净资产为基础，选择适当的折扣来确定激励标的的获取价格。这种方式较前两种方式激励力度更大，激励对象可用较低廉的价格获得股权。

4. 以市场同类型上市公司股价为参考

对于高新企业，可采用以市场同行业同类型上市公司的股价为参考，进行一定折扣后作为股权激励的获取价格的方式。

由于企业价值的计算方式多种多样，非上市公司股权激励的获取价格的确定也有多种方法，企业应根据实际情况和战略确定。

四、上市公司股权激励定价方法

上市公司在以股票进行激励时，应严格根据《上市公司股权激励管理办法》的要求执行。

1. 限制性股票

《上市公司股权激励管理办法》第二十三条规定：上市公司在授予激励对象限制性股票时，应当确定授予价格或授予价格的确定方法。授予价格不得低于股票票面金额，且原则上不得低于下列价格较高者。

（1）股权激励计划草案公布前1个交易日的公司股票交易均价的50%。

（2）股权激励计划草案公布前20个交易日、60个交易日或者120个交易日的公司股票交易均价之一的50%。

上市公司采用其他方法确定限制性股票授予价格的，应当在股权激励计划中对定价依据及定价方式作出说明。

2.股票期权

《上市公司股权激励管理办法》第二十九条规定：上市公司在授予激励对象股票期权时，应当确定行权价格或者行权价格的确定方法。行权价格不得低于股票票面金额，且原则上不得低于下列价格较高者。

（1）股权激励计划草案公布前1个交易日的公司股票交易均价。

（2）股权激励计划草案公布前20个交易日、60个交易日或者120个交易日的公司股票交易均价之一。

上市公司采用其他方法确定行权价格的，应当在股权激励计划中对定价依据及定价方式作出说明。

某企业股票期权行权价格及其确定方法

一、行权价格

本次激励计划授予的股票期权（含预留股票期权）的行权价格为每股17.51元。

二、行权价格的确定方法

股票期权（含预留股票期权）的行权价格不低于股票票面金额，且不低于下列价格较高者。

（1）本激励计划公告前1个交易日公司股票交易均价（前1个交易日股票交易总额÷前1个交易日股票交易总量），为每股17.51元。

（2）本激励计划公告前60个交易日的公司股票交易均价（前60个交易日股票交易总额÷前60个交易日股票交易总量），为每股16.21元。

第七节　定数量

股权激励计划中定数量是指实施股权激励的份额要合理。公司在实施股权激励时，对激励股票的总量是有一定限制的，尤其是上市公司，在制订股权激励计划时就应设定好激励股票的总量。

一、数量的内涵

这里的数量包括股权激励的总量和个量。企业的股本、薪酬规划、留存的股权数量、其他福利待遇都是影响激励总量的关键因素。

一般来说，企业进行股权激励时，要保障原有股东对公司的控制权，并根据薪酬水平及留存股票的最高额度确定股权激励总量。而单个激励额度的确定，需要参照国家相关法律法规的要求，利用价值评估工具对激励对象的贡献进行评估，并平衡股权激励对象的收入结构，从而确定每个激励对象可以获得的股权激励数量。

提醒您

总量不是个量的简单加总，个量不是总量的简单分配，量的确定是个双向过程，关系股权激励效果与成败。

二、股权激励的总量确定

1. 股权激励的总量确定方法

股权激励的总量确定方法有表8-6所示的两种。

2. 影响股权激励总量的确定因素

股权激励总量的确定需要考虑以下因素。

表 8-6　股权激励的总量确定方法

序号	方法	具体说明
1	直接确定一个比例	根据企业自身特点、目前的估值水平、CEO的分享精神、同行竞争对手的激励水平等因素来确定股权激励的总量，业界通常的比例为10%～30%，15%是个中间值
2	以员工总薪酬水平为基数来确定股权激励总量	具体为：股权激励总价值=年度总薪金支出×系数，其中系数可根据行业实践和企业自身情况来决定。采用股权激励总量与员工总体薪酬水平挂钩的方式，使企业在股权激励的应用上有较大的灵活性，同时又保证了激励总量与企业的发展同步扩大

（1）总量确定与大股东控制力的关系；总量确定与公司引入战略投资人、上市的关系。要保证大股东对公司的控制权。

（2）企业规模大小。公司规模越大、发展阶段越高，持股比例越小，反之则持股比例越大。

（3）业绩目标的设立（需要多大的激励额度）。

（4）波动风险的预防（业绩好与不好）。

（5）总量需要部分考虑预留未来新进或新晋升员工。

提醒您

确定总量时要考虑动态股权激励。

（1）不要一次性分配确定。

（2）根据公司发展历史阶段、未来人才需求、行业变化情况来逐年分次释放股权。

（3）避免过度激励、过度稀释股权。

三、股权激励个量的确定

（1）激励的原则不仅考虑公司发展和行业特点，还需要考虑激励对象的中长期薪酬比例。如图8-23所示。

（2）股权激励个量的确定方法有三种，如表8-7所示。企业处于初创期，人数较少，建议直接判断法，简单明了；企业处于成熟期，人数较多，可以考虑用分配系数法，通过数据的测算有助于确保公平公正。

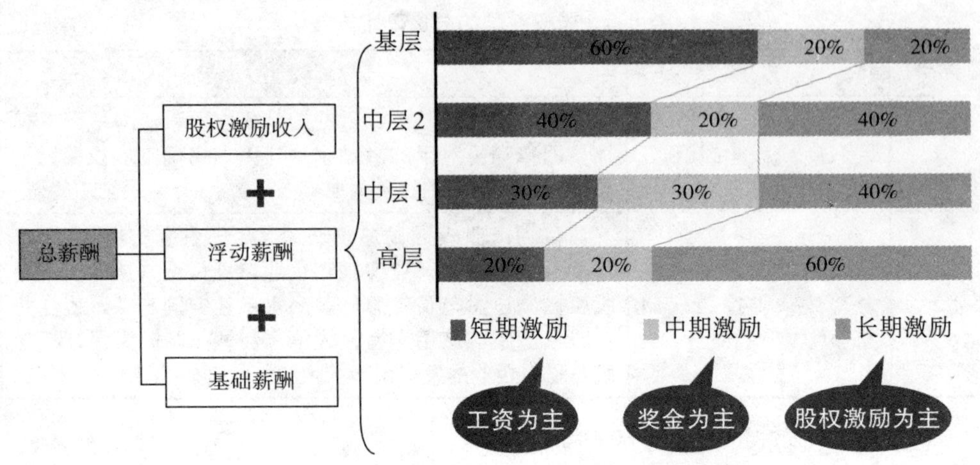

图8-23　股权激励要考虑激励对象的中长期薪酬比例

表8-7　股权激励个量的确定方法

序号	方法	具体说明
1	直接判断法	（1）这种是最简单粗暴的一种激励方法，即董事会综合评判后直接决定每个激励对象的股权激励数量，目前国内采用这种方法的情况居多 （2）一般都是考虑几个因素（尤其是职位、业绩、竞争对手的情况）之后，根据可供分配的股权激励总量，直接决定每个激励对象的获授数量
2	期望收入法	（1）个人股权激励数量=股权激励收益期望值÷预期每股收益=个人年薪×倍数÷预期每股收益 （2）先假定激励对象行权时应获得几倍年薪的期望收入，再预测行权时的每股收益，用期望收入除以每股收益即得出应授予的股权激励数量
3	分配系数法	（1）个人激励额度=激励总量×激励对象个人分配系数÷公司总分配系数 （2）公司总分配系数=Σ个人分配系数 （3）个人分配系数=人才价值系数×20%+薪酬系数×40%+考核系数×20%+司龄系数×20%

（3）个人股权激励数量的确定，需要考虑未来预留的数量，并且充分考虑分批次给予。

（4）核心经营团队激励数量不少于激励总额的60%，第一责任人不少于激励总额的20%。

第八节 定条件

虽然确定了股权激励对象，但激励对象在什么条件下才能行权？这是股权激励计划实施过程中的关键问题。一般来说，激励对象在获取股权时必须达到或满足一定的条件，达不到条件就不能获取股权。

一、上市公司股权激励授予和行权条件

1.上市公司实施股权激励计划的授予条件

（1）公司未发生下列任一情形即符合实施股权激励计划的法定主体资格要求。

——最近一个会计年度的财务会计报告被注册会计师出具否定意见或者无法表示意见的审计报告。

——最近1年内因重大违法违规行为被中国证监会予以行政处罚。

——中国证监会认定的不能实行股权激励计划的其他情形。

（2）激励对象未发生下列任一情形即符合实施股权激励计划的法定获授条件。

——最近3年内被交易所公开谴责或宣布为不适当人选的。

——最近3年内因重大违法违规行为被中国证监会予以行政处罚的。

——具有《公司法》规定的不得担任公司董事、监事、高级管理人员情形的。

股权激励计划的行权条件实际上是对股权激励计划所要达到的绩效的考核条件，这种绩效考核分为两类：一类是对激励对象的绩效考核；另一类是对公司的经营业绩考核。股权激励计划的行权条件，体现了公司股东即投资人的意志，是公司股东对授予股权激励标的后的预期回报要求；是所谓的股权激励的触发门槛；是因管理层的超凡努力为股东获得超额回报的标准。

2.上市公司股权激励计划的行权条件

对于上市公司而言，上市公司股权激励计划的行权条件中最基本的一条是激励对象和实施股权激励计划的上市公司在行权条件达成时，仍需要符合激励对象和实施股权激励计划的上市公司各自的获授条件。

激励对象要达到行权条件，除了要符合激励对象的获授条件以外，公司一般要求激励对象在行权的上一年度根据《公司股权激励计划实施考核办法》绩效考核合格或者良好。上市公司实施股权激励计划的行权条件（考核业绩条件），根据《上市公司股权激励管理办法》规定，并根据自身情况，可设定适合于本公司的绩效考核指标，绩效考核指标应包含财务指标和非财务指标。

提醒您

绩效考核指标如涉及会计利润，应采用按新会计准则计算、扣除非经常性损益后的净利润，同时股权激励成本应在经常性损益中列支。

二、非上市公司股权激励授予和行权条件

1.非上市公司实施股权激励计划的授予条件

非上市公司实施股权激励计划并没有法定的授予条件，所以公司可以灵活地决定是否要设置股权激励计划的授予条件。一般而言，不用对非上市公司设置授予资格主体条件，因为对于非上市公司而言，如果公司根本就不符合股权激励计划的授予条件，那么又如何实施股权激励计划？非上市公司虽然可以不设置对激励对象的授予条件，但是为了确保股权激励计划的公平性，在说明激励对象的范围内的同一岗位，为什么有的员工获得了激励计划授予资格，而有的员工却没有获得激励计划授予资格时，可以规定明确的授予条件，这样可避免员工内部的猜忌。

同样，虽然上市公司对激励对象的获授资格有法定的约束条件，但是这些法定条件只是资格性的条件，无法说明为何此员工获得股权激励资格而彼员工没有获得股权激励资格。所以，公司需要制定比法定的约束条件更加严格的约束条件，以缩小股权激励计划的激励对象范围。

2.非上市公司股权激励计划的行权条件

非上市公司股权激励计划的行权条件的规定比上市公司的规定更加灵活，但是其基本内容是一致的。比如，对激励对象行权条件的要求，一般也是要求

激励对象在行权的上一年度根据《公司股权激励计划实施考核办法》绩效考核合格或者良好；对公司业绩考核条件，公司也是应该根据自身情况，设定适合本公司的绩效考核指标。

企业具体选取什么样的业绩考核指标取决于企业所处行业的特点、战略规划和达标难度等各方面的情况。一般而言，企业可以在下列三类业绩指标中选取适合自己公司情况的考核指标。

（1）反映股东回报和公司价值创造等综合性指标，如净资产收益率（ROE）、经济增加值（EVA）、每股收益等。

（2）反映公司盈利能力及市场价值等成长性指标，如净利润增长率、主营业务收入增长率、公司总市值增长率等。

（3）反映企业收益质量的指标，如主营业务利润占利润总额比重、现金营运指数等。

某企业股票期权的授予和行权的条件及安排

一、股票期权的授予条件

同时满足下列授予条件时，公司应向激励对象授予股票期权，反之，若下列任一授予条件未达成的，则不能向激励对象授予股票期权。

1. 公司未发生以下任一情形

（1）最近一个会计年度财务会计报告被注册会计师出具否定意见或者无法表示意见的审计报告。

（2）最近一个会计年度财务报告内部控制被注册会计师出具否定意见或者无法表示意见的审计报告。

（3）上市后最近36个月内出现过未按法律法规、公司章程、公开承诺进行利润分配的情形。

（4）法律法规规定不得实行股权激励的。

（5）中国证监会认定的其他情形。

2. 激励对象未发生以下任一情形

（1）最近12个月内被证券交易所认定为不适当人选。

（2）最近 12 个月内被中国证监会及其派出机构认定为不适当人选。

（3）最近 12 个月内因重大违法违规行为被中国证监会及其派出机构行政处罚或者采取市场禁入措施。

（4）具有《公司法》规定的不得担任公司董事、高级管理人员情形的。

（5）法律法规规定不得参与上市公司股权激励的。

（6）中国证监会认定的其他情形。

二、股票期权的行权条件

行权期内，同时满足下列条件时，激励对象获授的股票期权方可行权。

1. 公司未发生以下任一情形

（1）最近一个会计年度财务会计报告被注册会计师出具否定意见或者无法表示意见的审计报告。

（2）最近一个会计年度财务报告内部控制被注册会计师出具否定意见或者无法表示意见的审计报告。

（3）上市后最近 36 个月内出现过未按法律法规、公司章程、公开承诺进行利润分配的情形。

（4）法律法规规定不得实行股权激励的。

（5）中国证监会认定的其他情形。

2. 激励对象未发生以下任一情形

（1）最近 12 个月内被证券交易所认定为不适当人选。

（2）最近 12 个月内被中国证监会及其派出机构认定为不适当人选。

（3）最近 12 个月内因重大违法违规行为被中国证监会及其派出机构行政处罚或者采取市场禁入措施。

（4）具有《公司法》规定的不得担任公司董事、高级管理人员情形的。

（5）法律法规规定不得参与上市公司股权激励的。

（6）中国证监会认定的其他情形。

公司发生上述第 1 条规定情形之一的，所有激励对象根据本激励计划已获授但尚未行权的股票期权应当由公司注销；某一激励对象发生上述第 2 条规定情形之一的，该激励对象根据本激励计划已获授但尚未行权的股票期权应当由公司注销。

3. 公司业绩考核指标

本激励计划在 2018 ~ 2020 年会计年度中，分年度对公司的业绩指标进行考核，以达到业绩考核目标作为激励对象当年度的行权条件之一。本激励计划业绩考核目标如下表所示。

行权期及业绩考核目标

行权期		业绩考核目标
首次授予的股票期权	第一个行权期	2020 年净利润不低于 3.8 亿元
	第二个行权期	2021 年净利润不低于 4.5 亿元
	第三个行权期	2022 年净利润不低于 5.5 亿元
预留授予的股票期权	第一个行权期	2021 年净利润不低于 4.5 亿元
	第二个行权期	2022 年净利润不低于 5.5 亿元

注：上述各指标计算时使用的净利润为经审计的归属于母公司所有者的净利润。

公司未满足上述业绩考核目标的，所有激励对象对应考核当年所获授的股票期权由公司注销。

4. 个人绩效考核要求

若根据公司《考核管理办法》，激励对象考核结果为 B 级（表现优良）及以上的可以行权，C、D、E 级均不能行权。

个人业绩考核结果与股票期权行权的系数规定见下表。

个人业绩考核结果与股票期权行权的系数

考核结果	A 级	B 级	C 级	D 级	E 级
行权系数	1	1	0	0	0

5. 考核指标的科学性和合理性说明

公司股票期权考核指标分为两个层次，分别为公司层面业绩考核与个人层面绩效考核。

公司层面业绩指标体系为净利润，净利润指标反映公司经营情况及企业成长性。在综合考虑了行业发展状况、市场竞争情况以及公司未来的发展规划等相关因素的基础上，公司为本次股票期权激励计划设定了 2018 年、2019 年及 2020 年净利润分别达到 38000 万元、45000 万元及 55000 万元的业绩考核目标。考核指标的设定有利于调动激励对象的积极性和创造性，确保公司未来发展战略和经营目标的实现，从而为股东带来更多回报。

除公司层面的业绩考核外，公司对个人还设置了绩效考核体系，能够对激励对象的工作绩效作出较为准确、全面的综合评价。公司将根据激励对象前一年度绩效考评结果，确定激励对象个人是否达到行权的条件。

综上，公司本次激励计划的考核体系具有全面性、综合性及可操作性，考核指标设定具有良好的科学性和合理性，同时对激励对象具有约束效果，能够达到本次激励计划的考核目的。

三、股票期权的行权安排

首次授予的股票期权自授予日起 12 个月后，满足行权条件的，激励对象可以分三期申请行权。具体行权安排如下表所示。

具体行权安排表

行权期	行权时间	可行权比例
首次授予股票期权的第一个行权期	自首次授予日起满12个月后的首个交易日至授予日起24个月内的最后一个交易日止	40%
首次授予股票期权的第二个行权期	自首次授予日起满24个月后的首个交易日至授予日起36个月内的最后一个交易日止	30%
首次授予股票期权的第三个行权期	自首次授予日起满36个月后的首个交易日至授予日起48个月内的最后一个交易日止	30%

预留的股票期权自该部分股票期权授予日起 12 个月后，满足行权条件的，激励对象在行权期内按 50%，50% 的行权比例分两期行权，具体见下表。

预留的股票期权分两期行权

行权期	行权时间	可行权比例
预留股票期权的第一个行权期	自该部分股票授予日起满12个月后的首个交易日至授予日起24个月内的最后一个交易日止	50%
预留股票期权的第二个行权期	自该部分股票授予日起满24个月后的首个交易日至授予日起36个月内的最后一个交易日止	50%

在行权期内，若当期达到行权条件，激励对象可对相应比例的股票期权申请行权。未按期申请行权的部分不再行权并由公司注销；若行权期内任何一期未达到行权条件，则当期可行权的股票期权不得行权并由公司注销。

第九节 定机制

股权激励计划的设计、实施是一个长期系统的工程。在实施过程中，可能会因公司或激励对象个人发生变化，而需要对股权激励计划进行调整，因此应当制定一系列相应的调整机制、退出机制等来保障股权激励计划的有效实施。

一、股权激励计划的管理机制

股权激励计划的管理分为公司层面和政府层面：政府层面的管理以证监会等部门的相关制度为准；在公司层面，股权激励的决策机构是股东大会，日常的领导和管理由董事会负责，一般情况下，董事会下设薪酬委员会，负责股权激励计划的具体管理，股权激励工作的监督一般由监事会负责。

二、股权激励计划的调整机制

股权激励计划的调整，是指在公司授予激励对象股权激励标的之后至激励对象行权之日当日止的期间内，公司因为发生资本公积金转增股本、派送股票红利、股票拆细或缩股、配股等事项时，为维持激励对象的预期利益和保证股权激励计划的公平性，公司对激励对象获授的股权激励标的数量以及价格进行相应调整的行为。经过调整，激励对象实际可以获得的股权激励标的数量以及价格为调整后的股权激励标的数量以及价格。

1. 股权激励计划的调整情形

股权激励计划的调整包括以下两种情况。

（1）正常股份变动下的调整，如送股、配股、增发新股、换股、派发现金股息等。

（2）公司发生重大行为时的调整，如公司在生产经营中发生并购、控制权发生变化等情况。

2. 股权激励标的数量的调整方法

股权激励标的数量的调整方法如表8-8所示。

表8-8　股权激励标的数量的调整方法

序号	调整事项	调整方法
1	公司进行资本公积金转增股本、派送股票红利、股票拆细事项	调整后的股权激励标的数量=调整前的股权激励标的数量×（1+每股的资本公积金转增股本、派送股票红利、股票拆细的比例）。其中，每股的资本公积金转增股本、派送股票红利、股票拆细的比例即为每股股票经转增、送股或拆细后增加的股票数量
2	公司进行缩股事项	调整后的股权激励标的数量=调整前的股权激励标的数量×缩股比例（原1股公司股票缩为多少股公司股票）
3	公司进行配股事项	调整后的股权激励标的数量=调整前的股权激励标的数量×配股股权登记日当日收盘价×（1+配股比例）÷（配股股权登记日当日收盘价+配股价格×配股比例）。其中，配股比例即为配股的股数与配股前公司总股本的比例

3. 股权激励标的行权价格的调整方法

股权激励标的行权价格的调整方法如表8-9所示。

表8-9　股权激励标的行权价格的调整方法

序号	调整事项	调整方法
1	公司进行资本公积金转增股本、派送股票红利、股票拆细事项	调整后的股权激励标的的行权价格=调整前的行权价格÷（1+每股的资本公积金转增股本、派送股票红利、股票拆细的比例）
2	公司进行缩股事项	调整后的股权激励标的的行权价格=调整前的行权价格÷缩股比例
3	公司进行派息事项	调整后的股权激励标的的行权价格=调整前的行权价格–每股的派息额
4	公司进行配股事项	调整后的股权激励标的的行权价格=调整前的行权价格×（股权登记日当天收盘价+配股价格×配股比例）÷[股权登记日当天收盘价×（1+配股比例）]

4.股权激励计划调整的程序

一般而言，公司股东大会授权公司董事会依据股权激励计划所列明的上述资本公积金转增股本、派送股票红利、股票拆细或缩股、配股、派息等事项原因调整股权激励标的的数量和行权价格。因为这些事项所进行的调整以及调整的方法一般在股权激励计划草案中是事先设计好的，所以，遇到调整时一般公司只要通知激励对象即可。对上市公司而言，董事会调整股票期权数量和行权价格后，还应按照有关法规或主管机关的要求进行审批或备案并及时公告。

三、股票激励计划的修改机制

除了公司资本公积金转增股本、派送股票红利、股票拆细或缩股、配股、派息等原因调整股权激励标的的数量和行权价格外，因其他原因需要调整股权激励标的数量、行权价格或其他条款的，也应该认为是一种对原股权激励计划的修改。这种修改会严重影响激励对象以及股东的预期利益，所以在这种情况下的修改应该征得激励对象的同意，由公司董事会做出决议并经股东大会审议批准。

经常存在的对股权激励计划的修改有图8-24所示情形。

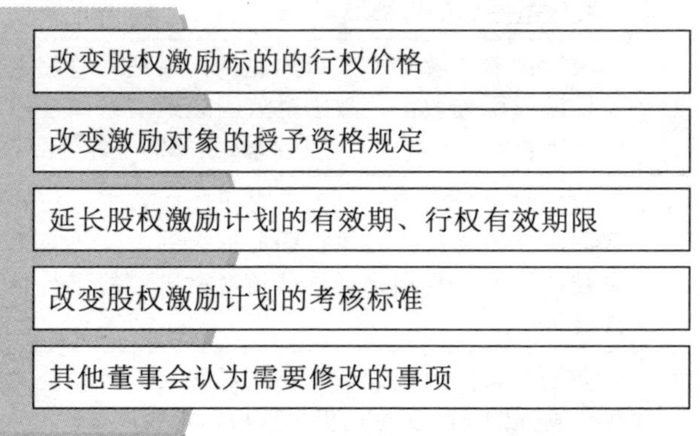

图8-24 经常存在的对股权激励计划的修改

四、股权激励计划的变更机制

1.公司控制权发生变化时股权激励计划的变更

一般而言，若公司发生控制权变更、合并、分立，所有已授出的股权激励标的不作变更，股权激励计划不作改变，激励对象不能加速行权。但若公司因控制权变更、合并、分立导致股权激励计划涉及的股权激励标的发生变化，则应对激励标的进行调整，以保证激励对象的预期收益不变。

2. 激励对象发生变化时股权激励计划的变更

激励对象发生变化时股权激励计划的变更情形如表8-10所示。

表8-10　激励对象发生变化时股权激励计划的变更

序号	变更情形	具体说明
1	正常职务变更	激励对象职务发生正常变更，但仍担任公司行政职务的董事、其他高级管理人员
2	职务降职	激励对象因不能胜任工作岗位、考核不合格、触犯法律、泄露公司机密、失职或渎职等行为严重损害公司利益或声誉而导致的职务降职，经公司董事会薪酬与考核委员会批准并报公司董事会备案，可以取消激励对象尚未行权的股权激励标的
3	不符合资格	若激励对象成为独立董事、监事或其他不能持有公司股票或其他股权激励标的的人员，一般应取消其所有尚未行权的股权激励标的
4	解聘离职	激励对象因触犯法律、泄露公司机密、失职或渎职等行为严重损害公司利益或声誉而被公司解聘的，一般自离职之日起所有未行权的股权激励标的即被取消
5	其他离职	激励对象自解除与公司的雇佣关系正常离职之日起所有未行权的股票期权即被取消；激励对象因达到国家和公司规定的退休年龄退休而离职的，其所获授的股权激励标的不作变更，仍可按规定行权
6	死亡	激励对象死亡的，自死亡之日起所有未行权的股权激励标的即被取消，但激励对象因执行职务死亡的，公司有权视情况根据激励对象被取消的股权激励标的价值对激励对象进行合理补偿，由其继承人继承
7	丧失劳动能力	激励对象因执行职务负伤而导致丧失劳动能力的，其所获授的股权激励标的不作变更，仍可按规定行权

五、股权激励计划的终止机制

1. 因公司不够实施股权激励计划资格而终止

公司发生下列情形之一，应当终止实施股权激励计划，激励对象根据激励计划已获授权但尚未行使的股权激励标的应当终止行使，由公司收回后予以注销。

（1）最近一个会计年度财务会计报告被注册会计师出具否定意见或者无法表示意见的审计报告。

（2）最近一年内因重大违法违规行为被中国证监会予以行政处罚。

（3）中国证监会认定的不能实行股权激励计划的其他情形。

2. 因激励对象不够获得股权激励标的资格而终止

在激励计划实施过程中，激励对象出现下列情形之一的，其已获授但尚未行使的股权激励标的应当终止行使，公司收回并注销其已被授予但尚未行权的全部股权激励标的。

（1）最近3 年内被证券交易所公开谴责或宣布为不适当人选的。

（2）最近3 年内因重大违法、违规行为被中国证监会予以行政处罚的。

（3）具有《公司法》规定的不得担任公司董事、监事、高级管理人员情形的。

3. 因为其他原因而终止股权激励计划

董事会认为有必要时，可提请股东大会决议终止实施激励计划。股东大会决议通过之日起，激励对象已获准行权但尚未行权的股权激励标的终止行权并被注销，未获准行权的股权激励标的予以作废。在实践中，公司董事会会因为股权激励计划无法实施的前景而主动撤销股权激励计划，予以终止，以便在合适的时机进行新一轮的股权激励计划。

六、股权激励计划的退出机制

1. 为什么要有退出机制

若没有退出机制，则公司员工离职后，公司无法回收激励股权，从而影响今后公司实施股权激励和公司的正常运营。

（1）当激励对象没有达到服务期要求，或者企业没有达到实现约定的业绩标准的时候，通过退出机制收回已经授出的激励股权，这样才不会违背实施股权激励的初衷。

（2）企业不断发展壮大，人员不断扩充，如果没有退出机制，很可能会面临无股激励的境地。通过退出机制收回离职人员手中的股权，可用于新进人员的激励以及原有人员的持续激励。

（3）非上市公司股权的流通性较弱，拟上市公司的上市之路也存在着很大的变数，不同情形下的退出机制的设计能够在很大程度上降低员工因股权流通性弱而承担的风险，从而提高其参与激励计划的积极性。

2. 关于退出方式的约定

在股权激励中，关于退出方式的约定包括图8-25所示的两个方面。

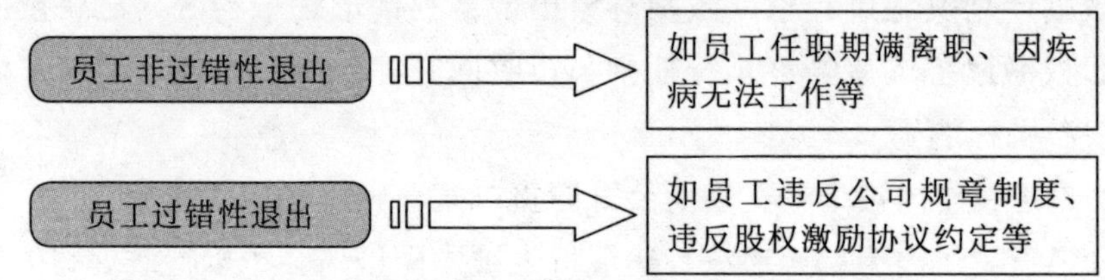

图8-25　退出方式的约定

对于员工非过错性退出，公司一般愿意以一定的价格回购；但对于过错性退出，公司大多希望以低于员工认购时的价格甚至是零元进行回购，并写入相应的股权激励协议文件中。

3. 股权激励回收、回购的范围

（1）已经行权的期权。已经行权的期权，是员工在达到公司业绩标准后以协议规定的价格购买的股权。对于做股权激励的公司来说，员工离职后仍持有公司股权，违背了其激励初衷，因此公司一般在股权激励协议中约定，员工正常离职后，公司有权按照约定的价格，对员工持有的股权进行回购。

（2）已成熟未行权的期权。已经成熟的期权，是员工通过公司授予条件后所获得的行权资格。若在行权窗口期内，员工决定离职，这个时候员工仍有权选择是否行权，若员工选择行权，则按照协议的行权价格购买该部分股权后，公司再予以回购。若员工放弃行权，则该部分期权由公司回收。

（3）未成熟期权。这部分期权仍归公司所有，员工没有达到行权条件，公司全部收回，放入公司期权池。

4. 股权回购价格设置方案

正常情况下（员工在公司工作3 年以上），常见的回购价格的设定有以下三种方案。

（1）直接按照行权价格的一定倍数回购（常见为行权价1 ～ 3 倍）。这种情况一般适用于公司刚起步阶段，其市场估值不确定性较大，直接约定一个固定的回购价格有利于加强激励对象对公司的认可及信任。

（2）基于公司回购前最新一轮融资的估值的一定折扣作为回购价格。当公司发展进入较为稳定的中后期，其融资估值也将比较接近真实的市场公允价。此方案中建议的“按照一定折扣计算回购价格”的原因是：估值作为投资人对于公司未来价值的认可，与现阶段公司发展水平或有一定差距，若完全按照估值回购，可能对公司现金流造成压力。

（3）基于公司回购前一年底的净资产评估计算的每股所得作为回购价格，适用于重资产传统企业。

建议在设置回购价格时，公司应在条款中明确回购价格的计算标准，尽可能避免“一定比例”“一定折扣”等模糊字样，以便激励双方在协议回购中达成一致，减少纠纷风险。

相关链接

非上市企业如何确定退出机制才能避免法律纠纷

为规避法律纠纷，非上市企业在推行股权激励方案前应事先明确退出机制。针对不同的激励方式，分别采用不同的退出机制。

1.现金结算类激励方式

针对现金结算类激励方式，要针对具体情况来确定其退出办法。

（1）合同期满、法定退休等正常的离职，已实现的激励成果归激励对象所有，未实现部分则由企业收回。若激励对象离开企业后还会在一定程度上影响企业的经营业绩，则未实现部分也可予以保留，以激励其能继续关注公司的发展。

（2）辞职、辞退等非正常退出，除了未实现部分自动作废之外，已实现部分的收益可归属激励对象所有。

（3）激励对象连续几次未达到业绩指标，则激励资格自动取消，即默认此激励对象不是公司所需的人力资本，当然没有资格获取人力资本收益。

2.直接实股激励方式

针对直接实股激励方式，激励对象直接获得实际股权，成为公司真正的股东。要根据股权激励协议约定的强制退出条款而要求激励对象转让股权存在较大困难，需要明确以下事项。

（1）关于强制退股规定的效力。在激励对象取得公司实际股权后应当变更公司章程，章程对公司及股东均有约束力。变更后的章程应规定特定条件满足时某股东应当强制退股，该规定可以视作全体股东的约定。在该条件满足时，特定股东应当退股。

同时应注意在公司存续过程中修改章程，并规定强制退股条件，则要分别情况看待。对于赞成章程修改的股东来说，在他满足强制退股条件时，章程的规定对他有效；对于反对章程修改的股东来说，即使章程已通过，强制退股的规定对他不具有效力。

在此应特别注意：股东资格只能主动放弃，不能被动剥夺。章程或激励协议通过特殊约定强制退股条款，可能因违反法律关于股东不得抽逃出资的强制性规定而被认定无效，对激励对象仅起到协议约束的效果。

（2）退股的转让价格或回购价格。股权激励协议中一般规定了强制退出的股份的转让价格及回购价格计算方法。退出股份价格经常约定为激励对象原始购买价格或原始购买价格加利息的作价。但资产收益是股东的固有权利，不能被强制剥夺，资产收益体现在利润分配、剩余资产分配和转让股份获益三方面，股东退股有权以市场价值作价。再者，在公司亏损时，如再以原价或原价加利息作价，则对其他股东不公平或涉嫌抽逃。因此，在股权激励设计方案中对退股的转让价格约定为公司实际账面净资产价值或市场公允价值较为妥当。

（3）协议能否规定只向特定股东转让。上述规定往往会侵犯了其他股东的优先购买权，优先购买权也是股东的固有权利，非经其事先同意，不得被剥夺。因此在股权激励协议中需要约定或另行出具其他股东承诺放弃优先购买权。

第九章

股权激励的落地

导语

股权激励的落地不是一蹴而就的，需要经历尽职调查、方案设计、方案实施、管理优化四个步骤，这四个步骤密切联系而相互促进。在实际操作中股权激励流程都是各式各样的，但是万变不离其宗，只要掌握好这四个步骤就能轻松应对。

第一节　尽职调查

对公司的信息了解不足，往往会导致股权激励方案的不公平，或者可执行性不强，或者因为违反法律规定而无效。因此，为了给公司设计一个合适的、能达到激励效果的方案或者出具一份有法律效力的法律意见书，在方案设计之前由专业律师或者其他中介机构对公司进行尽职调查是十分必要的。尽职调查的目的是了解公司各方面的事实情况，尤其是公司的人力资源、薪酬管理、绩效考核等方面。

一、正式尽职调查前的信息收集与研究

（1）收集拟实施股权激励公司的公开资料和企业资信情况、经营能力、人员构成等信息，在此基础上进行信息整理和分析，考察有无重大障碍影响股权激励操作的正常进行。

（2）根据拟实施股权激励公司的类型和所在行业，研究相关法律、法规、企业政策，对股权激励的可行性进行法律论证，寻求进行股权激励的法律依据。

（3）对股权激励可能涉及的具体行政程序进行调查。如是否违背我国股权变更、国有股减持的政策法规，可能产生怎样的法律后果；是否需要经当地政府批准或进行事先报告，地方政策对同类激励方案有无倾向性态度等。

（4）与公司股权激励负责人进行面谈。一般而言，中介机构应对公司主要股东、董事长、总裁、人力资源部部长、薪酬委员会主席进行一对一的面谈，以便直观了解股权激励需要达到的效果及管理层的期望和在实施中公司实际存在的障碍等问题。

二、尽职调查的主要内容

为了制作可行的股权激励方案，尽职调查的内容要尽可能地详尽，以便专业律师能够在信息充分的情况下设计方案或者出具法律意见书。

尽职调查主要包括以下方面的内容。

（1）公司设立及变更的有关文件，包括工商登记材料及相关主管机关的批件。

（2）公司的章程、议事规则、规章制度。

（3）公司的股权结构、主要股东与组织机构情况。

（4）公司的主要业务及经营情况；公司未来5年的战略发展规划。

（5）公司最近2年经审计的财务报告。

（6）公司全体人员的构成情况及现有的薪酬政策、激励策略和薪酬水平，包括但不限于管理人员与技术、业务骨干的职务、薪金、福利；其他关键人员的职务、薪金、福利等。

（7）公司现有的员工激励制度和绩效考核标准，实际运行的效果及存在的主要问题。

（8）公司与职工签订的劳动合同、保密协议、竞争限制协议等。

（9）启动股权激励的内部决策文件，包括但不限于本公司股东会或董事会决议、薪酬委员会决议、上级主管部门的文件、中央及地方相关的股权激励政策等。

（10）公司初步设定的实行股权激励的范围、对象、基本情况、拟实现的战略目标及初步思路。

（11）公司对股权激励的基本要求及针对性要求，如操作模式、实施期间、股权归属方式、激励基金的提取条件、计划的终止条件等。

（12）公司认为股权激励应关注的重点问题和可能的障碍。

（13）制作激励方案所需要的其他资料。

股权激励尽职调查的结果决定了企业可以采用的股权激励模式以及股权激励的激励对象范围等股权激励计划的重要内容，因此，尽职调查的调查者应将尽职调查的结果以及对股权激励计划的影响如实告知企业，由企业参考决定如何实施股权激励计划。

三、律师股权激励尽职调查方法

律师尽职调查方法包括但不限于图9-1所示的方面。

方法一	律师与公司管理层（包括董事、监事及高级管理人员，下同）交谈
方法二	律师列席公司董事会、股东大会会议
方法三	律师查阅公司营业执照、公司章程、重要会议记录、重要合同、账簿、凭证等
方法四	律师实地察看或监盘重要实物资产（包括物业、厂房、设备和存货等）
方法五	律师通过比较、重新计算等方法对数据资料进行分析，发现重点问题
方法六	律师询问公司相关业务人员
方法七	律师听取公司核心技术人员和技术顾问以及有关员工的意见
方法八	律师与注册会计师、律师密切合作，听取专业人士的意见
方法九	律师向包括公司客户、供应商、债权人、行业主管部门、行业协会、工商部门、税务部门、同行业公司等在内的第三方就有关问题进行广泛查询（如面谈、发函询证等）
方法十	律师取得公司管理层出具的，表明其提交的文件内容属实且无重大遗漏的声明书等

图9-1　律师股权激励尽职调查方法

提醒您

公司应对律师尽职调查意见进行合理质疑，比照本指引所列的调查内容和方法，判断专业人士发表的意见所基于的工作是否充分。

四、律师股权激励尽职调查项目及方法

1. 对公司可持续经营能力尽职调查

对公司可持续经营能力尽职调查的内容及方法如表9-1所示。

表 9-1 对公司可持续经营能力尽职调查的内容及方法

序号	调查内容	调查方法
1	调查公司所属行业是否属于国家政策限制发展的范围	律师根据公司的主营业务，确定公司所属行业，并查阅国家产业政策及相关行业目录。如公司所属行业属于国家特许经营的，应查阅公司从相关主管部门取得的特许经营证书等文件
2	调查公司主营业务	律师通过询问管理层、查阅经审计的财务报告、听取注册会计师意见等方法，了解公司为发展主营业务和主要产品而投入的资金、人员及设备等情况，计算主营业务收入占经营性业务收入的比例，评价公司主营业务在经营性业务中的地位。通过询问管理层、查阅公司待履行的重大业务合同等方法，分析公司是否有变更主营业务的可能性
3	调查公司主要产品行业地位，分析主要产品的市场前景	律师要求公司搜集和提供同行业企业数量、进入壁垒和产品差异性等资料，分析公司所属行业的市场结构和竞争状况，根据国家产业政策、产业周期等因素，综合分析公司发展所处市场环境；要求公司搜集和提供公司主要产品市场的地域分布和市场占有率资料，结合行业排名、竞争对手等情况，对公司主要产品的行业地位进行分析；律师要求公司比较公司历年的销售、利润、资产规模等数据，计算主营业务收入年增长率、主营业务利润年增长率等指标，分析公司业务增长速度，结合市场营销计划，对公司主要产品的市场前景进行分析
4	调查公司主要产品的技术优势及研发能力	（1）律师要求公司出具主要产品的核心技术，考察其技术水平、技术成熟程度、同行业技术发展水平及技术进步情况；考察主要产品的技术含量、可替代性及核心技术的保护，评价公司技术优势 （2）律师分析公司的研发机构、研发人员、历年研发费用投入占公司主营业务收入的比重、主要产品关键技术的知识产权状况、自主技术占核心技术的比重，对公司的研发能力进行评价
5	调查公司的业务发展目标	律师向公司管理层了解公司未来两年的业务发展目标、发展计划及实施该计划的主要经营理念或模式，调查公司业务发展目标是否与现有主营业务一致，是否符合国家产业政策以及法律、法规和规范性文件的规定，评价业务发展目标对公司持续经营的影响
6	调查公司未来发展是否存在重大不确定性	（1）律师与公司管理层及采购部门和销售部门负责人交谈、查阅账簿、发函询证等，调查公司主要客户及供应商情况，计算对前五名客户的销售额及合计分别占本期主营业务收入的比例，计算从前五名供应商的采购额及合计分别占本期采购总额的比例，评估公司对客户和供应商的依赖程度及存在的经营风险

续表

序号	调查内容	调查方法
6	调查公司未来发展是否存在重大不确定性	（2）律师分析公司主要产品的原材料价格变化趋势、可替代性、供应渠道等，评估公司原材料取得是否存在限制性因素 （3）律师分析公司主要产品销售渠道、地域分布、可替代性及季节性特征等，评估公司主要产品的市场稳定性 （4）律师分析公司现有资金结构和融资渠道，了解公司未来资金需求及融资计划，评估融资能力对公司经营的影响

2. 对公司内部控制尽职调查

对公司内部控制尽职调查的内容及方法如表9-2所示。

表9-2　对公司内部控制尽职调查的内容及方法

序号	调查内容	调查方法
1	调查公司内部控制制度	（1）律师通过与公司管理层及员工交谈，查阅董事会、总经理办公会等会议记录，查阅公司规章制度、人事制度等方法，评价公司是否有积极的控制环境，包括考察董事会是否负责批准并定期审查公司的经营战略和重大决策，确定经营风险的可接受水平；考察高级管理人员是否执行董事会批准的战略和政策，以及高级管理人员和董事会间的责任、授权和报告关系是否明确；考察管理层是否促使公司员工了解公司的内部控制制度并在其中发挥作用等；通过测试公司会计信息系统，评估其有效性 （2）律师与公司管理层交谈、查阅公司相关规章制度和风险评估报告等，考查管理层为识别和评估对公司实现整体目标有负面影响的风险因素所建立的制度或采取的措施，评价公司风险识别与评估体系的有效性 （3）律师查阅业务流程相关文件，并与公司管理层及主要业务流程（如采购、销售、现金等业务流程）所涉及部门的负责人交谈，了解业务循环流程和其中的控制措施，包括授权与审批（即业务活动、对资产和记录的接触和处理等应经过适当的授权与审批）、复核与查证、业务规程与操作程序、岗位权限与职责分工、相互独立与制衡、应急与预防等措施。项目小组应选择一定数量的控制活动样本，采取验证、观察、询问、重新操作等测试方法，评价公司的内部控制措施是否有效实施 （4）律师与公司管理层和员工交谈，查阅公司相关规章制度等，评价信息沟通与反馈是否有效，包括公司是否建立了能够涵盖公司的全部重要活动，并对内部和外部的信息进行搜集和整理的有效信息系统，以及公司是否建立了有效的信息沟通和反馈渠道，确保员工能充分理解和坚持公司政策和程序，并保证相关信息能够传达到应被传达到的人员

续表

<table>
<tr><th>序号</th><th>调查内容</th><th colspan="2">调查方法</th></tr>
<tr><td>1</td><td>调查公司内部控制制度</td><td colspan="2">（5）律师与公司管理层及内部审计部门交谈，了解公司对内部控制活动与措施的监督和评价制度。项目小组可采用询问、验证、查阅内部审计报告和监事会报告等方法，考查公司内部控制监督和评价制度的有效性。在上述调查基础上，评价公司现有内部控制制度对合理保证遵守现行法律法规、公司经营的效率和效果、财务报告的可靠性是否充分，关注内部控制制度的缺陷可能导致的财务和经营风险</td></tr>
<tr><td>2</td><td>调查公司管理层经营目标对公司财务状况的影响</td><td colspan="2">律师通过与公司管理层交谈，查阅股东大会、董事会、监事会、总经理办公会会议记录等方法，考查管理层的经营理念与风险意识，关注影响公司经营的重要决策；律师了解公司长短期经营目标、拟采取的措施及其对公司经营和财务状况的影响；律师查阅、比较公司最近年度预算、实际经营结果和本年度预算，向管理层询问差异原因，关注其风险因素</td></tr>
<tr><td>3</td><td>调查公司的关联方、关联方关系及关联方交易</td><td colspan="2">通过与公司管理层交谈、查阅公司股权结构图和组织结构图、查阅公司重要会议记录和重要合同等方法，确认公司的关联方及关联方关系；通过调查关联方对公司进行控制或影响的具体方式、途径及程度，对关联关系（包括股权关系、人事关系、管理关系及商业利益关系等）的实质进行判断，而不能仅基于与关联方的法律形式进行判断；关注公司管理层及核心技术人员是否在关联方单位任职、领取薪酬，或由关联方单位直接或间接委派等情况</td></tr>
<tr><td rowspan="2">4</td><td rowspan="2">股权激励或有风险尽职调查</td><td>调查公司确定、评价与控制或有关事项方面的有关政策和工作程序</td><td>律师与公司管理层交谈，查阅相关制度规定，了解公司确定、评价与控制或有关事项方面的有关政策和工作程序，获取公司有关或有关事项的书面声明</td></tr>
<tr><td>调查公司对外担保形成的或有风险</td><td>律师查阅公司董事会和股东大会的会议记录和与保证、抵押、质押等担保事项有关的重大合同，查看银行贷款卡相关信息，统计公司对外担保的金额及其占净资产的比例。如以房地产抵押的，应向房产管理部门、土地管理部门查询；以船舶、车辆等抵押的，应向运输工具登记部门查询；以上市公司股份出质的，应向证券登记结算机构查询；以商标、专利权、著作权等财产权利出质的，应向相关管理部门查询。律师了解被担保方的偿债能力及反担保措施，评价公司履行担保责任的可能性及金额，分析对公司财务状况的影响</td></tr>
</table>

续表

<table>
<tr><th>序号</th><th>调查内容</th><th colspan="2">调查方法</th></tr>
<tr><td rowspan="2">4</td><td rowspan="2">股权激励或有风险尽职调查</td><td>调查公司未决诉讼、仲裁形成的或有风险</td><td>律师调查公司未决诉讼、仲裁情况及产生的原因，就未决诉讼、仲裁的可能结果及各种结果发生的可能性，评估该类或有关事项涉及的金额，并分析对公司财务状况的影响</td></tr>
<tr><td>调查公司其他方面的或有风险</td><td>（1）律师查阅公司股东大会和董事会的会议记录，关注有关税务纠纷、产品质量保证及承诺等事项
（2）律师通过向公司开户银行发函询证，确认公司的商业承兑汇票贴现、应收账款抵押借款等情况
（3）律师查阅公司的纳税申报表、税收缴款书等纳税资料，核查其是否已经税务部门审核通过，并查阅税务部门的税务处理决定书或税务稽查报告等，确定税务纠纷金额，必要时，应向有关税务部门查询
（4）律师向相关人员询问公司对未来事项和合同的有关承诺，并查阅相关书面材料，包括合同和往来通信档案等，确定是否存在不可撤销的承诺事项，分析其对公司未来的影响</td></tr>
</table>

3. 关于公司治理结构调查

关于公司治理结构调查的内容及方法如表 9-3 所示。

表 9-3　关于公司治理结构调查的内容及方法

序号	调查内容	调查方法
1	调查公司治理结构的制度建设和日常执行情况	律师通过咨询公司法务人员或智力结构管理人员，查阅公司章程，了解股东大会、董事会（含独立董事）、监事会（以下简称三会）、高级管理人员的构成情况和职责，关注公司章程是否合法、合规，三会议事规程、三会和总经理办公会会议记录、决议等是否完整齐备、符合规定，考查公司治理结构、组织结构与决策程序、管理人员权力分配和承担责任的方式、管理人员的经营理念与风险意识
2	调查公司股东的出资情况	律师查阅具有资格的中介机构出具的验资报告，咨询公司法律顾问或律师，询问公司财务人员，到工商管理部门调阅注册登记资料，调查公司股东的出资是否及时到位，出资方式是否合法，是否存在出资不实、虚假出资、抽逃资金等情况。对以实物、工业产权、非专利技术、土地使用权等非现金资产出资的，应查阅资产评估报告；对以高新技术成果出资入股，作价金额超过公司注册资本百分之二十的，应查阅科技管理部门出具的《出资入股高新技术成果认定书》

续表

序号	调查内容	调查方法
3	调查公司在业务、资产、人员、财务及机构等方面是否均与公司控股股东相互独立，是否具有面向市场的自主经营能力以及拥有独立的产供销体系	（1）律师查阅公司组织结构文件、销售分公司等的营业执照，结合公司的生产、采购和销售记录实地考察公司的产、供、销系统，分析公司是否具有完整的业务流程、独立的生产经营场所以及供应、销售部门和渠道，通过计算公司的关联采购额和关联销售额分别占公司同期采购总额和销售总额的比例，分析是否存在影响公司独立性的重大或频繁的关联交易，判断公司业务独立性 （2）律师查阅相关会议记录、资产产权转移合同、资产交接手续和购货合同及发票，确定公司固定资产权属情况；通过查阅房产证、土地使用权证等权属证明文件，了解公司的房产、土地使用权、专利与非专利技术及其他无形资产的权属情况；关注金额较大、期限较长的其他应收款、其他应付款、预收及预付账款产生的原因及交易记录、资金流向等，调查公司是否存在资产被控股股东占用的情况，判断其资产独立性 （3）律师查阅股东单位员工名册及劳务合同、公司工资明细表、公司福利费缴纳凭证，通过与管理层及员工交谈等方法，调查公司总经理、副总经理、财务负责人、营销负责人、董事会秘书等高级管理人员是否在公司与股东单位中双重任职，公司员工的劳动、人事、工资报酬以及相应的社会保障是否完全独立管理，了解上述人员是否在公司领取薪酬，判断其人员独立性 （4）律师通过与管理层和相关业务人员交谈，查阅公司财务会计制度、银行开户资料、纳税资料，到相关单位进行核实等方法，调查公司是否设立独立的财务部门、建立独立的财务核算体系，是否独立地进行财务决策、独立在银行开户、独立纳税等，判断其财务独立性 （5）律师实地调查、查阅股东大会和董事会决议关于设立相关机构的记录，查阅各机构内部规章制度，了解公司的机构是否与控股股东完全分开且独立运作，是否存在混合经营、合署办公的情形，是否完全拥有机构设置自主权等，判断其机构独立性
4	调查公司控股股东及其下属的其他单位是否从事与公司相同或相近的业务	律师通过询问公司控股股东、查阅营业执照中的经营范围、实地走访生产或销售部门等方式，调查公司控股股东及其下属其他单位的业务范围，同时参考前述单位经审计的财务报告中有关主营业务收入的数据及相关说明，从业务的性质、客户对象、可替代性、市场差别等方面判断是否构成同业竞争
5	调查公司对外担保、重大投资、委托理财、关联交易等重要事项的决策和执行情况	律师与公司管理层交谈，咨询公司法务人员，查阅公司重要会议记录、决议和重要合同，重点关注公司对外担保、重大投资、委托理财、关联交易等事项的决策是否符合股东大会、董事会的职责分工，对该事项的表决是否履行了公司法和公司章程中规定的程序，执行是否符合公司的规范性要求

4. 对公司合法合规事项调查

对公司合法合规事项调查的内容及方法如表9-4所示。

表9-4　对公司合法合规事项调查的内容及方法

序号	调查内容	调查方法
1	调查公司设立情况	律师尽职查阅公司的设立批准文件、营业执照、公司章程等，到工商管理部门核查公司的设立程序、合并及分立情况、工商变更登记、年度检验等事项，对公司设立、存续的合法性作出判断
2	调查公司是否存在重大违法违规行为，财务会计文件是否存在虚假记载	（1）律师咨询公司法务人员，查阅已生效的判决书、行政处罚决定书以及其他能证明公司存在违法行为的证据性文件，判断公司是否存在重大违法违规行为 （2）律师询问公司法定代表人，查阅公司档案，向公司主管部门、税务部门等查询，了解公司是否有违法违规记录 （3）律师依据对公司财务状况进行调查，判断公司财务文件是否存在虚假记载
3	调查公司历次股权变动的合法合规性以及股本总额和股东结构是否发生变化	律师查阅公司设立及历次股权变动时的批准文件、验资报告、股东股权凭证，核对公司股东名册、工商变更登记，对公司历次股权变动的合法、合规性作出判断，核查公司股本总额和股东结构是否发生变动
4	调查公司是否进行过合并、分立、资产置换及其他使公司在资产规模、营业记录方面发生重大改变的资产重组	律师查阅公司股东大会和董事会决议、有关资产重组合同及工商变更登记资料，咨询公司律师和注册会计师，判断公司是否存在上述事项
5	调查公司股份是否存在转让限制	律师与公司股东或股东的法定代表人交谈，取得其股份是否存在质押等转让限制情形，以及是否存在股权纠纷或潜在纠纷的书面声明；查阅公司工商登记资料等，核实公司股份是否存在转让限制的情形
6	调查公司主要财产的合法性，是否存在法律纠纷或潜在纠纷以及其他争议	律师查阅公司房产、土地使用权，和商标、专利、版权、特许经营权等无形资产，以及主要生产经营设备等主要财产的权属凭证、相关合同等资料，并向房产管理部门、土地管理部门、知识产权管理部门等核实；咨询公司律师或法律顾问的意见，必要时进行实物资产监盘，重点关注公司是否具备完整、合法的财产权属凭证，商标权、专利权、版权、特许经营权等的权利期限情况，判断是否存在法律纠纷或潜在纠纷

续表

序号	调查内容	调查方法
7	调查公司的重大债权债务	律师通过与公司法定代表人进行交谈，查阅相关合同和公司董事会决议、咨询公司法务人员、发函询证等，调查公司债权债务状况，重点关注将要履行、正在履行以及虽已履行完毕但可能存在潜在纠纷的重大合同的合法性、有效性；是否有因环境保护、知识产权、产品质量、劳动安全、人身权等原因产生的侵权债务；与关联方之间是否存在重大债权债务关系；公司金额较大的其他应收款、其他应付款是否因正常的生产经营活动发生，是否合法
8	调查公司对外担保的合法性	律师询问公司的法定代表人及授权代表，咨询公司法务人员，查阅股东大会、董事会、监事会的决议，审查公司的担保合同、其他合同中的担保条款及其他相关合同，重点关注是否存在公司董事、经理以公司资产为本公司股东或董事、经理个人债务提供担保的情形
9	调查公司的纳税情况	（1）律师询问公司税务负责人，查阅公司税务登记证，关注公司及其控股子公司执行的税种、税率是否符合法律、法规和规范性文件的要求 （2）律师查阅公司的纳税申报表、税收缴款书、税务处理决定书或税务稽查报告等资料，向税务机关查询，关注公司是否受过税务部门的处罚；如有大额欠缴税款情况，应关注其形成原因及纳税资料是否完备；如有延期纳税的行为，应查阅有关税务机关出具的文件，关注是否需要缴纳滞纳金或罚款 （3）律师查阅公司有关税收优惠、财政补贴的依据性文件，判断公司享受优惠政策、财政补贴是否合法、合规、真实、有效
10	调查公司环境保护和产品质量、技术标准是否符合相关要求	律师询问公司法定代表人及相关部门负责人，咨询法务人员，向环境保护部门、产品质量及技术监督部门进行了解，重点关注公司的生产经营活动是否符合环境保护的要求，是否受过环境保护部门的处罚；公司产品是否符合有关产品质量及技术标准，是否受过产品质量及技术监督部门的处罚
11	调查公司是否存在重大诉讼、仲裁及未决诉讼、仲裁情况	律师询问公司的法定代表人，咨询公司法务人员，查阅公司的重大合同、董事会会议记录，取得公司律师或法律顾问对业已存在的或有关事项的确认证据，分析公司的法律费用，判断公司是否存在上述事项并揭示其法律风险
12	调查董事长、总经理及持有公司股份5%以上的股东是否存在重大违法、违规行为及涉诉情况	律师与董事长、总经理及持股5%以上的股东交谈，取得其书面陈述，咨询公司法律顾问或律师的意见，调查其是否存在违反行政、民事或刑事法律法规的情形及诉讼情况，分析对公司所产生的影响并揭示法律风险

五、尽职调查的分析

尽职调查的分析工作思路按照时间纵向（过去、现在、未来）和空间横向（外部和内部）两个维度展开，并最终得出股权激励诊断分析的结论。如图9-2所示。

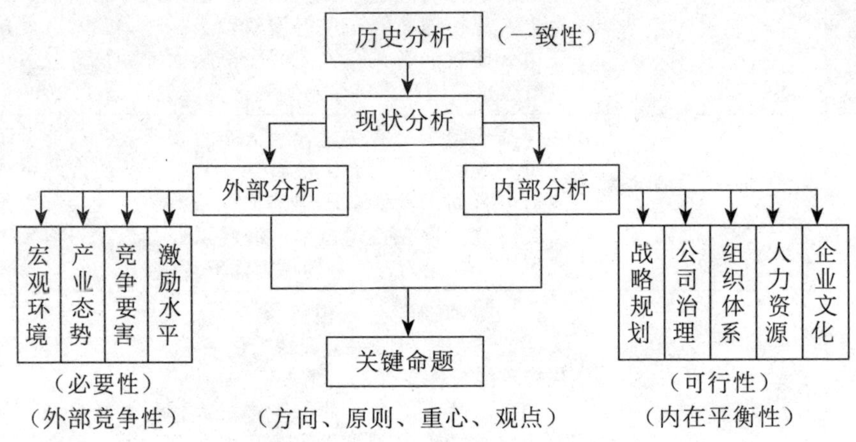

图9-2 尽职调查的分析项目

下面提供一份××有限公司股权激励项目法律尽职调查清单的范本，仅供参考。

【范本】

××有限公司股权激励项目法律尽职调查清单

<table>
<tr><td>工作期间</td><td colspan="3"></td></tr>
<tr><td>小组成员</td><td></td><td>项目对接负责人</td><td></td></tr>
<tr><td>工作事项</td><td colspan="3">有限公司股权激励项目
法律尽职调查（初步）</td></tr>
<tr><td>声明</td><td colspan="3">如对公司的信息了解不足，往往会导致股权激励方案的不公平，或者可执行性不强，或者因为违反法律规定而无效。因此，为了给公司设计一个合适的，能到达激励效果的方案，在方案设计之初由专业律师对公司进行尽职调查是十分必要的，尽职调查的客观性与整体性将影响到后期的方案客观性和整体性
公司需要正确认识到尽职调查的重要程度</td></tr>
<tr><td>特别声明</td><td colspan="3">律师当严守客户秘密</td></tr>
</table>

续表

序号	项目	已提供	未提供	无资料
	一、公司设立及变更的有关文件			
1.1	请提供由公司注册地主管工商行政管理局出具的，盖有“工商档案查询专用章”的《公司注册登记资料查询单》《公司变更登记情况查询单》以及盖有“工商档案查询专用章”的公司及其控股子公司、参股公司、分公司（如有）全套工商档案文件			
1.2	请提供由公司注册地主管工商行政管理局出具的，盖有“工商档案查询专用章”的《公司注册登记资料查询单》《公司变更登记情况查询单》以及盖有“工商档案查询专用章”的公司发起人、其他股东全套工商档案文件（如有）			
1.3	公司及其子公司历次工商变更登记、备案后核发的企业法人营业执照（包括自成立日起至今领取、换领的所有营业执照）、公司现行有效的企业法人营业执照、税务登记证（国税、地税）、社会保险登记证、排污许可证等			
1.4	公司从事业务所必需的许可、批复、备案文件，包括但不限于高新技术企业证书（如有）、质量体系认证、环境管理体系认证等及其他类似证照的正副本（以上证照如需年检，请提供年度经年检的相应证照）			
1.5	公司获得现行有效的主要资质证书，包括但不限于人力资源许可、劳务派遣许可、高新技术企业等文件			
	二、公司治理			
2.1	公司的公司章程			
2.2	股东会议事规则 董事会议事规则			
2.3	公司规章制度，包括但不限于行政管理制度、财务管理制度 奖惩管理制度等			
2.4	公司的组织架构及股权结构、主要股东与组织机构情况			
2.5	请提供公司任命或聘请高级管理人员的文件（总经理、副总经理、财务总监、董事会秘书及公司章程规定的高级管理人员）			

续表

序号	项目	已提供	未提供	无资料
2.6	公司的主要业务及经营情况			
2.7	公司未来3～5年的战略发展规划			
2.8	公司最近2年经审计的财务报告			
	三、公司管理			
3.1	公司全体人员的构成情况及现有的薪酬政策、激励策略和薪酬水平（同行对比），包括但不限于管理人员与技术、业务骨干的职务、薪金、福利；其他关键人员的职务、薪酬、福利等			
3.2	公司现有的员工激励制度和绩效考核标准，实际运行的效果及存在的主要问题。			
	四、员工与劳动人事			
4.1	公司最新的《职工花名册》（含员工总数）《劳动合同》（含固定期限、无固定期限）《劳务合同》或者《劳务派遣协议》等样本各一份			
4.2	公司是否存在职工持股计划、信托以及是否与高管、核心技术人员签订股权激励协议等，如有，请提供相关文件			
4.3	公司的高级管理人员、核心技术人员的名单和简历以及与其前雇主及公司所订立的任何保密或竞业禁止协议资料			
4.4	公司任命高级管理人员的董事会决议以及该等人员在其他单位、公司的兼职情况			
4.5	公司的职工福利、奖金、激励机制、分红、鼓励性的抚恤金、退休、养老、失业、缴纳社会统筹或其他类似计划的文件			
4.6	公司有关职工住房津贴、分房政策、医疗保险、休假、解雇、工伤、调动等的规定、计划或其他文件			
4.7	公司发生过的罢工或怠工事件报告，以及劳资纠纷，和因不公平劳工待遇、不实行公平竞争、年龄或其他歧视、工作环境安全、职工健康引起的诉讼和仲裁（如有）			
4.8	公司与其他职员签订的劳动合同及解雇和调动的标准合同样本			
4.9	与职工订立的集体劳动合同（如有）			
4.10	与高级管理人员和有特别才能的职员所签署的服务协议、报酬协议或赔偿合同			

续表

序号	项目	已提供	未提供	无资料
4.11	员工手册、员工规章和守则以及奖惩办法			
4.12	公司工会组织介绍及有关文件及与工会签订的协议（如集体劳动合同）			
4.13	提供社会保险登记证，说明是否足额为职工缴纳社会保险费用（包括但不限于医疗保险、养老保险、生育保险、工伤保险等），是否存在欠缴情况			
五、决策文件				
5.1	启动股权激励的内部决策文件，包括但不限于本公司股东会或董事会决议、薪酬委员会决议、上级主管部门的文件、中央及地方相关的股权激励政策等			
六、其他事项				
6.1	公司初步设定的实行股权激励的范围、对象、基本情况、拟实现的战略目标及初步思路			
6.2	公司对股权激励的基本要求及针对性要求，如操作模式、实施期间、激励的提取条件、计划的终止条件等			
6.3	公司认为股权激励应关注的重点问题和可能的障碍			
6.4	制作激励方案所需要的其他资料			

第二节　方案设计

起草方案是股权激励的重头戏。方案是股权激励的纲领文件，是股权激励的行动指导，就像一场音乐会的乐谱一样，是每一颗音符的出处和依据。

一、股权激励方案的内容

股权激励方案，是指通过企业员工获得公司股权的形式，使其享有一定的经济权利，使其能够以股东身份参与企业决策、分享利润、承担风险，从而使其尽心尽力地为公司的长期发展服务的一种激励方法，是公司发展必要的一项相对长期的核心制度安排。

股权激励方案的内容应包含图9-3所示的方面。

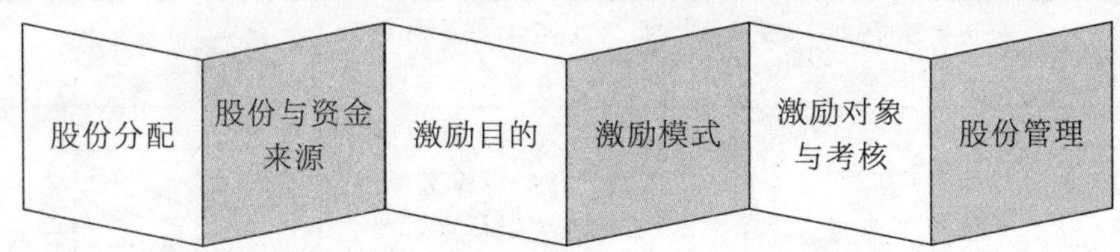

图9-3　股权激励方案应包含的内容

二、股权激励方案的设计原则

设计股权激励方案应遵循图9-4所示的原则。

图9-4　股权激励方案的设计原则

1. 系统原则

股权激励与公司的整体战略和目前的激励体制应该是相配合的，共同组成一个企业管理的完整系统，激励体制包括了固定工资、短期激励（奖金）、长期激励、福利养老、晋升系统、荣誉等各个方面。但股权激励本身又不仅是激励体制的一个子系统，而且也和公司的治理结构和资本运作这个系统相互交叉，如果单从全面薪酬包括的角度来设计股权激励方案将会比较偏颇。

所以，要综合考虑股权激励和企业管理的内部各个模块的系统关系，考虑股权激励与薪酬、公司治理、战略等的衔接。同时，股权激励机制本身也是一个独特的小系统，其本身的运作理念和机制也非常成熟完善，在设计股权激励方案的时候，其内部各种构成因素之间也是互相联系、互为因果，牵一发而动全身，构成一个完整的系统。

2. 平衡原则

股权激励本身是平衡之道在激励领域的应用，激励与负激励永远是一对矛盾，所以股权作为激励的核心手段，在其运作上一定要充分把握和平衡好长期和短期、竞争同盟与公司员工、战略投资者、前台部门和支持部门、老员工和新员工等各个平衡点，才能最终制定出符合企业实际的股权激励方案。

3. 组合原则

股权激励是一个统称，具体还包括业绩股票、股票期权、股票增值权、限制性股票、延期支付计划等多种激励模式，这些激励模式的目的、激励作用和风险程度都是有所差异的。在许多优秀的国内外案例中，激励方案往往采用了两种或两种以上的激励模式的组合，这种做法的优点在于它集合了多种模式的特点，同时把股价的长期表现和不同财务业绩指标的中期表现与激励对象的个人收益相互衔接在一起，并可在一定程度上有效地调整获取报酬的风险。

三、股权激励方案的设计步骤

股权激励方案的设计步骤如图9-5所示。

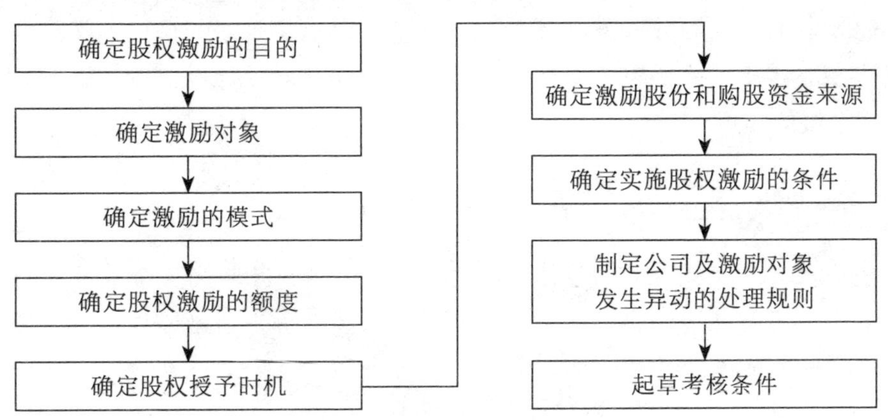

图9-5 股权激励方案的设计步骤

1. 确定股权激励的目的

要设计一个科学、适用的股权激励计划，并期望在实施中达到预期的目标，首先得明确股权激励的目的。目的不同，采取的行动方式也不同。只有确定了股权激励的目的，下一步才能据此选择合适的股权激励模式，进而决定最后的实施效果。

2. 确定激励对象

人是被激励的主体，合理的激励对象的确定关乎方案设计的成败。凡是企业高管、焦点研发人员都可以成为激励对象的候选人，而且要按照法律条例选择被激励对象。

比如，被激励对象是国有集体企业（母公司）高层，则按照《国有控股上市公司（境内）实施股权激励试行办法》，其只能介入一家部属子公司的股权激励。

3. 确定激励的模式

企业的存在形式影响选择股权激励模式的范围，这里主要分为民营非上市企业、民营上市企业、非上市国有企业、上市国有企业四大类，其中最为灵活的是民营非上市企业，目前法规对该类企业股权激励没有明确规定，硬性约束很少，企业可以根据自己的需要自由选择股权激励模式。而上市企业的股权激励要受《上市公司股权激励管理办法》等规定的约束，选择范围受到相应限制。国有控股上市企业的股权激励要受到《国有控股上市公司（境内）实施股权激励试行办法》及《关于规范国有控股上市公司实施股权激励制度有关问题的通知》等政策的约束。

提醒您

不论是上市企业还是非上市企业，都需要按照激励的目标、行业的情况，以及企业客观现实选择适合自身的激励模式。

4. 确定股权激励的额度

无论是非上市企业还是上市企业都需要确定激励额度。《公司法》规定，经股东大会抉择，公司可以收购本公司股份，并将股份奖励给本公司职工；收购的本公司股份不得跨越本公司已刊行股份总额的5%。此外，《上市公司股权激励管理办法》规定，上市公司全部有效的股权激励计划所涉及的标的股票总数累计不得超过公司股本总额的10%；非经股东大会特别决议批准，任何一名激励对象通过全部有效的股权激励计划获授的本公司股票累计不得超过公司股本总额的1%；一般分几次将用于激励的股票授予完。

5.确定股权授予时机

许多人认为公司只有发展到很大规模时才需要股权激励，其实这是一种严重的错误认识。实际上，只要公司的发展水平受人才能力和心态的影响，只要人性中的趋利避害的本性不变，只要优秀人才有创业的梦想或更好的职业选择，只要公司的核心成员不是自己的父母或者子女的，只要公司工作监管存在盲区或难于量化的，公司要想凝聚人心发展得更好就有必要做股权激励。

6.确定激励股份和购股资金来源

激励股份来源的设计直接影响原有股东的权益、控制权及公司现金流压力等；行权资金来源的设计也直接影响激励对象行权的难易程度。资金来源是指激励对象在行权时用以购买股权的钱从哪里来。如果激励对象本来薪酬不高或者是上市公司激励额度大的情况下，若不能有效解决资金来源问题会导致激励对象无钱行权的严重后果。

7.确定实施股权激励的条件

如果公司业绩或激励对象达不到行权条件或未及时行权怎么办？通常未能满足行权条件当期的股权激励标的（股份）不得行权，该部分股份由公司注销或者按照原授予的价格予以回购。实践中，公司会以激励对象支付的成本价以及相应的利息予以回购，不会让激励对象因此而导致经济损失。

8.制定公司及激励对象发生异动的处理规则

如果激励对象因辞职、公司裁员而离职，在情况发生之日，对激励对象已获准行权但尚未行使的股票期权终止行权，其未获准行权的期权作废。如果激励对象以个人名义花钱购买的股权，公司应该以原价回购。若激励对象因正常的岗位调动导致职务发生变更的，已获授的股权激励不作变更，继续有效。如果激励对象因职务变更成为不能持有公司股票或股票期权的人员（如降级，或成为上市公司的独立董事、监事），其尚未行权的激励股权终止行使，并由公司注销。

9.起草考核条件

激励对象获得股份激励，一般需要经过一定期间、满足一定条件才可以，这样才能达到对未来努力的激发，而不是对过去功绩的肯定，这就需要设定合理的考核条件。

考核条件必须是明确和落地的，形成量化的指标，员工对将来是不是可以获得激励股份，有稳定清晰的界定，不需要依据任何公司的主观判断或决定；考核条件必须是适中的，避免员工不需努力就能轻易获得，也不能遥不可及，让员工觉得无法达成。

考核条件反映了公司股权激励的目的和价值观，决定了激励对象的努力方向。考核条件需要人力资源部门在董事会的框架下主导指定，之后由人力资源部门负责执行。考核条件一般可作为股权激励方案的附件。

下面提供一份某非上市公司股权激励计划的范本，仅供参考。

【范本】▸▸▸

某非上市公司股权激励计划

特别说明如下。

（1）本股权激励计划依据《中华人民共和国公司法》及其他有关法律、行政法规，以及××有限公司（以下简称“公司”）《公司章程》制定。

（2）公司授予本次股权期权激励计划（以下简称“本计划”）限定的激励对象（以下简称“激励对象”）公司实际资产总额____%的股权期权，激励对象获得的股权期权拥有在本计划有效期内的可行权日按照预先确定的行权价格受让公司股权的权利。本激励计划的股权来源为公司原有股东有偿出让。

（3）公司用于本次股权期权激励计划所涉及的股权合计占公司实际资产总额的____%。

（4）本股权激励计划的激励对象为________________等岗位高级管理人员和其他核心员工。

（5）本计划的有效期为自股权期权第一次授权日起____年，公司将在该日后的____年度、____年度和____年度分别按公司实际资产总额的____%、____%、____%的比例向符合授予条件的激励对象授予股权；在本计划有效期内授予的股权期权，均设置行权限制期和行权有效期。行权限制期为2年，在行权限制期内不可以行权；行权有效期为3年，在行权有效期内采取匀速分批行权办法。超过行权有效期的，其权利自动失效，并不可追溯行使。在本股权激励计划规定的禁售期满后，激励对象获授的股权可以在公司股东间互相转让，或由公司以约定的价格回购。

（6）获授股权期权的激励对象在行权期内需满足的业绩考核条件如下。

——2020年可行权的股权期权：2020年度净利润达到或超过______万元。

——2021年可行权的股权期权：2021年度净利润达到或超过______万元。

——2022年可行权的股权期权：2022年度净利润达到或超过______万元。

（7）股权期权有效期内发生资本公积转增股本、分红、增资减资等事宜，股权期权数量、所涉及的标的股权总数及行权价格将做相应的调整。

（8）本股权激励计划已经______年____月____日召开的公司____年第____次股东大会审议通过。

第一章 释 义

除非另有说明，以下简称在下文中作如下释义。

（1）公司：指××有限责任公司。

（2）本计划：指××有限责任公司股权期权激励计划。

（3）股权期权、期权激励、期权：指××公司授予激励对象在未来一定期限内以预先确定的价格和条件受让××公司一定份额股权的权利。

（4）激励对象：指依照本股权激励计划有权获得标的股权的人员，包括公司____________________等岗位高级管理人员和其他核心员工。

（5）股东会、董事会：指××公司股东会、董事会。

（6）标的股权：指根据本股权激励计划拟授予给激励对象的××公司的股权。

（7）授权日：指公司向期权激励对象授予期权的日期。

（8）行权：指激励对象根据本激励计划，在规定的行权期内以预先确定的价格和条件受让公司股权的行为。

（9）可行权日：指激励对象可以行权的日期。

（10）行权价格：指××有限公司向激励对象授予期权时所确定的受让公司股权的价格。

（11）个人绩效考核合格：《××股权激励计划实施考核办法》。

第二章　本股权激励计划的目的

××公司制订、实施本股权激励计划的主要目的是完善公司激励机制，进一步提高员工的积极性、创造性，促进公司业绩持续增长，在提升公司价值的同时为员工带来增值利益，实现员工与公司共同发展，具体表现如下。

（1）建立对公司核心员工的中长期激励约束机制，将激励对象利益与股东价值紧密联系起来，使激励对象的行为与公司的战略目标保持一致，促进公司可持续发展。

（2）通过本股权激励计划的引入，进一步完善公司的绩效考核体系和薪酬体系，吸引、保留和激励实现公司战略目标所需要的人才。

（3）树立员工与公司共同持续发展的理念和公司文化。

第三章　本股权激励计划的管理机构

（1）××公司股东大会作为公司的最高权力机构，负责审议批准本股权激励计划的实施、变更和终止。

（2）××公司董事会是本股权激励计划的执行管理机构，负责拟订本股权激励计划并提交股东会会议审议通过；公司董事会根据股东大会的授权办理本股权激励计划的相关事宜。

（3）××公司监事会是本股权激励计划的监督机构，负责核实激励对象名单，并对本股权激励计划的实施是否符合相关法律法规及《公司章程》进行监督。

第四章　本股权激励计划的激励对象

本股权激励计划的激励对象如下。

（1）同时满足以下条件的人员。

——为××公司的正式员工。

——截至______年____月____日，在××公司连续司龄满2年。

——为公司__________________等岗位高级管理人员和其他核心员工。

（2）虽未满足上述全部条件，但公司股东会认为确有必要进行激励的其他人员。

（3）公司激励对象的资格认定权在公司股东会；激励对象名单须经公司股东会审批，并经公司监事会核实后生效。

第五章　标的股权的种类、来源、数量和分配

一、来源

本股权激励计划拟授予给激励对象的标的股权为××公司原股东出让股权。

二、数量

××公司向激励对象授予公司实际资产总额____%的股权。

三、分配

（1）本股权激励计划的具体分配情况见下表。

股权激励计划的具体分配表

姓名	职务	获授股权 （占公司实际资产比例）	占本计划授予股权 总量的比例
合计			

（2）××公司因公司引入战略投资者、增加注册资本、派发现金红利、资本公积金转增股权或其他原因需要调整标的股权数量、价格和分配的，公司股东会有权进行调整。

第六章　本股权激励计划的有效期、授权日、可行权日、禁售期

一、有效期

本股权激励计划的有效期为____年，自第一次授权日起计算。有效期内授予的股权期权，均设置行权限制期和行权有效期。

行权限制期为2年，行权有效期为3年。

二、授权日

（1）本计划有效期内的每年____月____日。

（2）××公司将在____年度、____年度和____年度分别按公司实际资产总额的____%、____%、____%比例向符合授予条件的激励对象授予标的股权。

三、可行权日

（1）各次授予的期权自其授权日2年后，满足行权条件的激励对象方可行权。

（2）本次授予的股权期权的行权规定：在符合规定的行权条件下，激励对象自授权日起持有期权满2年后，可在3年内行权；在该次授予期权的3年行权有效期内激励对象应采取匀速分批行权的原则来行权；行权有效期后，该次授予的期权的行使权利自动失效，不可追溯行使。

四、禁售期

（1）激励对象在获得所授股权之日起3年内，不得转让该股权。

（2）禁售期满，激励对象所持股权可以在公司股东间相互转让，也可以按照本计划约定，由公司回购。

第七章　股权的授予程序和行权条件程序

一、授予条件

激励对象获授标的股权必须同时满足如下条件。

（1）业绩考核条件：××年度净利润达到或超过________万元。

（2）绩效考核条件：根据《××公司股权激励计划实施考核办法》，激励对象上一年度绩效考核合格。

二、授予价格

（1）公司授予激励对象标的股权的价格=公司实际资产×获受股权占公司实际资产的比例。

（2）资金来源：公司授予激励对象标的股权所需资金的1/3由激励对象自行筹集，其余由公司发展基金划拨。

三、股权期权转让协议书

公司在标的股权授予前与激励对象签订《股权期权转让协议书》，约定双方的权利义务，激励对象未签署《股权期权转让协议书》或已签署《股权期权转让协议书》但未按照付款期限支付受让标的股权款的，视为该激励对象放弃参与本次授予。

四、授予股权期权的程序

（1）公司与激励对象签订《股权期权转让协议书》，约定双方的权利义务。

（2）公司于授权日向激励对象送达《股权期权授予通知书》一式两份。

（3）激励对象在3个工作日内签署《股权期权授予通知书》，并将一份送回公司。

（4）公司根据激励对象签署情况制作股权期权激励计划管理名册，记载激励对象姓名、获授股权期权的金额、授权日期、股权期权授予协议书编号等内容。

五、行权条件

激励对象对已获授权的股权期权将分____期行权，行权时必须满足以下条件。

（1）激励对象《××公司股权激励计划实施考核办法》考核合格。

（2）在股权期权激励计划期限内，行权期内的行权还需要达到下表所列财务指标条件方可实施。

股权期权激励行权指标

序号	项目	2020年	2021年	2022年
1	净利润			
2	销售收入			
3	销售毛利率			
4	净资产收益率			
5	销售货款回笼率			
6	销售费用率（三项费用）			

第八章　本股权激励计划的变更和终止

一、激励对象发生职务变更

（1）激励对象职务发生变更，仍在公司任职，其已经所获授的股权期权不作变更。

（2）激励对象职务发生变更，仍在公司任职，且变更后职务在本计划激励对象范围内，按变更后职务规定获授股权期权。

（3）激励对象职务发生变更，仍在公司任职，但变更后职务不在本计划激励对象范围内，变更后不再享有获授股权期权的权利。

二、激励对象离职

指因各种原因导致激励对象不在公司任职的情况。

（1）激励对象与公司的聘用合同到期，公司不再与之续约的：其已行权的股权继续有效；已授予但尚未行权和尚未授予的股权期权不再授予，予以作废。

（2）有下列情形之一的，其已行权的股权继续有效，但需将该股权以________价格（建议：购买时实际出资为准略高）转让给公司的其他股东或公司根据新的激励计划新增的激励对象，或由公司以________价格回购；已授予但尚未行权和未授予的标的股权不再行权和授予，予以作废。

——激励对象与公司的聘用合同到期，本人不愿与公司续约的。

——激励对象与公司的聘用合同未到期，激励对象因个人绩效等原因被辞退的。

——激励对象与公司的聘用合同未到期向公司提出辞职并经公司同意的。

（3）激励对象与公司的聘用合同未到期，因公司经营性原因等被辞退的：其已行权的股权继续有效，并可保留，但未经公司股东会一致同意，该股权不得转让给公司股东以外的他方；已授予但尚未行权的股权期权和尚未授予的股权期权不再授予，予以作废。

（4）激励对象与公司的聘用合同未到期，未经公司同意，擅自离职的：其已行权的股权无效，该激励对象需无条件将已获得的股权以1/3购买价格回售给公司其他股东，或由公司按该价格回购；已授予但尚未行权和未授予的标的股权不再解锁和授予，予以作废。

三、激励对象丧失劳动能力

（1）激励对象因公（工）丧失劳动能力的：其已行权的股权和已授予但尚未行权的股权继续有效；尚未授予的股权不再授予，予以作废。

（2）激励对象非因公（工）丧失劳动能力的：其已行权的股权继续有效；已授予但尚未行权的股权由公司董事会酌情处置；尚未授予的标的股权不再授予，予以作废。

四、激励对象退休

激励对象退休的，其已行权的股权和已授予但尚未行权的标的股权继续有效；尚未授予的标的股权不再授予，予以作废。

五、激励对象死亡

激励对象死亡的，其已行权的股权和已授予但尚未行权的股权继续有效；尚未授予的标的股权不再授予，予以作废。

六、特别条款

在任何情况下，激励对象发生触犯法律、违反职业道德、泄露公司机密、失职或渎职等行为严重损害公司利益或声誉的，公司董事会有权立即终止其所获授但尚未行权的股权，符合本计划规定情形的，按相应规定执行。

第九章　附　则

（1）本股权激励计划由公司股东会负责解释。

（2）公司股东会根据本股权激励计划的规定对股权的数量和价格进行调整。

（3）本股权期权激励计划一旦生效，激励对象同意享有本股权激励计划下的权利，即可认为其同意接受本股权激励计划的约束并承担相应的义务。

四、股权激励方案的起草

股权激励计划方案、相关配套制度文件的起草在企业实施股权激励计划的过程中起着重要作用，企业实施股权激励计划的思路要落实在文件中。文件起草完成，股权激励计划方案经审议生效后，即会影响股东、公司与激励对象的利益关系。股权激励计划开始实施，而具体如何实施、激励对象如何考核、能否行权、何时行权、如何行权等都需要按照事前起草好的各种文件执行。

具体到各个企业中，企业应对自己公司的实际情况进行全面分析，考虑本企业规模大小、部门人员结构、业务发展现状与预期等因素，设计相应的股权激励方案。

1.股权激励计划方案及其配套制度文件的内容

具体而言，一套完整的股权激励计划方案及其配套制度文件，包括以下文件内容。

（1）公司股权激励计划方案。

（2）公司股权激励计划绩效考核办法。

（3）公司股权激励计划管理制度。

（4）股权激励授予协议书。

（5）激励对象承诺书。

（6）股权激励计划法律意见书。

（7）激励对象绩效考核结果报告书。

（8）激励对象行权、解锁申请书。

（9）激励对象行权、解锁批准书。

（10）股权激励证明范本。

（11）股权激励相关时间安排。

（12）股权激励股东大会决议。

（13）股权激励董事会决议。

（14）公司章程修改建议书。

（15）公司治理结构调查问卷。

（16）公司治理结构完善建议书。

（17）激励对象劳动合同完善建议书。

（18）激励对象同业竞争限制协议书。

（19）公司薪酬制度完善建议书。

（20）股权激励计划独立财务顾问意见书等。

2. 写作要领说明

现就以上的部分制度文件内容展开说明。

（1）公司股权激励计划管理制度。《管理制度》是公司董事会实施股权激励管理的依据，是公司董事会下属股权激励专门委员会行使职权，具体实施股权激励计划的依据，也是监事会实施监督的依据。《管理制度》包括以下内容。

——股权激励计划的管理机构设置。明确股东会、董事会、监事会以及股权激励专门机构在实施股权激励计划中的具体权限、职责划分。

——股权激励计划的基本模式与运作流程。主要是对股权激励计划的简要介绍。

——具体到每个年度的股权激励计划实施问题描述。

——股权激励计划实施细则的制定。包括股权激励计划实施过程中的众多细节问题。

——如果是上市公司的，还应对股权激励计划的信息披露问题予以明确规定。

（2）股权激励授予协议。《计划方案》的效力主要是面向公司全体职工、公司股东、独立第三方，具有对外公示的效力。而《授予协议》的效力，一般限于协议各方，是协议各方权利义务的具体约定。《授予协议》包括如表9-5所示内容。

表 9-5 股权激励授予协议的内容说明

序号	项目	内容说明
1	协议主体	一般而言，协议主体是公司与激励对象；在非上市公司股东出让激励股份的情况下，协议主体为公司股东与激励对象
2	激励对象的获授资格	激励对象取得获授资格的考核依据、岗位依据等
3	股权激励标的的授予	授予激励对象的股权激励标的的具体数量、相应的授予凭证等
4	股权激励标的权利的实现与程序	不同的股权激励计划类型，激励标的各不相同，激励标的的实现与程序的内容也各不相同。比如，业绩奖励型股权激励计划，公司需要按照方案提取奖励基金总额，然后把奖励基金分配给具体激励对象予以购买股票，并持有一定期限；认股权类型股权激励计划，激励对象获得的是认购一定数量公司股份的权利，需要达到约定条件后，在行权期内按时行权
5	股权激励授予协议与劳动合同之间的关系	一般而言，激励对象的聘用期限，应按照激励对象与公司之间签订的劳动合同确定
6	公司与激励对象的承诺	是以承诺的形式，明确了双方关于股权激励的权利。激励对象一般要做出关于申报资料真实、遵守公司规章制度、服务年限、依法纳税等承诺，公司主要是承诺不得随意变更股权激励协议的内容、要履行依法给付的义务等
7	协议的终止、违约责任与争议解决	应结合股权激励计划方案的相关内容起草本条款内容

（3）《激励对象承诺书》。一般而言，企业会要求激励对象签署承诺书，《承诺书》包括以下内容。

——遵守国家法律、法规的要求。

——遵从股权激励计划的规则，以及制定的各项规章制度。

——接受董事会及其薪酬委员会下达的绩效考核指标和绩效考核办法。

——接受董事会及其薪酬委员会按照《考核办法》对激励对象进行考核，并接受考核结果。

——接受根据绩效考核结果确定的，激励对象有权实现的股权激励标的的数量。

——按照股权激励计划方案确定的行权方式、行权时间行权。

——承诺在公司的服务年限等。

下面提供一份股权激励承诺书的范本，仅供参考。

【范本】▸▸▸

股权激励承诺书

××市×××有限公司：

本人________，身份证号____________________，联系电话__________，联系地址________________________________。

现签署劳动合同与就职单位：____________________。

紧急联系人________，紧急联系人联系方式____________________。

为了寻求与公司共同发展，为公司的发展贡献自己的力量，本人自愿参与公司推行的股权激励计划。于此，本人郑重作出如下承诺并保证。

（1）本人作为公司正式员工，必须遵守国家法律、法规与公司制度，同时愿意接受本次激励计划的有关规定。

（2）承诺绝对不发生直接或间接拥有管理、经营、控制与本公司所从事业务相类似或相竞争业务的行为。

（3）保证有关投入公司的资产（包括技术等无形资产）不存在任何类型或性质的抵押、质押、债务或其他形式的第三方权利。

（4）保证不存在任何未经披露的与任何第三方合作投资情形，也未为投资的目的充当任何第三方受托人或代理人。

（5）如果本人行权中及行权后公司正筹划上市，为确保公司上市后的持续经营，本人保证任职至公司上市且公司上市后的3年内不离职，并保证在离职后3年内不从事与本人在公司工作期间完全相同的业务经营活动，无论何时也不泄露原任职期间掌握的公司商业秘密。

（6）本人同意在上述要求时限内除不可抗力外的任何原因在公司离职，未行权的激励计划自动终止，并将直接或间接已持有的公司股权全部以不高于取得价格的条件返还。

（7）如有违反国家法律法规或公司制度行为被公司开除，本人承诺放弃公司给予的所有分红权激励所产生的一切收益，如果已经持有公司股权，则将本人直接或间接持有的公司全部股权无条件返还。

（8）任职期间，本人保证维护公司正当权益，如存在职务侵占、受贿、从事与本公司（包括分支机构）经营范围相同的经营活动、泄露商业秘密的行为的，本人愿意支付十倍于实际损失的违约金，同时愿意接受公司对于本人的行政处罚甚至开除处理。

（9）本人保证在上述承诺期内所持激励权利不存在出售、转让、对外担保、质押或设置其他第三方权利等行为，否则，本人愿意由公司无条件无偿收回全部股权。

（10）本人保证不向第三方透露公司对本人激励的任何情况。

以上表述为本人真实意愿的体现。

承诺人： _____年____月____日

（4）股权激励计划法律意见书。《法律意见书》是上市公司实施股权激励计划申请证监会备案和股东大会审议时，必备的一份法律文件。对于非上市公司，如果其股东人数比较多，一般也需要律师出具法律意见书。《法律意见书》的组织结构在形式上与其他专项法律意见书一致，一般由首部、正文和结尾组成。如图9-6所示。

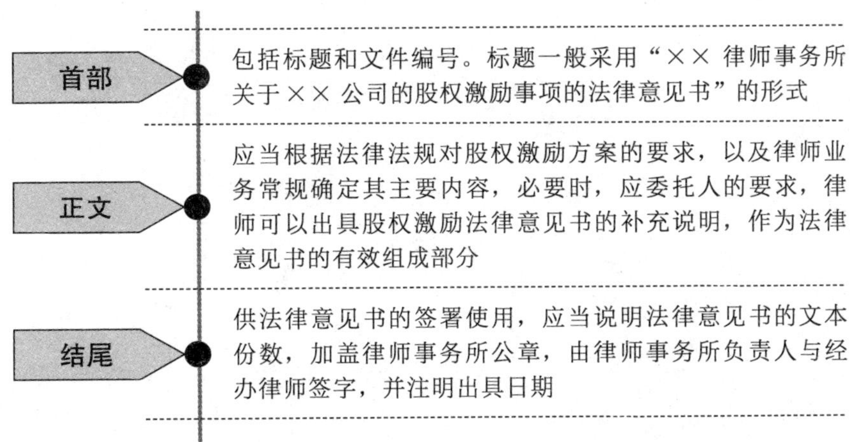

图9-6 《法律意见书》的组织结构

专业律师对股权激励方案出具的法律意见书，作为上市公司申请实施股权激励计划所必备的法律文件之一，随其他申报材料一起上报证监会及其他有关政府部门，专业律师及其所属律师事务所应对法律意见书的合法性和有效性依法承担相应责任。

相关链接

非上市企业与上市企业股权激励方案设计不同之处

非上市企业与上市企业在股权激励方案设计方面，有些共有的要素和共同的方案流程，可是这二者在受监管方面、激励模式等方面也有着较多的不同之处。

1.监管律例不同

上市企业，不仅其财政状况公开化，其激励方案受相关律例的监管也较为严格，有《公司法》《上市公司股权激励管理办法》，假如是国有控股公司，还受到《国有控股上市企业（境内、外）实施股权激励试行办法》的监督和管制，其激励方案（计划）较为透明。而非上市企业的股权激励方案监管以《公司法》为主，其他方面律例不多。

2.激励模式不同

上市企业按相关律例的规定，其激励形式以期权、限制性股票和股票增值权为主。而非上市企业的股权激励模式，不局限于上述形式的限制，还包括分红权、虚拟股票、账面价值增值权、业绩股票、股份期权、储蓄介入股票等。

3.股票额度不同

上市公司股票定价与非上市公司股票定价有着不同，上市企业因为相关律例规定得清清楚楚，市场化和透明度较高，因而垄断性能较强。非上市企业股权激励中的股票定价，则往往由内部股东大会决定，透明度较低，定价垄断性能较弱，需要聘请专业机构协作完成，通常参照每股净资产，进行平价、折扣或溢价出售。

4. 业绩方针设置不同

无论是限制性股票还是业绩股票，一般都在激励计划的授予或者解锁方面附带必然的业绩目标，再按照这些业绩目标的达成来决定被激励对象是否有权被授予或有权行权。上市企业一般被激励对象的业绩目标设置多以EVA（经济增添值）、净资产收益率、每股收益率等为主，而非上市公司一般激励授予前提相对比较简单直接，以营业收进和利润率为主。

第三节　方案实施

一个股权激励方案好不好，能否发挥作用，除了取决于方案的精心设计外，更重要的是方案的具体实施。

一、方案报告与审批

股权激励方案及考核条件起草完毕，还需要股东会或董事会决议通过。之所以由股东会通过，是因为涉及实际股份变更的激励方案中，需要进行增资或原股东出让部分股份，将来激励对象会成为新股东加入股东会，并且将办理公司章程的修改，办理工商变更登记，依据《公司法》的要求，没有股东会的决议是无法完成的。在不涉及实际股份变更的激励方案中，比如虚拟股票制下，则不需要股东层面的决议，只需要公司管理层面的最高决策者通过即可。

二、召开说明会

股权激励方案决议通过后，最好安排一次方案说明会，且说明会最好由外部顾问讲解。说明会的目的在于：股权激励中，股东或公司一般都出让了较大利益给激励对象，但激励对象不一定能完全理解。

对大多数人来讲，股权激励是陌生的，每个基本概念都需要仔细解释，因此，就需要召开说明会，其目的如图9-7所示。

目的一	说明会可以让激励对象清晰了解他可以获得的利益，真正起到激励效果
目的二	说明会对行权条件和考核要求进行说明，可以增加激励对象的信心，对获得股份具有更为清晰的预期
目的三	说明会可以让激励对象明白最终获得股权的条件是什么，指引他的努力方向，达到跟公司预期同步

图9-7　召开说明会的目的

而由外部顾问进行说明，一是可以解释得更为专业清晰，二是身份较为中立，公司或股东让利的部分可以讲得更为客观可信。

三、签署协议

股权激励合同由公司与激励对象之间签订，应该包含股权激励方案的核心内容，约定公司与激励对象的权利和义务。约定的重要内容要尽量做到具体、明确、完整，以免产生歧义埋下纷争的种子。

1. 签署协议的好处

股权激励实际上是激励方和激励对象达成的一种一定条件下利益让渡的协议安排，激励的方案内容要与每位激励对象形成书面约定才会产生最终约束力。有了协议，激励对象才会放心在满足条件后自己确实可以获得好处，同时在激励对象离职、违纪等情况下公司才有依据收回股份，以及在引入新投资者、进行新的激励时不会形成僵局。

2. 签署协议的注意事项

（1）公司可以举行隆重的股权授权仪式，以调动气氛，增加激励对象的信心和荣誉感。

（2）公司应提前和激励对象沟通在举行仪式时签署合同的安排，事先准备好合同文本，如果合同有两页以上，公司应该在合同上加盖骑缝章，激励对象一定要用签字笔自己亲笔签字并写上签订日期。

提醒您

有条件的话，公司可安排专业摄影师全程录像，记录这值得庆贺的精彩瞬间，也见证一下激励对象签字时的英姿。

四、考核行权

签署协议后，接下来会进入或长或短、或一次或几次的考核期。考核期结束，依据事前确定的考核指标和方案进行考核，确定激励对象是否有条件行权，有条件的，进行行权，无条件的，进行说明。

五、转让登记或撤销、回购

在实际取得股权的激励中，股权激励的最后结果，就是激励对象获得股份，办理登记，变为真正的股东。之后如有离职、违纪、死亡等特定情形出现，未行权的部分撤销，已行权的部分回购，回购之后重新办理股权登记，恢复到未行权以前的股份状态。

六、反馈与调整

股权激励不是一旦实施就确定不变的，而是随着外部环境、国家政策、公司发展等变化不断调整的长期过程。调整的内容包括以下方面。

（1）对激励模式的调整。

（2）对持股方式的调整。

（3）对持股对象的调整。

（4）对持股数量的调整。

（5）对入股价格的调整。

（6）对考核期的调整。

（7）对资金来源的调整。

（8）对持股条件的调整。

第四节　管理优化

股权激励方案能否很好地激励员工，同时又能有效约束激励对象，达到预期效果，关键在于股权激励计划的管理是否到位。

一、公司内部治理结构的完善

公司治理结构主要是指股东大会、董事会、监事会建立健全，是对公司进行规范化、精细化管理的系统。

现代公司治理结构主要是为了权衡公司所有者和其他利益相关者的利益，完善的公司治理结构在平衡公司相关各方的利益、提升公司综合竞争力方面具有极大的促进作用。

企业的架构模式应权责分明，公司股东大会、董事会和监事会等机构要独立运行，可以聘任总经理、副总经理、财务总监等高级管理人员；公司各组织机构要各司其职，业务团队和业务支持团队要分工合作独立行使经营管理职权。

恰当的公司治理结构，实现了公司经营权与所有权相分离的目标，经营自主便离不开内部监督和激励。在以上所有权与经营权分离、内部控制与监督并存的有效的公司治理机制下，企业才能合理处理企业高级管理人员和公司各部门员工的利益关系，保证公司利益并平衡各利益相关方的利益，缓解股东与管理层信息不对称的矛盾。

完善的公司治理结构可为企业股权激励方案的实施提供优良的内部环境。

二、把握良好的外部环境

良好的外部环境对企业股权激励方案的实施也会起到重大的促进作用。

部分行业处于垄断或者寡头垄断的情况，如国内的电信产业、能源产业等，公司高管可以依靠自己的垄断地位通过提高产品价格而增加公司利润，不需要为了提高公司利润做出更多的个人方面的努力，公司业绩水平的提升完全依赖于公司的垄断地位，这便会大大削减同行业公司股权激励的作用。

处于竞争性行业尤其是竞争激烈的行业，企业需要通过改变自身去适应市场变化，公司只有努力发展，提高自身的核心竞争力才能够在激烈的竞争之中处于不败之地。由于行业激烈的竞争现象，企业的经营利润水平逐渐趋同，公司只有通过提升管理层管理水平来进一步提升公司业绩，在此种情况下，对员工实施股权激励可以激励员工更加努力的工作，更加努力的管理公司，提升员工的工作效率，使员工利益和公司利益绑定在一起。

可以看出，股权激励在竞争的环境下更有利于发挥作用。

三、股权激励信息的披露

股权激励计划的实施，不但关系到股东和员工的切身利益，还将影响到企业的未来发展前景。除此之外，还会对公司的股本结构甚至股价波动产生重大影响。特别是公司的股价问题，它是极为敏感的，因为它涉及众多投资者的利益。因此，加强信息监管与披露制度建设显得尤为重要。

1. 股东大会通知中的信息披露

董事会在将股权激励计划提交股东大会讨论时，应在股东大会通知中明确披露下列信息。

（1）股权激励计划的主要内容，包括计划的目的、授予总量及授予单个人的数量、参与者范围、行权价格的确定方法、股权激励计划的期限、授予或行使的限制性条款等。

（2）实现股权激励计划目的的途径。

（3）以图表的方式注明公司最近三年股价的表现并与行业指数做比较。

（4）股权授予总量或授予单个人的数量如超过有关限制、股权超范围发行、行权价格过低时，董事会应该予以解释和说明。

（5）公司薪酬委员会、监事会、独立财务顾问对于公司实行股权激励计划的意见等。

2. 授予时的信息披露

公司首次授予激励对象股份，首先应当公开披露股权激励计划的总体方案，其次还需要披露本次授予的具体情况，包括获得股权的人数、本次授予的总数量、主要获授人的姓名、获得数量、职务、占总授予数量的比例等，以便于公众了解相关的具体信息。

以后的股权授予时，不再需要公布股权激励计划的实施方案，只需例行公布授予股权的具体情况即可。

3. 行权时的信息披露

股权行权将使内部员工股东比例逐步加大，从而使得公司的股东结构发生变化，也使公司的流通股比例逐步加大，同时在新发股供行权需要的模式下，员工分配行权还将导致公司总股本的逐步加大。为了方便股东及时了解公司股本变动的情况，公司应当定期公布员工行权的进展状况，具体信息披露办法如下。

（1）公司应当在每一季度结束后的两个工作日，向社会公布本季度员工行权所引起的公司总股本、股权结构变动情况。

（2）由于员工行权导致股份的增加累计达到公司发行在外普通股的10%时，上市公司应当将有关情况予以及时公告。

4. 年报中的信息披露

公司高管人员薪酬状况的披露是年报中关于股权激励计划信息披露的重要组成部分，在我国有这方面的规定，要求公司披露主要高管人员薪酬状况，同时对高管人员的范围也有明确界定。

5. 临时公告中的信息披露

公司除了在以上阶段需要做信息披露之外，还应该在计划实施中发生重大事件时做出临时公告，以保护股东利益。临时公告包括以下内容。

（1）公司发生收购、出售资产、股权转让以及债务重组时，董事会关于股权行权价格和数量的调整决定。

（2）公司发生配股、转增股本时引起行权价格和数量的变化及计算公式。

（3）股东大会对股权激励计划的决议公告。

（4）其他重大事件对股权激励计划的影响描述。

四、强化监事会的监督作用

公司内部出现“内部人控制”现状以及虚假信息，就是由于公司在实施股权激励机制过程中，仅仅看重了股权激励带来的积极效应，并没有对股权激励机制的运转进行有效的管理和监督，因此为了保障公司内部的股权激励机制有效运行，就需要在公司企业内部建立健全监事会，并且强化企业监事会对于股权激励机制运行的监督管理作用。

为了强化监事会的监督作用，一方面需要公司加强对监事会成员的选取，进行严谨地人员筛选，尽量剔除腐败分子；另一方面，还需要不断地对监事会成员进行素质培养，不断提高他们的专业素质和道德水平。董事会成员的高素质才能够促使监事会监督作用的实现。

五、加强股权激励日常管理

一个股权激励计划好不好，能否发挥作用，除了取决于计划的精心设计外，更重要的是计划的实施。股权激励计划能否很好地激励员工，同时又能有效约束激励对象，达到预期效果，关键在于股权激励计划的管理是否到位。股权激励的日常管理可以以制度的形式加以规范。

下面提供一份某公司股权激励日常管理办法的范本，仅供参考。

【范本】▸▸▸

某公司股权激励日常管理办法

第一章　总则

第一条　公司制定股权激励管理办法的目的。

（1）通过股权激励，让公司核心管理人员、核心专业人员最大限度地享受公司发展而带来的利益。

（2）通过股权激励，激励核心员工的积极性和创造性，使公司核心人员的利益与公司长期利益统一，创造企业与员工的共赢局面。

（3）通过股权激励，保留公司的核心员工，吸引优秀人才加盟。

（4）通过股权激励，提升公司业绩，约束管理者短期行为。

第二条　本办法仅适用于××有限公司的正式员工。

第三条　本公司现阶段仅采用非上市公司股权激励，采用的激励方法如下。

（1）超额利润激励：公司年度计划利润目标完成以外的部分，按一定比例拿出用于激励员工。

（2）分红股激励：公司对激励对象让出部分股份的分红权，只有分红权，没有所有权、表决权、转让权和继承权。

（3）限制性股权激励：激励对象只有在达到公司预先确定的条件后才授予的股份。

第四条　本办法仅适用于公司未上市前的股权激励，公司上市后将被新的股权激励制度取代。

第二章　职责

第五条　公司薪酬绩效管理委员会职责。

（1）负责对股权激励进行可行性分析。

（2）起草《股权激励管理办法》。

（3）执行《股权激励管理办法》。

第六条　公司董事会职责。

（1）提出《股权激励管理办法》的需求。

（2）审核《股权激励管理办法》，并报股东会审议。

（3）对于《股权激励管理办法》具有最终解释权。

（4）审核公司员工授予股份和限制性股份的资格。

（5）负责审核《股权激励管理办法》的变更。

第七条　公司股东会主要履行以下职责。

（1）审批公司《股权激励管理办法》及其变更内容。

（2）废除、终止《股权激励管理办法》。

（3）公司监事负责对公司《股权激励管理办法》的实施进行监督。

第八条　人事行政部负责执行相关激励政策及进行测算报批；财务部负责激励发放和相关税务调节。

第九条　激励对象有权选择是否接受股权激励，并签署相关协议书。

第三章 激励类型、标准与规则

第十条 超额利润激励来源与当年度公司利润超过年初计划目标的部分，每年度公司将超额利润的一定比例提出，用于激励公司骨干员工。

（1）超额利润提取比例：各分子公司提取本公司超额利润的35%用于本公司编制内内部骨干员工激励；总公司依据超额利润总额提取15%用于总公司骨干员工的激励和全公司内部评选的优秀骨干的特别激励。

（2）超额利润激励对象提名：各分子公司由公司总经理提名并提报初步分配计划，说明骨干员工激励原因及权重依据；总公司由常务副总裁提名并报董事长审核。

（3）原则上各公司总经理享受本公司超额利润提取额的40%。

第十一条 分红股是指公司现有股东对激励对象让出部分股份的分红权。激励对象只有分红权，没有所有权、表决权、转让权和继承权。

（1）分红股激励指公司根据每年业绩水平，在完成公司既定业绩目标的情况下，从每年净利润中提取一定比例的专项激励基金，按照个人岗位分配系数和绩效考核系数，以长期激励形式奖励给公司的高管人员和业务技术骨干。

（2）实施分红股激励的原则。

——对中高层管理人员的激励应与公司的经营业绩挂钩。

——按劳分配与按生产要素分配相结合。

——短期利益与长期利益相结合。

——坚持先考核后兑现。

（3）分红股激励制度的激励对象是公司的核心人才，包括下列类型的人员。

——各分子公司总经理、财务经理。

——总公司总监级及以上人员；总公司财务经理、财务主管。

——少数业务或技术骨干。

实际享受分红股激励的人员名单和权重分配表由各分子公司总经理拟订并在年初与年度工作计划和目标同步呈报总部人事行政部汇总，报董事会批准后执行。

（4）公司以年度净利润作为业绩考核指标。在符合以下条件之一时启动分红股激励。

——年度净利润增长率不低于10%（含10%）。

——年度利润目标达成率不低于70%。

（5）公司业绩目标实现的，开始实施当年度的分红股激励，向激励对象授予分红股激励基金；业绩目标未能实现的，不得授予分红股激励基金。

（6）当出现如下情况时，由董事会审议决定，可对公司业绩目标做出相应调整以剔除下述因素对利润的影响。

——会计政策及会计处理办法发生重大变更。

——国家税收政策直接导致公司的税收发生重大变化。

——国家经济环境、经济政策、行业政策等的重大变化直接对公司产品的市场和价格产生重大影响。

——战争、自然灾害等不可抗力因素影响公司正常经营。

——发生管理人员职责范围外的其他不可控制风险。

（7）分红股激励计提系数如下表所示。

分红股激励计提系数

目标达成率（a）	分子公司提取分红股比例	总公司提取分红股比例	加权系数
$a \geq 100\%$	10%	5%	1.0
$100\% > a \geq 90\%$			0.8
$90\% > a \geq 80\%$			0.65
$80\% > a \geq 70\%$			0.5
$70\% > a$			0

（8）当出现激励对象离职、被辞退等无法继续在职时，在职分红股自动取消，当年度的未分配分红取消。

（9）与职务岗位挂靠的分红股，自员工任职日起自动享受，不足一年的，分配时按任职月数提取对应分红。若员工离岗在职的，其原有岗位分红股自动取消，当年度的未分配分红到分配时按在岗月数提取对应分红。

第十二条　限制性股权激励指公司与激励对象预先约定，激励对象达成一定目标后，可获得一定额度的内部认购公司股份额度，在公司实现上市时，按约定价格兑现激励对象所享有的公司股份。

（1）限制性股权的行权期由公司与激励对象约定，行权前提条件为预定目标达成。行权周期一般分为3年，每年目标经考评通过的，可按30%、30%、40%的比例分年行权。

（2）激励对象行权后获得的股份若不想长期持有，公司可以回购其股份，价格根据现净资产的比例支付或协商谈判。在公司上市后，激励对象希望长期持有股份的，经董事会同意，可为其注册，成为公司的正式股东，享有股东的一切权利。

（3）限制性股权政策有效期截至公司正式上市，在公司上市后，由新的激励政策取代，公司不得再行向任何激励对象授予限制性股权，但上市前授出的限制性股权依然有效。

（4）限制性股票的授予价格由企业与激励对象签订协议时约定。

（5）限制性股票来源与3种形式，分别如下。

——股份赠予：原始股东向股权激励对象无偿转让一部分公司股份，激励对象需缴纳所得税。

——股份出让：出让的价格一般以企业注册资本或企业净资产的账面价值确定。

——采取增资的方式：公司授予股权激励对象以相对优惠的价格参与公司增资的权利。

（6）公司授予的限制性股票所涉及的标的股票总量（不包括已经作废的限制性股票）及公司其他有效的股权激励计划（如有）累计涉及的公司标的股票总量，不得超过公司股本总额的10%。若在本计划有效期内发生资本公积转增股本、派发股票红利、股份拆细或缩股、配股、向老股东定向增发新股等事宜，限制性股票总数将做相应的调整。

（7）非经股东大会特别批准，任何一名激励对象通过本计划及公司其他有效的股权激励计划（如有）累计获得的股份总量，不得超过公司股本总额的1%。

（8）各期授予的限制性股票均包括禁售期1年和解锁期2年。解锁期内，若达到本计划规定的限制性股票的解锁条件，激励对象在三个解锁日依次可申请解锁股票上限为该期计划获授股票数量的30%、35%与35%，实际可解锁数量应与激励对象上一年度绩效评价结果挂钩。若未达到限制性股票解锁条件，激励对象当年不得申请解锁。未解锁的限制性股票，公司将在每个解锁日之后以激励对象参与本计划时购买限制性股票的价格统一回购并注销。

——公司正式上市之日起1年，为限制性股票禁售期。禁售期内，激励对象依本计划获授的限制性股票（及就该等股票分配的股票红利）将被锁定不得转让。

——禁售期满次日起的2年为限制性股票解锁期。本计划设三个解锁日，依次为禁售期满的次日及该日的第一个、第二个半年日（遇节假日顺延为其后的首个交易日）。

（9）任何持有上市公司5%以上有表决权的股份的主要股东及原始股东，未经股东大会批准，不得参加限制性股权激励计划。

（10）若公司已上市，当员工行权时，公司股价低于行权价时，员工可选择两种行权模式，具体如下。

——以市场价购入约定数量股票。

——以约定总价格购入当前股价下的对应数量股票。

（11）持有限制性股权的员工在约定行权期内未行权的，视为自动放弃本期权利，公司不做补偿。

（12）公司不得为激励对象行权提供贷款以及其他任何形式的财务资助，包括为其贷款提供担保。

（13）公司上市前，持有限制性股权的员工离职的，其已行权的限制性股份由公司回购，价格根据当时净资产的比例支付，未行权部分自动取消，公司不做任何形式的补偿。

（14）公司上市后，持有限制性股权的员工离职的，其已行权的部分，在约定寄售期和解锁期内未解锁的，依据当时市场股价由公司回购。已解锁的由离职员工自行交易处理，但公司享有优先回购权。

（15）由于股份出售或转让产生的相关税费由员工个人承担。

（16）针对股权激励计划实行后，需待一定服务年限或者达到规定业绩条件（以下简称等待期）方可行权的，公司等待期内会计上计算确认的相关成本费用，不得在对应年度计算缴纳企业所得税时扣除。在股权激励计划可行权后，公司方可根据该股票实际行权时的公允价格与当年激励对象实际行权支付价格的差额及数量，计算确定作为当年公司工资薪金支出，依照税法规定进行税前扣除。

（17）激励对象违反本办法、《公司章程》或国家有关法律、法规及行政规章和规范性文件，出售按照本办法所获得的股票，其收益归公司所有，由公司董事会负责执行。

第四章 其他条款

第十三条 以上激励办法均不得影响公司根据发展需要做出注册资本调整、合并、分立、企业解散或破产、资产出售或购买、业务转让或吸收以及公司其他合法行为。

第十四条 公司与员工签署相关激励协议不构成公司对员工聘用期限和聘用关系的任何承诺，公司对员工的聘用关系仍按劳动合同的有关约定执行。

第十五条 双方发生争议，本《股权激励管理办法》已涉及的内容按约定解决，本《股权激励管理办法》未涉及的部分，按照公司相关规章制度及双方所签协议的有关规定解决，均未涉及的部分，按照相关法律和公平合理原则解决。

第十六条 员工违反本《股权激励管理办法》的有关约定、违反公司关于股权激励权的规章制度或者国家法律政策而要求公司停止《股权激励计划》的，公司有权视具体情况通知员工终止与员工的股权协议而不需承担任何责任。员工在协议书规定的有效期内的任何时候，均可通知公司终止股权协议，但不得附任何条件。若因此给公司造成损失，员工应承担赔偿损失的责任。

第十七条 激励对象在任期内丧失劳动能力、行为能力或死亡时，薪酬管理委员会在《股权激励计划参与者名册》上作相应记录，激励对象可分配的激励基金可立即兑现，激励对象的代理人、监护人或其继承人按国家有关法律、法规的相关条款处理。

第十八条 激励对象在被激励期间，有下列情形之一的，公司将无条件、无任何补偿取消与其签订的任何类型的激励协议，并取消其全部未结算或行权的激励额度。给公司造成严重损失的，公司保留追究其法律责任的权利。

（1）因严重失职、渎职或因此被判定任何刑事责任的。

（2）违反国家有关法律法规、公司章程规定的。

（3）公司有足够的证据证明受激励对象在任职期间，由于受贿索贿、贪污盗窃、泄漏公司经营和技术秘密、严重渎职、损害公司声誉等行为，给公司造成损失的。

第五章　附　则

第十九条　股东大会授权董事会制定本细则。本办法由董事会负责解释。

第二十条　本细则自股东大会审议通过之日起生效。

第二十一条　本细则的条款及条件如有任何重大变更、完善、终止和取消，均应经公司股东大会同意。

第二十二条　出现下列情况之一时，董事会可以决议方式终止《股权激励管理办法》，并向股东大会报备。

（1）出现法律、法规规定的必须终止的情况。

（2）股东会通过决议停止实施股权激励办法。

（3）因经营亏损导致停产、破产或解散等重大经营困境。

（4）本细则未尽事宜，按照国家有关法律和公平、合理、有效原则解决。

参考文献

[1] 孟岭，李瑛．股权激励与合伙人制度：案例・范本・表格．北京：化学工业出版社，2019.

[2] 杨晓刚．股权激励一本通方案+范本+案例．北京：人民邮电出版社，2017.

[3] 胡礼新．中小企业股权激励实操．北京：中国铁道出版社，2017.

[4] 单海洋．非上市公司股权激励一本通．北京：北京大学出版社，2014.

[5] 黄治民．股权激励操盘手册——国内知名企业高管十六年股权激励实践总结．北京：清华大学出版社，2017.

[6] 臧其超．股权激励：让员工像老板一样工作十余年理论积淀与实战经验的总结与分享．广州：广东经济出版社，2014.

[7] 单海洋．非上市公司股权激励实操手册．北京：中信出版社，2017.

[8] 徐永前．员工持股、股权激励与主协调律师制度．北京：法律出版社，2016.

[9] 宋桂明．股权设计战略与股权激励实务指引．杭州：浙江工商大学出版社，2017.

[10] 马永斌．公司治理之道：控制权争夺与股权激励．第2版．北京：清华大学出版社，2018.

[11] 陈丰．股权激励：融资、融人、融智的零成本秘诀．广州：广东经济出版社，2017.

[12] 徐芳．股权激励：让员工为自己打工．北京：中国铁道出版社，2018.

[13] 邢涛．企业股权激励留住吸引和激励核心人才．北京：人民邮电出版社，2018.

[14] 郑波．股权激励实战．北京：电子工业出版社，2018.

[15] 姚宇峰，谢洁．股权激励整体解决方案．北京：中国经济出版社，2018.

[16] 陈楠华．非上市公司股权激励一本通．第2版．北京：中国铁道出版社，2019.

[17] 王文书．企业股权激励实务操作指引．北京：中国民主法制出版社，2011.

[18] 罗毅，张杰，宋军，安柏静．穿透股权：非上市公司股权激励实战指南．北京：法律出版社，2018.

[19] 张坤．股权激励：打造企业利益共同体．北京：机械工业出版社，2017.

[20] 杨建强．股权激励．北京：中国财富出版社，2018.

[21] 刘建刚．基于顶层设计的股权激励．北京：团结出版社，2018.

[22] 包啟宏，沈柏锋．中国式股权：股权合伙、股权众筹、股权激励一本通．北京：中国铁道出版社，2016.

[23] 刘建刚. 股权激励你不会做. 北京：团结出版社，2018.
[24] 刘建刚. 股权激励你不能做. 北京：团结出版社，2018.
[25] 张诗信，王学敏. 合伙人制度顶层设计. 北京：企业管理出版社，2018.
[26] 鲍玉成. 合伙人制：创新型企业管理与运营实战策略. 北京：化学工业出版社，2018.
[27] 毛桥坡，周超. 合伙人制度. 北京：中国友谊出版公司，2018.
[28] 郑指梁，吕永丰. 合伙人制度——有效激励而不失控制权是怎样实现的. 北京：清华大学出版社，2017.
[29] 曹海涛. 合伙创业：合作机制+股份分配+风险规避. 北京：清华大学出版社，2018.
[30] 胡华成. 白手起家开公司. 北京：电子工业出版社，2019.
[31] 赵兴. 现代企业合伙人制度的三种模式[J]. 中国人力资源开发，2015（14）：5.